新装版

ドイツ本土戦略爆撃

都市は全て壊滅状態となった

大内建二

潮書房光人新社

ドルトムントの西方で爆撃中の英軍機ハリファックス。アーサー・ハリス中将が司令官に就任したことにより、英空軍爆撃航空団の戦法は大きく転換した。それは都市の無差別爆撃が前提とされ、ドイツの一定地域における工業、経済、輸送機能、市民生活を徹底的に破壊するというものだった。

上から、ハンドレページ・ハリファックスの原型機、ショート・スターリング、アヴロ・ランカスター。同じ四発爆撃機である米軍のB17やB24にくらべ、2倍から3倍の爆弾搭載能力を備えていた。

NF文庫
ノンフィクション

新装版

ドイツ本土戦略爆撃

都市は全て壊滅状態となった

大内建二

潮書房光人新社

まえがき

第二次大戦において日本とドイツは国土の大半が連合軍の激しい航空攻撃にさらされ、そして都市部の大半と工業地帯が灰燼と化した。

第二次大戦で日本が初めて敵機による攻撃にさらされたのは、一九四二年四月十八日のことで、航空母艦ホーネットを発進したドーリットル中佐率いる陸軍双発爆撃機ノースアメリカンB25一六機による空襲で、東京、横浜、横須賀、名古屋、神戸各都市がそれぞれ分散した少数機によって爆撃を受けた。

しかしこの攻撃はアメリカの明らかな示威行為であり、またアメリカ国民に対する一つの戦意高揚の効果を期待するものであった。したがってそこには日本の工業施設などに対する本格的な攻撃などといえる意味合いなど何もなかった。

しかし一九四四年六月十五日、中国奥地四川省の成都基地を発進したボーイングB29重爆撃機六八機による九州八幡工業地帯に対する爆撃は、日本に対する本格的な戦略爆撃の始まりであった。以後同年十一月末から終戦の日までマリアナ基地からのB29重爆撃機による日本本土爆撃は続き、日本の国力と戦闘力は急速に減退に向かい、戦略爆撃の恐ろしさを日本国民は身を持って知ることになった。

日本本土を襲ったB29重爆撃機の延べ機数は三万六〇〇〇機、投下された爆弾や焼夷弾などの総量は一五万五〇〇〇トンに達したのであった。

しかし同じ枢軸国側にあったドイツが連合軍戦略爆撃機によって受けた被害は、日本とは比べものにならないほどの激しいものであった。

ドイツは第二次大戦の勃発直後からイギリス空軍の爆撃機による限定的かつ散発的な爆撃を受けていた。その対象はキールやヴィルヘルムスハーフェンなどのドイツ海軍基地や、そこに停泊する艦艇であった。しかし戦争勃発一年後の一九四〇年八月末からは規模は小さいながらもドイツ国内の主要都市が爆撃の対象になり始めていた。そして一九四二年二月からイギリス爆撃航空団のドイツ爆撃に対する基本姿勢は一変し、本格的なドイツ本土爆撃が展開されることになった。それは戦略上重要な各種施設の破壊と共にドイツ国民の生命財産を根こそぎに奪い、ドイツ国民に対して戦争遂行に対する恐怖心を植えつけることを目的とした都市無差別爆撃の開始でもあった。

その一方で一九四二年夏からはアメリカ陸軍航空隊もドイツ本土戦略爆撃を目的とした重爆撃機隊をイギリスに次々と送り込み始めた。そして戦力の充実と共に一九四三年二月以降、アメリカ爆撃航空団もドイツ本土に対する戦略爆撃を開始することになったが、ここでイギリスとアメリカの間でドイツ本土に対する戦略爆撃の方法に対しての考え方に基本的な違いが現われてきたのであった。そしてそれは両国爆撃航空団の間の確執となった。つまりイギリス空軍の夜間爆撃への固執とアメリカ陸軍航空隊の昼間精密爆撃への固執という、ドイツ本土の戦略爆撃に関する方法の基本的な違いは互いに譲り合えない状態になっていた。

しかしこの大きな問題も、一九四三年一月にカサブランカで開催された英米両国首脳によるドイツ攻略に向けての戦略会談において決着がつけられた。つまりドイツ本土に対する今後の戦略爆撃のあり方は、イギリス爆撃航空団の大編隊爆撃機による戦略施設を含めた夜間都市無差別爆撃と、アメリカ陸軍航空隊爆撃航空団の大編隊爆撃機による、戦略施設の昼間精密爆撃を同時に行なうことで決着された。これによって以後ドイツ本土は連合軍爆撃隊による昼夜を分かたぬ猛烈な爆撃に見舞われることになったのである。

英米四発重爆撃機は大量生産の後ろ楯と共に戦力は急速に拡大し、ドイツ本土上空には連日連夜五〇〇機、八〇〇機あるいは一〇〇〇機を超える重爆撃機が押し寄せ、大量の爆弾や焼夷弾が投下されることになった。

一九四五年五月八日のドイツ降伏の日までにドイツ国内に来襲した英米爆撃隊の戦略爆撃機の総数は五三万機を超えた。そしてこれらの爆撃機は合計一六四万トンを超える爆弾や焼夷弾をドイツ国内のあらゆる都市や戦略施設に投下した。

この投下された爆弾や焼夷弾の量は、平均するとドイツ本国の国土一平方キロメートル当たり四・六トンに相当する。その結果、戦争が終結したときドイツ本土は山林や農地、あるいは山岳地帯を除くおおよそ人間が住むべき可能性のある土地のほとんどは爆撃の被害を被り、都市のほとんどは壊滅状態になっていたのであった。事実一九四五年二月の時点でイギリス爆撃航空団は攻撃すべき都市という都市の全てを爆撃しつくし、都市爆撃の終了を宣言したほどである。

第二次大戦でドイツ本土は徹底的に爆撃しつくされることになったが、これは投下された爆弾や焼夷弾の量で単純に比較すると、ドイツ国民は日本国民が受けた爆撃の被害の一〇倍以上の苦悩を体験したことになる。

この英米両国の戦略爆撃機の猛攻に対してドイツ側も昼間戦闘機や夜間戦闘機、さらには無数の高射砲隊で猛然と立ち向かった。その結果ドイツ本土上空で一万機を超える爆撃機が撃墜され、ほぼ同数の爆撃機が損害を被り基地にたどり着きながら廃棄処分されるという、双方の戦闘は戦争終結の日まで激烈な攻防の連続であった。

本書は、イギリス空軍爆撃航空団とイギリスに派遣されたアメリカ陸軍航空隊爆撃航空団が、どのようにしてドイツ本土の爆撃を展開していったか、それに立ち向かったドイツ防空隊がどのように戦ったか、戦闘の間に生まれた幾つかのエピソードも交えながら解説したものである。

第二次大戦中に展開された連合軍爆撃隊のドイツ本土爆撃がいかにすさまじいものであったか、それを知る手がかりの一つとして本書をご覧戴きたい。

ドイツ本土戦略爆撃——目次

ドイツ本土戦略爆撃

都市は全て壊滅状態となった

第1章　第二次世界大戦前夜

危機感漂うヨーロッパ情勢

一九一八年十一月のドイツ革命によりドイツ帝国が崩壊し新しくドイツ共和国が誕生すると、ドイツ共和国は連合国と休戦協定を結びおよそ四年半にわたった第一次大戦は終結し、一九一九年六月にはドイツ共和国と連合国の間でヴェルサイユ条約が調印された。

この条約の中身はかつてのドイツ帝国が保有していた海外の全ての植民地や海外権益を放棄し、アルザス・ロレーヌ地方などの領土を隣接諸国に割譲し、ライン河東方五〇キロメートルの線以西を非武装化、オーストリアとの合併の禁止、ザール地方の国際連盟管理など、ドイツ帝国は倒れたもののドイツ共和国にとっては極めて厳しい締め付けを要求するものであった。

この戦争でドイツ帝国変じてドイツ共和国は無条件降伏という最悪の事態には至らなかったものの、軍事面でも厳しい制約で締め付けられることになった。

その実体は陸軍兵力一〇万人、海軍兵力一万五〇〇〇人のみで、空軍は持てず海軍においては潜水艦の保有は禁止され、徴兵制度も禁止されるという全くの骨抜きの軍事力のみを保有することだけが許されたのであった。そしてドイツ共和国の国民に残されたものは、荒廃した経済の立て直しと一三二〇億マルク（その後一九三一年に三〇億マルクに減額）という天文学的な値の戦争賠償金の支払い責任であった。

第一次大戦後のドイツ共和国の経済は、戦争終結五年後の一九二三年現在の貨幣価値では、大戦勃発前年の一九一三年の一兆三〇〇〇億分の一という、信じられないほどの超インフレ状態に陥っていた。そして一九二〇年後半からの世界的な経済大不況は、国力回復に辛酸をなめているドイツ国民にさらなる追い討ちをかけた。ドイツ経済は完全に破綻し国民の生活はドン底の中に打ちひしがれた。

そこにドイツ共和国の社会体制を含めた根本的な改革を掲げて登場したのがアドルフ・ヒットラーであった。彼は一見社会主義的な政策を掲げる一方で、ヴェルサイユ条約の破棄を説き、ドイツ民族の優秀性を説くことによって国民大衆を操作し、たちまち国民の大多数を占める中産階級や農業従事者、あるいは失業者たちの熱狂的な支持を得ることになった。

彼はたちまち頭角を現わし一九三三年一月にはドイツ共和国の首相に就任し、ここにナチス政権を樹立してしまった。そして三月には国際連盟を脱退し一九三四年八月にナチス政権の総統に就任すると、彼の強い国ドイツの確立に向けて自らの持論を具体化し始めた。

一九三五年一月には国際連盟の管理地域であるザール地方を再びドイツに併合し、三月にはヴェルサイユ条約の軍事条項を破棄しドイツ再軍備を宣言した。さらに一九三六年に入ると、連合軍の占領地域であるライン河西方のラインラント地方にいつの間にか強化されていた新生ドイツ陸軍部隊を進駐させてしまった。

この事態にイギリスやフランスの緊張は高まり、危機回避のための対策に奔走した。一方、一見強硬な手段をとってはいるものの、ナチス・ドイツ自身も強国であるイギリスとの対立は極力避けたかった。当然イギリスも莫大な負担のかかる戦争を回避しようと、イギリス首相チェンバレンが中心になり当事国であるイギリスとフランスは対ドイツ宥和政策を進める方向に傾きつつあった。

しかしその最中、ドイツが隣国チェコスロバキア侵略を目論んでいることがわかった。ここにイギリスとフランス両国の緊張はにわかに高まった。

チェコスロバキアはドイツの国土の東南部に深く食い込んだように張り出した国で、ヒットラーはこの不快な食い込みを何としても我が物にしたいという野望に燃えていた。そしてヒットラーのこの野望の最初の目論見は、チェコスロバキアに対してまず最突出部のズデーテン地方をドイツに割譲させることであった。

この間、一九三八年に入ると間もなくドイツは突如オーストリアを併合してしまった。ここにヨーロッパを巡る緊張は一気に高まっていった。そしてこの緊張の中、一九三八年九月に事態の打開のために、イギリス、フランス、ドイツ、イタリア四ヵ国首脳会談がミュンヘンで開催された。しかしイギリスはこの会談の席上で宥和政策を前面に押し出し平和政策の妥協の産物として、ヒットラーの主張するズデーテン地方の割譲を認めてしまったのである。

しかしながらこの妥協の産物もたちまちドイツのチェコスロバキア融合を許してしまい、宥和政策の限界が明らかとなりイギリスは国際的にも窮地に立たされることになったのである。

一九三九年九月一日、ナチス・ドイツはわずか数年間で準備した地上戦力と航空戦力の全力を投入し、突如東隣のポーランドへ侵攻を開始した。

ここに至り対ドイツ政策の限界を悟ったイギリスとフランスは、一九三九年九月三日にドイツに対して宣戦を布告することになった。

一方ドイツは戦車を中核とした機動的な地上軍の全軍と急降下爆撃機を中心とした強力な航空勢力によって、ポーランド全土を一ヵ月足らずで席巻してしまった。

一九三九年九月一日時点のドイツ陸空軍の戦力は、陸軍は二五〇万の兵力と戦車・装甲車など戦闘車両二五〇〇両を擁し、空軍は水平爆撃機・急降下爆撃機一一八〇機、戦闘機一一七九機、輸送機五五二機、偵察機七二一機など合計四〇〇八機を擁していた。

これに対するイギリスの戦力は、植民地などへの海外派遣兵力を除く本国兵力は、航空戦力は爆撃機八五五機、戦闘機五六〇機、偵察機三〇〇機の合計一七一五機で、フランスも爆撃機（一部は偵察機を兼用）一三〇〇機、戦闘機一二五〇機の合計二五五〇機を擁していた。

つまり航空兵力においてはドイツとイギリス・フランス連合軍は互角と言えたが、そこには大きな問題が潜んでいた。

それはフランス空軍の実戦機の大多数が近代戦を戦うにはあまりにも旧式であったことだ。フランス空軍はヴェルサイユ条約に満足し、その後の空軍の近代化に対して極めて緩慢な姿勢に終始し、気がついたときには近代戦を戦うにはフランス空軍はあまりにも時代後れの機体の集団になっており、総合の空軍戦力を見る限りでは圧倒的にドイツ空軍の戦力が勝っていたのである。

英米の戦略爆撃思想と爆撃機の開発

第二次世界大戦勃発時点におけるイギリス、アメリカ、ドイツの三ヵ国の爆撃機について、各空軍内での爆撃機の位置づけを眺めてみると興味深い違いが出てくる。

ドイツは一九三〇年代に入る頃から密かに空軍力整備への梯子を登り始めていた。そして各種の機体の開発の中にあって、一九三三年頃には長距離爆撃機を開発する具体的な計画を進めていた。

当時のドイツにとっての仮想敵国はソ連であり、ソ連国内奥地までを行動半径内に納める長距離爆撃機の開発計画、別名「ウラル爆撃機計画」をまとめていた。そしてこの計画に従って二機種の四発長距離爆撃機の試作が進められ、一九三六年にドルニエDo19とユンカースJu89という爆撃機が進空した。

しかしこの二機種の爆撃機の基本構想は古きに過ぎ設計にも時間がかかり過ぎたために、飛躍的な航空機の進化の中で完成したこの二機種はあまりにも古色蒼然とした機体でありすぎた。したがって仮にこの二機種が第二次大戦に参加したとしても、当時のイギリス空軍の最新鋭のスピットファイア戦闘機の前には、手も足も出せずに撃墜されることだけは誰が考えても確かと思われた。

しかしこのウラル爆撃機計画も、推進途中で推進者の中心であったウエーバー空軍大将の突然の死によって一九三八年に中止されてしまった。

当時ドイツ空軍の全軍を指揮していたゲーリング元帥は、単なる総指揮官だけにとどまらず、軍用機の開発から運用、さらには詳細な作戦計画に至るまで全てに自己の主張を押しつけ、ドイツ空軍全般を自らの手に納めるほどの辣腕を振るっていた。ゲーリングは航空省が立案しウエーバー大将が推進するウラル爆撃機計画にはもともと反対の立場を固守していた。彼の考えは「ドイツ空軍爆撃機隊は本来は地上軍に対する戦術支援にあり」とし、ヒットラーが盲信する急降下爆撃機論に合わせ、「今後開発する爆撃機は地上戦の支援に有効に使われるために、すべて急降下爆撃が可能な機体にすべき」とする不可解な基本方針を堅持していた。

この結果、第二次大戦中にドイツの第一線爆撃機として活躍した機体はほとんどが基本的には急降下爆撃が「可能」な機体であった。したがってこの特性を持たされた爆撃機の設計には設計上の様々な制約が科せられることになり、結果的には本来爆撃機が持つべき特性とはかけ離れた中途半端な爆撃機が出現し、大量の爆弾を搭載して長距離を飛行できるいわゆる戦略爆撃機の姿はなかった。

ただウラル爆撃機計画は中止されはしたが、ゲーリングは「急降下爆撃機」の開発と生産を推進する傍ら「爆撃機A計画」なる爆撃機開発計画を推進し始めていた。これは当時開発の最終段階にあり第二次大戦中のドイツ空軍の主力爆撃機となった、ユンカースＪｕ88、ハインケルＨｅ111、ドルニエＤｏ217などよりも、速力、航続距離、爆弾搭載量、武装などの全ての面で一段と強力な爆撃機を開発しようとするものであった。しかし彼はこれら爆撃機にも「急降下爆撃可能」という条件をつけたのであった。

「爆撃機A計画」の条件を満たす爆撃機は当然四発以上のエンジンを装備する大型機にならざるを得ず、このことと「急降下爆撃可能」という条件は全く矛盾するものであり、航空機製造会社側からは「爆撃機A計画」自体に疑問符が投げかけられることになった。その後数種類の四発爆撃機が計画され一機種については量産までこぎつけたが、結果は戦力化するには程遠いものであった。

一方アメリカにおいては当初から陸軍航空隊の中には「戦略爆撃」という確固たる思想は存在しなかった。アメリカは第一次大戦勃発後も一貫して中立主義を貫いており、国土の東西両面に広大な大洋が広がるアメリカは他国の争乱に干渉する必要もなく、自国国民の生活と国家経済の発展は自給自足の中でも推進できるものであり、工業力や経済力の何れにおいても世界のトップに君臨するだけの力を貯えており、中立不干渉の姿勢は堅持されたままであった。つまりアメリカは自国を脅かしてくるものに対しては海軍力で対応し、陸軍は自国と自国の領土に侵略を企てるものに対して対抗できる、空軍力を含めた戦力を持っていればよかったのである。つまり陸軍航空隊（第二次大戦の全期間を通してアメリカは空軍という独立した組織を持たず、空軍は陸軍の中の戦闘集団に位置づけられていた）は、爆撃機においてはわざわざ大量の爆弾を搭載して数千キロメートルも離れた国々を爆撃する必要もなく、そのような爆撃機を持つ必然性もなかったのである。

しかし一九三〇年代に入ってからのヨーロッパを巡る政情不安は、アメリカの中立主義に微妙な変化をもたらした。特にナチス・ドイツの急速な台頭はアメリカの危機感を煽った。つまりナチス・ドイツの脅威を受ける全ヨーロッパ諸国に対し、アメリカは卓越した工業力によってヨーロッパ友好国の支援を行なうことを念頭に置かねばならない事態を想定しなければならなかった。アメリカは全ヨーロッパに対する兵器廠としての役割を果たすべき、という思考がアメリカ国内に次第に台頭し始めたのであった。そしてそれと同時にアメリカ陸軍航空隊の中にも微妙な変化が現われ、一九三三年七月には陸軍航空隊独自で爆撃機に関する新しい開発計画「プロジェクトA」をスタートさせた。

これは従来の双発爆撃機の性能を一段と強化し、一トンの爆弾を搭載して八〇〇〇キロメートルの往復飛行が可能な爆撃機を開発することであった。ただこの八〇〇〇キロメートルという距離が何を意味するものであるのか今一つ判然としないのである。

片道四〇〇〇キロメートルという距離は、大西洋においてはアメリカを起点に大西洋を横断するには短すぎ、また太平洋においてはもっと短すぎるのである。結局はアメリカに敵意を持った国の軍隊がアメリカに向かって攻撃をしかけてきた場合に、アメリカの基地を出撃して洋上で空から攻撃を仕掛けるとしか考えられないのである。あるいはアメリカの友好国に基地を置いて、そこから長距離爆撃を仕掛けるという考え方もなくはないが、アメリカの基本姿勢からすると簡単に頷けるものでもないのである。

計画に不思議さはあるものの「プロジェクトA」は進められた。そしてボーイング社、マーチン社、そして少し遅れてダグラス社がこの計画に従ってそれぞれ、ボーイングXB15（四発）、マーチンXB16（六発）、ダグラスXB19（四発）の開発を進めた。

この三種類の大型爆撃機の開発は途中マーチン社が辞退した以外は着々と進められ、ボーイング社のXB15は開発の途中からより実用的なモデル299を派生することになり、この機体は一九三五年七月に完成した。このモデル299こそ後にヨーロッパ戦線でアメリカを代表する重爆撃機となったＢ17の原形機といえるものであった。

一方ダグラス社のＸＢ19は巨大に過ぎ、試作機が完成したのは一九四一年六月であった。その中においてコンソリデーテッド社は独自に「プロジェクトＡ」に該当する、開発の進められているＢ17とほぼ同じ性能を持ったモデル32の設計を進めていたが、陸軍航空隊はこの機体に興味を持ち、この機体をＸＢ24として開発を推進させることにした。ＸＢ24は一九三九年十二月に初飛行に成功し、初めての実戦向けＢ24Ｄ（ＬＢ30Ａ）が完成したのは一九四一年七月で、この間実戦向けの最初のＢ17であるＢ17Ｃが一九四〇年七月に完成していた。

結局アメリカの場合は戦略爆撃機という基本的な思想がないままに二種類の実戦用の大型四発爆撃機が開発され、この二機種がアメリカ参戦後にヨーロッパ戦線で戦略爆撃機として大活躍することになったのであった。ちなみにアメリカが戦略爆撃機という明確な基本構想の下に開発し実用化した爆撃機はボーイングＢ29であった。

第二次大戦勃発の時点でドイツとアメリカが戦略爆撃機というものに対して明確な答えを出していなかったことに対し、イギリス空軍は大戦前から戦略爆撃というものに対して明確な考えを持っていた。

イギリスは第一次大戦末期の一九一八年五月に航空部隊を陸軍部隊の中から独立させ、陸軍と海軍と共に空軍という独自の戦闘集団を創立させた。そしてこのことがイギリス空軍が戦略爆撃という斬新な考え方を推し進める土壌となっていたことは確かであった。

一九三〇年代に入る頃からイギリス空軍は一つの考え方について検討を始めていた。それは陸軍が敵対国と地上戦闘を進めている間に、敵対国の産業基盤を空から破壊し、戦争を継続する能力を減殺し、さらに空からの攻撃という恐怖感を敵対国の国民にあたえ、厭戦気分を増長させようという、まさに戦略爆撃の基本的な考え方を将来的な空軍の戦略とする検討であった。勿論このような大胆な考え方は、空軍がどこからも干渉されない独立した組織であるという立場で初めて可能であったのである。

戦略爆撃の具体的な手段としては大量の爆弾を搭載し、敵地はるか奥まで侵攻できる能力のある爆撃機を多数保有することであったが、イギリス空軍はこの戦略爆撃という考え方を、当時穏やかならぬ存在となり出していたドイツを具体的な仮想敵国と想定し、戦略爆撃機という機体について具体的な開発計画を開始したのであった。

イギリス空軍の役割は島国である自国の防衛が基本ではあるが、イギリス魂の根幹にある「やられたらやり返す」という精神から、戦闘機ばかりでなく攻撃のための様々な爆撃機の開発はそれまでにも積極的に行なっていたが、その中に新たに戦略爆撃機という新しいタイプの爆撃機の開発が含まれてきたのである。

ただイギリスが仮に仮想敵国ドイツと戦闘を交えると仮定しても、イギリスが単独で戦うことはまず有り得ず、当然フランスやオランダあるいはベルギーと共同でドイツに立ち向かうことは容易に想像され、戦場は当然共同で戦う国々になるはずであった。

つまり戦闘は陸軍部隊が中心となった戦いになり、空軍は陸軍部隊の戦闘を有利に展開するための戦術を考え、それらの戦いに有利な機種の開発も同時に行なうことは絶対に必要で

第1表　イギリス空軍プレ戦略爆撃機の性能比較

機　種	エンジン（馬力）	上昇限度（m）	最高速力（km/h）	航続距離（km）	爆弾搭載量（kg）	武装
ヴィッカース・ウエリントンII型	1500×2	5800	410	3540	1980	7.7mm×8
AH・ホイットレーV型	1145×2	5370	357	2655	3170	7.7mm×5
ハンドレページ・ハンプデンI型	1000×2	5800	409	3030	1800	7.7mm×5

あるが、その一方でドイツ部隊の後方にある輸送施設、輸送手段、生産施設など戦争遂行に関わるドイツ国内のあらゆる国力の根幹を破壊することを同時に行なうことが、その後の戦争を有利に展開できることは明らかであった。イギリス空軍は一九三〇年代に入ると陸上戦闘に直接協力する軽爆撃機と、ある程度の戦略爆撃が可能で しかも戦術攻撃にも使える、言ってみれば「プレ戦略爆撃機」ともいうべき機種の開発をスタートさせた。

イギリス空軍は一九三二年にプレ戦略爆撃機といえる二トン前後の爆弾が搭載可能な三種類の双発中距離爆撃機の開発をスタートさせた。三種類の機体とはヴィッカース・ウエリントン、アームストロング・ホイットワース・ホイットレー、ハンドレページ・ハンプデンであった。そしてまさにこの時ナチス・ドイツは再軍備を宣言し、続いてドイツは空軍を誕生させた。そしてこれらを背景にドイツの外交は次第に強引さを増し、いまやドイツはイギリスにとって明らかに脅威の存在となり、ドイツは明確な仮想敵国にならざるを得なかった。

イギリス空軍は近づく脅威に対する対策として、一九三五年から一九三六年にかけて本格的な戦略重爆撃機の開発を始めた。その重爆撃機とはショート・スターリング、アヴロ・マンチェスター、ハ

第2表　第二次大戦勃発時に使用可能
または試作中の英米の戦略爆撃候補機一覧

機　種	エンジン（馬力）	上昇限度（m）	最高速力（km/h）	航続距離（km）	爆弾搭載量（kg）	状況
ハンドレページ・ハンプデンI型	1000×2	5800	409	3030	1800	生産中
ヴィッカース・ウエリントンI型	1000×2	5800	410	3540	1980	生産中
AH・ホイットレーIV型	1030×2	5370	357	2655	3170	生産中
ヴィッカース・ウオーイックI型	1500×2	5790	422	4908	4500	試作中
ショート・スターリングI型	1595×4	5190	434	3240	6350	量産準備中
ハンドレページ・ハリファックスI型	1280×4	6960	427	3680	5900	量産準備中
アヴロ・マンチェスターI型	1760×2	5850	426	2623	4685	試作中
ボーイングB17C	1200×4	10908	523	3220	2900	量産準備中
コンソリデーテッドXB24	1200×4	10500	480	5200	4000	試作中

ンドレページ・ハリファックス、ヴィッカース・ウオーイックの四種類の機体であった。

イギリス空軍のこれら戦略爆撃機開発のスタートは確かに早かったが、結果的にはドイツの宣戦布告の時期がイギリスの予想を超えて早く、戦争が勃発したときにはまだこれらの戦略爆撃機は一機も実戦部隊に配備されてはおらず、イギリス空軍の第二次大戦初期の戦いはすでに実戦配備についていた三種類のプレ戦略爆撃機を主体に戦わざるを得なかった。

そしてイギリス空軍の推し進めていた戦略爆撃も戦争勃発後およそ二年間はこれらの機体を使って展開することになったのである。

第2表に第二次大戦勃発当時のイギリス空軍とアメリカ陸軍航空隊の、

それぞれ戦略爆撃機として使用可能あるいは準備中の爆撃機を示す。

結果的に見ると、戦争勃発時にはイギリス空軍は戦略爆撃という構想に一応使えそうな爆撃機の準備はできており、また本格的な戦略爆撃機についても構想に即した機体の開発は進められ、戦略爆撃機はいかにあるべきかという明確な構想は確立していたことになる。その一方でアメリカ陸軍航空隊については、開発中の大型爆撃機が幾つかの条件は十分に満たしてはいないものの、戦略爆撃機の条件にたまたま合致していたという幸運に恵まれたのであった。

当時のイギリスは軍用機開発技術では世界の先端を進んでいたが、一方では世界をリードする電子技術を持ち、これらの技術は開戦後たちまちレーダーや電波誘導など航空戦略の上で重要な役割を占め、本格的な戦略爆撃機の運用にも大きく貢献することになった。

イギリス空軍とアメリカ陸軍航空隊

イギリス空軍は一九一八年五月に陸軍から分離独立し、世界最初の独立した航空戦力部隊として創設された。この部隊はH・M・トレンチャート空軍少将（後に空軍元帥）の統率の下に次第にその骨格を固め、独立軍としての機能の充実に全力が注がれ、第二次大戦勃発当時は第1図に示すような巨大な独立軍組織を形成していた。

イギリス空軍は自国の防衛のための本国航空軍（Royal Air Force Home Command）と海外派遣航空軍（Royal Air Force Overseas Command）の二つの組織から成り立っており、海外派遣航空軍は地中海航空軍や中東航空軍、東南アジア航空軍などで組織されていた。

最大の規模の航空軍は勿論、本国航空軍で、作戦部隊として戦闘機航空団（Fighter Command）、爆撃航空団（Bomber Command）、沿岸警備航空団（Coastal Command）などで組織されていた。

戦闘機航空団はイギリス本国の防空と周辺地域に対する攻撃行動を行なう戦闘機集団で、爆撃機航空団は周辺地域や仮想敵国に対する爆撃作戦を行なうための、重爆撃機と軽爆撃機で編成された爆撃機集団であった。また沿岸警備航空団はイギリス独特の航空機戦闘集団で、イギリス本国周辺の海域の哨戒活動や洋上偵察、敵国艦船の攻撃、遭難航空機の搭乗員の救助などを専門に行なう戦闘集団で、海軍航空隊とは独立した存在で雷撃機や飛行艇などを多数配備していた。そして第二次大戦劈頭からこの航空団の哨戒機はドイツ潜水艦攻撃に活躍するばかりでなく、中期以降はこの航空団の攻撃機が、北海やノルウェー方面に活動するドイツ艦船に対して激しいロケット弾攻撃や雷撃を展開することになった。

爆撃航空団は大戦勃発当時は六個の飛行連隊（Group）より構成されており、各連隊は六～一四個の飛行中隊（Squadron）で編成され、爆撃航空団の中隊数は合計五八個（配備爆撃機合計定数八四〇機）であったが、その中の二六個中隊はまだ錬成中であった。

イギリス空軍は爆撃機も戦闘機も飛行作戦は全て飛行中隊を基本戦闘単位として行ない、常にその集合で行動が統率されていた。爆撃機の場合は各飛行中隊の機体の配備定数は、戦争勃発当時は軽爆撃機も重爆撃機も一二機であったが、一九四一年以降戦闘が激化するにしたがい配備定数は増加し一六～二六機と増えたが、一九四四年後半頃からは三〇機を超える飛行中隊も多数存在するようになった。ちなみに一九四五年一月現在の爆撃航空団の飛行中

第1図　第二次大戦中のイギリス空軍（RAF）の組織図（1944年1月現在）

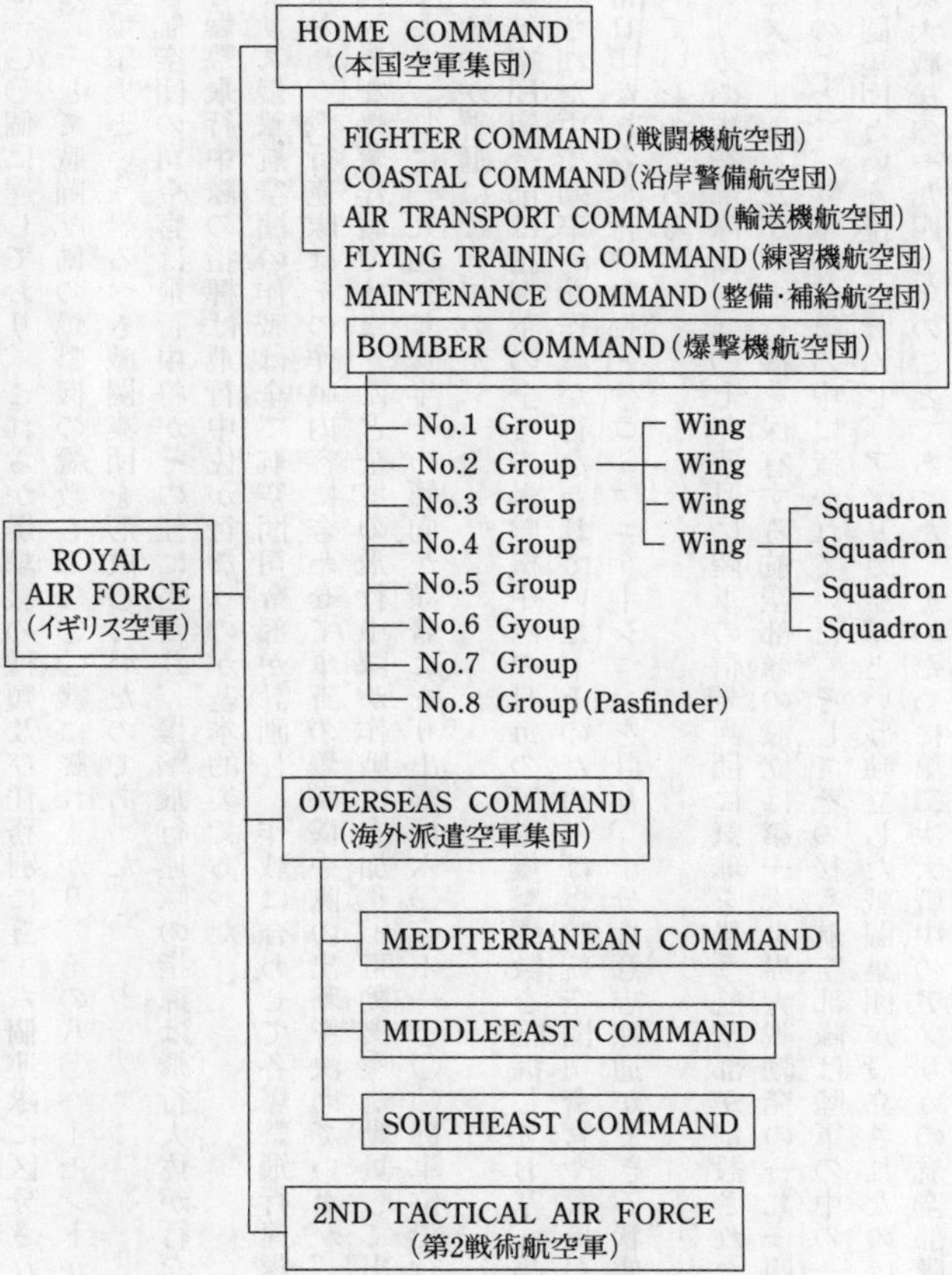

隊数は一〇〇個に達しており、これらが爆撃機の種類及び任務別に五〜六個連隊に区分されていた。そして戦闘配備の爆撃機の総数も二〇〇〇機に膨れ上がり、その八〇パーセントが四発重爆撃機という恐るべき戦闘集団を形成していたのであった。

爆撃航空団の司令官は飛行中将がその任に当たり、爆撃飛行連隊の指揮は飛行大佐が行ない、各爆撃飛行中隊の指揮は飛行中佐が行なうのが基本的姿であった。

イギリス爆撃航空団の作戦は全て航空団司令部が計画し、作戦に合わせて各爆撃飛行連隊に通報され、飛行連隊はその作戦内容に合わせて傘下の爆撃機中隊の出撃を決めていたが、規模の大きな爆撃作戦ではほとんど全ての飛行中隊が作戦に参加し、可動機を総動員して出撃しており、特に一九四三年後半その傾向が顕著になり出撃は六〇〇〜一〇〇〇機単位で行なわれるのが普通になっていた。

爆撃航空団司令部は指揮下の全ての爆撃機中隊の日毎の可動爆撃機数を把握しており、集中管理された中で効率的な作戦が行なわれていた。そのためには爆撃航空団司令官や幕僚たちは常日頃から各飛行中隊長とのコミュニケーションを計り、十分な意志疎通ができる状態を保っていたのである。

アメリカの航空部隊は一九〇七年八月に陸軍の信号兵団に気球を扱う航空部が創設されたときにスタートしたが、飛行機を保有する航空部隊の設立は第一次世界大戦勃発の一九一四年七月のことで、陸軍の組織の中に置かれていた。そしてその後も航空部隊は陸軍の中の一つの戦闘集団という位置に甘んじ、アメリカ空軍という独立した戦闘集団が設立されたのは第二次大戦後の一九四七年のことであった。そのために第二次大戦中のアメリカの航空部隊

第2図　第二次大戦中のアメリカ陸軍航空隊（USAAF）の組織図（1945年4月現在）

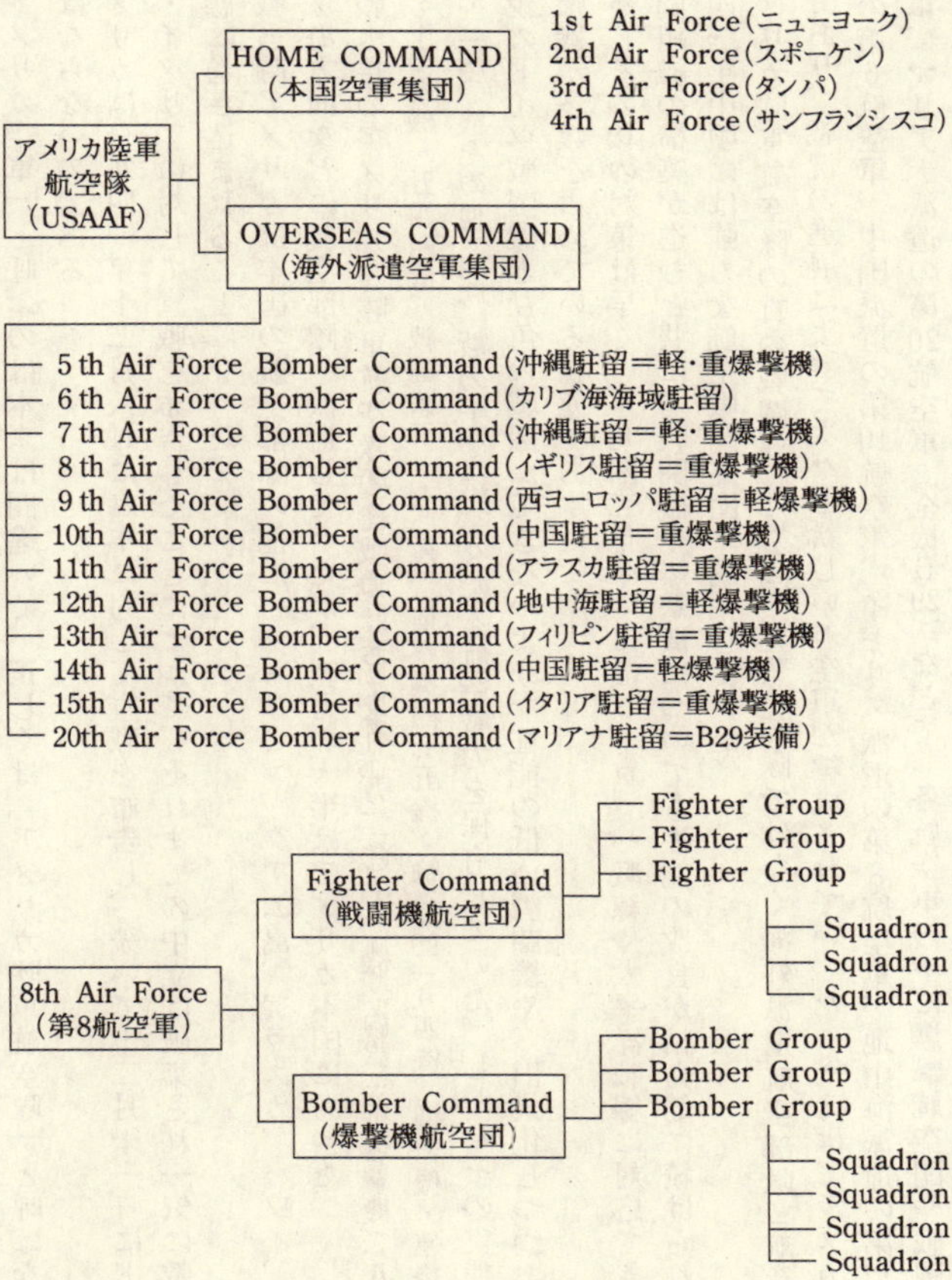

を「アメリカ空軍」と呼ぶのは本来は間違いで、正しくは「アメリカ陸軍航空隊」と呼ばなければならないのである。

アメリカは一九四一年十二月八日に日本に対して宣戦を布告し、続いて十二月十一日にドイツ・イタリアに対して宣戦を布告したことによって、それまでの中立は破棄され一気に戦争状態に巻き込まれることになった。

開戦当時アメリカは本国の航空部隊の他に、フィリピン、グアム島、アラスカ、ハワイ、カリブ海方面などに航空部隊を派遣していたが、戦力の大半はアメリカ本国にあった。

開戦当時のアメリカの陸軍航空隊の総戦力はおよそ一万二〇〇〇機（内訳：重爆撃機二八八機、中爆撃機一五四四機、戦闘機二一七〇機、偵察機四七五機、輸送機二五四機、練習機・連絡機等七三四〇機その他）で、数の上では堂々たる航空戦力を保有していた。しかしその実態は新鋭のドイツ戦闘機と互角の戦闘ができないような性能の低い戦闘機や、旧式化しつつある爆撃機が多数を占めている状態であった。

しかしその後の対策は早く、一九四二年中頃にはヨーロッパ戦線や太平洋戦線に対応できる戦闘組織の構築が進むと共に、戦闘機や爆撃機についても性能の改良が精力的に続けられ、一九四三年中頃には強力な航空戦闘集団に成長していた。

アメリカ陸軍航空隊の真の戦闘部隊は本国の航空部隊ではなく海外派遣航空部隊（航空軍）であり、戦況の進展によって次々と新しい航空軍が編成されていった。例えばアラスカ派遣の第6航空軍、中国派遣の第10航空軍、イギリス派遣の第8航空軍、地中海派遣の第12航空軍、マリアナ派遣の第20航空軍（全機B29）などで、各航空軍の中に爆撃航空団や戦闘機航空団を組織していた。具体的には各航空団は八〜一二〇個大隊（Group）の戦闘機部隊と、八〜三八個大隊（Group）の爆撃機部隊、そして数個の偵察機中隊（Squadron）より編成されていた。

アメリカの場合はイギリス空軍と異なり戦闘単位は大隊（Group）で、各大隊は戦闘機大隊の場合は三個飛行中隊より編成され、爆撃機大隊の場合は通常四個飛行中隊で編成されていた。そして戦闘機中隊は二四機で構成され、四発爆撃機の飛行中隊は当初は九機、後に一二機に増加している。つまり爆撃機大隊の爆撃機定数はイギリス派遣当初は三六機、一九四四年初め頃からは四八機が定数になっていた。

第2図はアメリカ陸軍航空隊が最大勢力となっていた一九四五年四月現在の陸軍航空隊の組織図である。

アメリカ陸軍航空隊がヨーロッパ戦線に登場するのは一九四二年六月からで、まず少数の双発爆撃機や戦闘機の参戦に続き少数の四発爆撃機の参戦となっていった。そしてこの参戦の母体として第8航空軍がイギリスに設立され、その後の一大航空軍に成長していった。

第2章　戦争勃発とイギリス空軍爆撃航空団

「まやかし戦争」の中のイギリス空軍爆撃航空団

ドイツに対して宣戦を布告した時点でのイギリスは、ドイツと事を構えることに対してかなり冷静な姿勢にあった。国家予算の中に占める国防費の割合も、危機感が漂い出していた一九三九年度ですら前年度の七パーセントに対して一七パーセントに増加しただけで、決して巨額の予算といえる状態ではなく、それほどの緊迫感が漂っているわけではなく、戦争事態に対する姿勢には少なくとも自国が危急存亡の淵に立たされている、という悲壮観はなかった。

そしてこの状態をつくりだした背景にはドイツの戦争勃発後の姿勢があった。ドイツはポーランドをわずか一ヵ月で席巻してしまうと、当然返す刀でオランダ、ベルギー、フランスへの猛攻撃を仕掛けてくるであろう、というのが大方の予想であった。ところが以後七ヵ月の間、ドイツは予想された攻撃を仕掛けてこなかった。それどころかドイツ西側の国境線付近では、交戦状態にある隣接諸国の間でも陸上部隊の小競り合いすら発生していなかった。

フランスとイギリスはドイツと戦争状態にありながらのこの姿に不思議な違和感を感じていたが、少なくとも地上では平穏な日々が続いていた。世間では摩訶不思議なこの平穏な状態を「まやかし戦争（Phoney War）」あるいは「退屈な戦争（Bow War）」と呼ぶようになった。そしてこの状態に対してイギリスとフランスの国民の間では、「本格的な戦争は避けられるのかも知れない」という希望さえ芽生え始めていた。

しかしこの平穏な状態はあくまでも大陸の陸の上だけの話で、イギリスを取り巻く海上に目を向けると、状況は一変して陸上のように平穏なものではなかった。

イギリス海軍は戦争勃発直前にドイツ潜水艦についての十分な情報を持っていなかった。そのためにイギリス海軍は世界第一位のイギリスの商船隊の全商船を護衛できるだけの、十分な護衛艦の整備を怠ったままで戦争に突入し、たちまち深刻な事態を招くことになったのである。

戦争勃発と同時にイギリス周辺に用意周到に配備されていたドイツ潜水艦は活動を開始し、次々とイギリスの商船を海底に葬り去っていったのであった。島国イギリスの国力を維持するためには膨大な物資を大量の商船でイギリスに運び込まなければならず、その大切な輸送媒体を次々と失うことはイギリスにとってはまさに国家存亡の危機なのであった。しかしこの危機感も地上で全く戦闘が展開されていないという事実の前に、イギリス国民の間には差し迫った緊迫感が漂っていなかった。

一方イギリス空軍においてもこの「まやかし戦争」の期間は、対ドイツ攻撃という面では態度を決めかねている時期でもあった。

戦争勃発と同時にイギリス空軍がとった主な対策は次のようなものであった。

㈠、爆撃航空団の軽爆撃機中隊と戦闘機航空団の戦闘機中隊をフランスに派遣し、フランスとの共同防衛作戦を展開する（イギリス陸軍も一〇個師団以上の陸上部隊をフランスに送り込んでいた）。

㈡、イギリス本島周辺の海上の哨戒活動を強化し、ドイツ潜水艦や水上艦艇の活動を牽制する。

㈢、ドイツ本国の海軍基地に在泊するドイツ水上艦艇を爆撃機部隊で攻撃する。

㈣、爆撃機をドイツ本土上空に侵攻させ大量のリーフレット（反ドイツ宣伝ビラ）を散布する。

㈤、ドイツの各港湾に対する空中からの機雷の敷設。

つまりイギリス空軍爆撃航空団は当面はドイツ海軍の水上艦艇の攻撃に焦点を絞り、明らかな軍事施設であってもドイツ国内への直接の爆撃はひかえることにしたのであった。

戦争勃発当初からイギリス空軍内には「ドイツ本土の軍事施設や軍需工場などの爆撃を強行すべし」とする考えが広まっていたが、当時の航空大臣の「攻撃目標はあくまでも戦争に直接関係する施設を攻撃すべきであって、軍需物資の生産施設はあくまでも私有財産で攻撃の対象とすべきではない」という意見が通り、少なくとも「まやかし戦争」期間中は、ドイツ海軍基地の爆撃以外にイギリス爆撃航空団がドイツ本国内で爆撃した目標はなかった。そして爆撃航空団の多数のプレ戦略爆撃機は、大量の紙の束（リーフレット）を搭載してはドイツ上空で散布することに努めたが、このリーフレット散布作戦に出撃する爆撃機は当然ドイツ国内の写真偵察も行なっていたのである。

「まやかし戦争」中のイギリス爆撃航空団の出撃記録の主な例を次に示してみよう。

一九三九年九月三／四日（夜間）

ホイットレー双発爆撃機六機がハンブルグ、ブレーメン、ルール地方に進入、リーフレット合計六トン（約六〇〇万枚）を上空散布。

九月四日

ウエリントン双発爆撃機一四機がブルンスブュッテル港湾に停泊中のドイツ艦船を攻撃（二機が未帰還）。

ブレンハイム双発爆撃機一〇機がヴィルヘルムス・ハーフェン軍港に停泊中のドイツ艦船を爆撃。

九月二十六日

ハンプデン双発爆撃機六機がヘリゴランド島沖でドイツ駆逐艦を爆撃。

十月一／二日（夜間）

ホイットレー双発爆撃機四機がベルリンに初侵入、リーフレット四トン（四〇〇万枚）散布（悪天候のため一機未帰還）。

十月三日

ウエリントン双発爆撃機六機がヘリゴランド島沖でドイツ艦艇を爆撃。

十二月三日

ウエリントン双発爆撃機九機がヘリゴランド島沖でドイツ艦艇を爆撃。

十二月十八日
ウエリントン双発爆撃機二二機がキール軍港を昼間爆撃（一五機未帰還）。
一九四〇年三月十九／二十日（夜間）
ホイットレー双発爆撃機三〇機とハンプデン双発爆撃機二〇機がホルヌムのドイツ海軍水上機基地を爆撃。
四月十三日
ハンプデン双発爆撃機一五機がデンマーク半島沖に機雷投下。
ウエリントン双発爆撃機六機がブルンスブュッテル海軍基地を昼間爆撃（二機未帰還）。

これら一連の作戦の間に、イギリス空軍爆撃航空団の以後のドイツ攻撃方針を根底から変更させる事態が発生したのである。

一九三九年十二月十八日のウエリントン双発爆撃機二二機によるキール軍港爆撃に際し、一五機が未帰還というこれまでにない大損害が発生した。この日ドイツ軍は実戦配備されていた早期警戒レーダーによってキール方面に向かってくる大編隊の敵機を探知していた。ドイツ空軍はこの情報に従い、あらかじめデンマーク半島南部上空に四〇機（メッサーシュミットBf109及びMe110の混成）を待機させていた。そして空戦の結果、イギリス爆撃機一五機撃墜という大戦果を挙げることになった。

この出来事はイギリス爆撃航空団にとって深刻な衝撃となり、この日の爆撃を最後に戦争末期までごく少数の例外を除いてドイツ本土爆撃は夜間爆撃で行なうことに決定されたのであった。そしてこのことが後に起きるアメリカ陸軍爆撃航空団との間で、ドイツ本土爆撃を昼間爆撃で行なうか夜間爆撃で行なうかの論争の火種となったのである。

この「まやかし戦争」の間にイギリス爆撃航空団が行なった作戦の中で、リーフレット散布作戦は部隊内では「Nickel 作戦」と呼ばれていた。Nickel とは安物の代表を意味し、同時に「紙切れ」も意味する英語のスラングである。また空中からの機雷敷設（投下）作戦は、低空から海上に順序どおりに機雷を投下させる行動を比喩し、爆撃航空団内では「Garden-ing＝庭いじり、種蒔き」と呼んでいた。言いえて妙な表現であるが戦争においてもユーモアの精神を忘れないイギリス人気質が窺えるのである。

このいかにも妙な「まやかし戦争」の間、ドイツは着々と次なる作戦の準備を行なっていた。ドイツは一九四〇年四月、突然次なる軍事行動を開始した。陸上部隊が隣国デンマークに侵入し、たちまち同国を占領。同時に強力な水上艦艇と上陸部隊を乗せた船団と航空部隊がノルウェーを急襲した。そしてノルウェーも一カ月足らずでドイツに占領されてしまった。「まやかし戦争」状態は瞬時にして消え失せ、西ヨーロッパは極度の緊張のベールで覆われたのであった。

ドイツ陸空軍の電撃戦とフランス派遣イギリス空軍部隊の末路

イギリスはドイツへ宣戦を布告すると直ちにフランスに陸軍部隊と空軍部隊を派遣した。イギリス空軍は戦闘機航空団より四個飛行中隊（可動機六四機）、爆撃航空団より第一飛行連隊（Group）を構成する単発軽爆撃機編成の全飛行中隊（一〇個中隊＝可動機一六〇機）、そして第二飛行連隊の中の双発軽爆撃機編成の四個飛行中隊（可動機七二機）をフランスの前進

フェアリー・バトル

基地に派遣した。

フランスに派遣された一〇個中隊の軽爆撃機は全て単発複座のフェアリー・バトルであった。この機体は本来が地上部隊の直接支援攻撃を目的に開発された爆撃機で、三〇〇キログラム程度の爆弾を搭載して低空から敵地上部隊を攻撃するものであった。一方双発のブレンハイム軽爆撃機は五〇〇キログラム程度の爆弾を搭載して中高度から敵部隊や陣地を爆撃することを得意とする軽爆撃機で、イギリス空軍は戦争の勃発に際してこれらの二機種はすでに多少旧式化してはいたものの、フランス空軍と協同作戦する上では敵攻撃に対して十分な戦力と考えていたのであった。

イギリス空軍爆撃航空団はフランス派遣爆撃機部隊の他に、本国の基地にウエリントン、ホイットレー、ハンプデンの三機種から成る双発爆撃機（プレ戦略爆撃機）部隊を実戦配備していた。その戦力は三個飛行連隊で、合計二二個の飛行中隊から編成されており可動爆撃機は合計二六四機であった。

「まやかし戦争」の間、イギリス本国に配備された双発爆撃機はすでに述べたような作戦に出撃していたが、その一方フランス派遣の爆撃航空団の軽爆撃機はほとんど戦闘を交えるということはなかった。

一九四〇年五月十日、事態は一変した。

この日の未明、オランダとベルギーのドイツ国境の要塞地帯にユンカースJu52-3m輸送機に曳航された四一機のグライダーが音もなく侵入し着陸した。そしてグライダーから飛び出した三六三名の空挺隊員はたちまち要塞の守備陣地を占領してしまった。

さらに一時間後、今度は四一機のJu52-3m輸送機が要塞地帯上空に侵入すると合計六〇〇名の空挺隊員がパラシュート降下し、要塞地帯は完全にドイツ軍の手中に落ちてしまった。このために国境を繋ぐ運河の橋梁の全てが占領され、時を移さず戦車や装甲車を先頭にしたドイツ陸軍機甲師団と歩兵部隊の大軍がベルギーとオランダ国内に雪崩れ込んできた。

一方ドイツ機甲師団の主力は、ドイツとフランスの国境地帯に構築されたフランス側のマジノライン陣地を大きく北に迂回し、ベルギー国内を驀進しフランス国内に向けて怒濤の侵入を開始したのであった。フランスは完全に裏をかかれたのであった。

オランダとベルギー両国の陸軍部隊は鎧袖一触の例えどおり、たちまち強力な機甲部隊に蹴散らされてしまった。そしてこれらの鋼鉄の大軍も、その後に無数の歩兵兵力を従えてフランス国内へ続々と侵入を開始したのであった。

この電撃作戦にドイツ空軍が用意した兵力は、単発戦闘機一二六四機、双発爆撃機一一二〇機、急降下爆撃機三四二機の合計二七二六機であった。

攻撃してくるドイツ地上部隊を攻撃するために、フランス派遣のイギリス空軍爆撃隊の全

第3図　ドイツ軍のヨーロッパに対する電撃作戦の状況

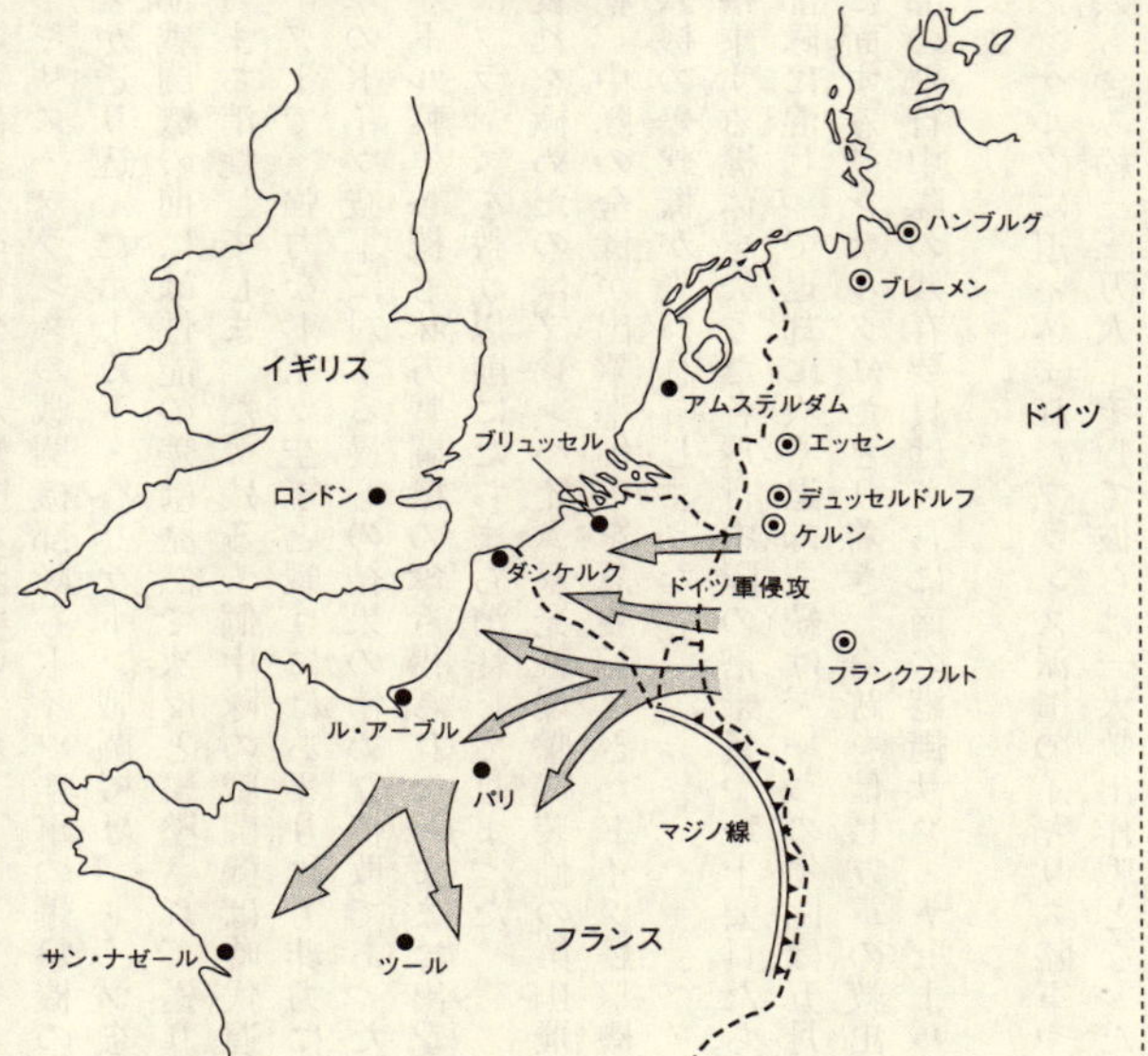

力が出撃していったが、メッサーシュミットBf109の二〇ミリ機関砲の攻撃や、ドイツ地上部隊が進撃路に早々と配備した無数の二〇ミリ高射機関砲の前に、次々と撃墜されていった。

フランス空軍の爆撃機部隊も可動全機を出撃させ、進撃してくるドイツ陸上部隊の大軍の攻撃を行なったが、出撃ごとに多数の爆撃機が撃墜されていった。

イギリス・フランスの戦闘機部隊もドイツ空軍の爆撃機の迎撃に向かっていったが、イギリスが送り込んだホーカー・ハリケーン戦闘機は、ドイツ空軍新鋭のメッサーシュミットBf109戦闘機の前には性能の差は歴然で次々と撃墜され、送り込まれた三個飛行中隊の戦力はたちまち消耗してしまった。残る一個中隊の戦闘機は時代遅れの複葉のグロスター・グラジエーターで、強力なドイツ空軍と戦うにはあまりにも非力に過ぎた。言い換えればイギリス空軍のドイツ空軍に対する慢心の結果の惨めな惨敗であったといえよう。

バトル軽爆撃機も味方戦闘機の傘も得られないままに出撃を続けたが、低速に過ぎるバトルはフランスを救う以前にたちまち消耗してしまった。

哀れを極めたのはブレンハイム双発軽爆撃機装備の第114飛行中隊であった。五月十一日の早朝、中隊の全機が出撃準備中を急襲してきたドイツ爆撃機の爆弾攻撃を受け、一瞬にして一六機の爆撃機が失われてしまった。

搭乗する機体を失った各飛行中隊の搭乗員や地上要員たちは、フランス派遣のイギリス陸軍部隊に混じって退却に次ぐ退却を続け、一つの集団は五月二十六日に辛うじてドーバー海峡に面するダンケルクにたどり着き、奇跡を信じ友軍の救出の手を待つことになった。また一部の飛行中隊の残存要員はさらに南の港街サン・ナゼールにたどり着き救出を待つことになった。

ダンケルクに追い込まれたフランス派遣のイギリス陸軍や空軍の将兵は、一部フランス軍将兵も含み約三三万人。そして彼らは一大救出作戦となった「ダイナモ作戦」によって、奇

ブリストル・ブレンハイム

跡的にイギリス本国にたどり着くことになったのである。

一方フランス南西部のサン・ナゼールに追い込まれたイギリス陸軍や空軍部隊も、相当数の民間人の避難民も含めて、ここでも展開された大脱出作戦「アエリアル作戦」によってイギリス本国にたどり着くことができた。

しかしここに悲劇が生まれた。

このサン・ナゼールに脱出したイギリス陸軍部隊の中に、バトル軽爆撃機装備の第98飛行中隊の生き残り搭乗員と地上要員総勢およそ一〇〇人が含まれていた。しかし彼らを収容した大型客船ランカストリア号が、サン・ナゼールの港を離れる直前にドイツ空軍の爆撃機の攻撃を受け沈没した。この時の犠牲者は三〇〇〇人を超えるが、その中に第98中隊の全員が含まれており、第98飛行中隊は消え失せるという悲劇が生まれてしまった。

ドイツ軍の電撃攻撃開始以来わずか一ヵ月半で、フランス、ベルギー、オランダはドイツの席巻するところとなり、そして六月二十一日にはドイツとフランスとの間に休戦協定が調印されてしまった。

ここにドイツに刃向かう国はドーバー海峡を挟みイギ

リス一国となってしまった。つまりイギリス陸海空軍はドイツとの戦争に総力戦で挑む覚悟を決めなければならなかった。

イギリス空軍爆撃航空団の戦い方も、それまでの状況を眺めた中での戦いから一気に手段を選ばない戦いに方向転換する必要に迫られた。つまりベルギーやオランダ、あるいはフランスに布陣するドイツ軍の拠点を攻撃するばかりでなく、ドイツが戦争を継続する根幹となる、ドイツ国内のあらゆる施設の爆撃を即刻実行することが、イギリス空軍のこれ以後の戦いの基本となるべきであった。まさに戦略爆撃こそイギリス空軍爆撃航空団に与えられた使命となったのである。

バトル・オブ・ブリテンとイギリス空軍爆撃航空団の反撃

ドイツの電撃作戦が開始されたその日の夜、二個飛行中隊から出撃した九機のホイットレー双発爆撃機が、フランスに通じる幹線道路上に集結していたドイツ軍補給部隊の車両群に対して夜間爆撃を決行した。これはドイツ地上部隊に対するイギリス空軍最初の本格的な爆撃行動であった。

そして十一日の夜にもホイットレー双発爆撃機一八機とハンプデン双発爆撃機一八機が、ドイツ機甲師団の通路になるミュンヘン・グランドバッハ幹線補給路の爆撃を行なった。

イギリス爆撃航空団の侵攻してくるドイツ機甲部隊に対する夜間爆撃はその後連夜に及んだが、ドイツ側も夜間爆撃に対しては激しい対空砲火で応酬した。

五月十二日、ハンプデン双発爆撃機一二機が、後続の歩兵部隊の車両の通行を遮断するためにアルベール運河の夜間爆撃に向かったが、低空からの攻撃に対してドイツ側の高射砲と高射機関砲の攻撃は熾烈を極め、ハンプデン六機が撃墜されてしまった。

五月十五日から十六日にかけての夜間、イギリス空軍爆撃航空団のウエリントン、ホイットレー、ハンプデン各双発爆撃機九九機が、ドイツ本土のルール地方の工業地帯と鉄道操車場等に対し、イギリス空軍始まって以来の最大規模の爆撃を行なうと同時に、ドイツ本土に対する最初の戦略爆撃となった。この爆撃では合計一八〇トンの爆弾が投下されたが、この爆撃はドイツにとっては深刻であった。

ルール地方はドイツ最大の重工業地帯であり、まさにドイツの心臓部でもあった。この地域には製鉄、製鋼、化学、航空機、車両、各種エンジン、機械製造など各種の重要産業の工場が集中しており、これらの工業地帯へ送り込む原料や完成した製品の搬出のための鉄道網が縦横に発達し、ライン河やエルベ河とを繋ぎ鉄道と共に重要な輸送手段となるドルトムント・エムス運河などの大規模な運河も四通八達している地域であった。

対イギリスとの戦闘を前にし、ドイツのゲーリング元帥は国民に対して声高らかに「ルール地方には一発たりとも敵の爆弾は落とさせない」と豪語した。これはイギリスやフランス空軍の爆撃機など優秀なドイツ空軍の前には何するものでもなく、ドイツ国内には一指も触れさせないという、空軍最高指揮官としての国民に対する約束であった。

ところが五月十五日の大規模な夜間爆撃はゲーリングの約束を簡単に葬り去り、彼の威厳はそれこそ一夜にして失墜してしまった。

ルール地方を簡単に爆撃されてしまったというドイツ側の大失態はあったものの、ドイツのイギリス本土攻撃と占領は予定どおり進められることになった。

強敵と判断していたフランスをいとも簡単に攻略してしまったことは、ドイツ側に強力な陸軍部隊と航空部隊を十分に温存するという思ってもみなかった幸運を運び込んだ。

ヒットラーは一九四〇年七月十六日に、次なる攻撃目標であるイギリス本土上陸に向けて「アシカ作戦」発動準備を命じた。

ドイツはイギリス侵攻のための準備を開始した。ドーバー海峡の対岸のフランスやベルギーの海岸には無数の上陸用舟艇が続々と集結した。また陸上ではフランスとベルギーの海岸に近い位置に次々と航空機基地が建設され、戦闘機や爆撃機が集結を始めた。

集結した航空機はドイツ空軍の実戦機の大部分に相当し、その勢力は単発戦闘機七三四機（メッサーシュミットBf109）、双発戦闘機二六八機（メッサーシュミットMe110）、双発爆撃機九四九機（ユンカースJu88、ハインケルHe111）、急降下爆撃機三三六機（ユンカースJu87）の合計二二八七機であった。これに対するイギリスの戦力は戦闘機航空団の全力、単発戦闘機七〇四機（スピットファイアとハリケーン）だけで、その中でドイツ空軍最新鋭のメッサーシュミットBf109に互角に勝負が挑める戦闘機は、当時約七〇機が配備されたばかりのスピットファイア戦闘機だけであった。

ドイツはイギリス侵攻にあたり、まず航空攻撃でイギリス空軍を壊滅させ、ドイツ空軍の制空権の下で上陸部隊をイギリス本土に送り込む計画であった。そして上陸作戦開始時期を一九四〇年九月中旬と予定した。

ドイツ空軍最高司令官のゲーリングはドイツ空軍の実力に絶対の自信を持ち、短期間でイ

第4図　ドイツ・ルール地方

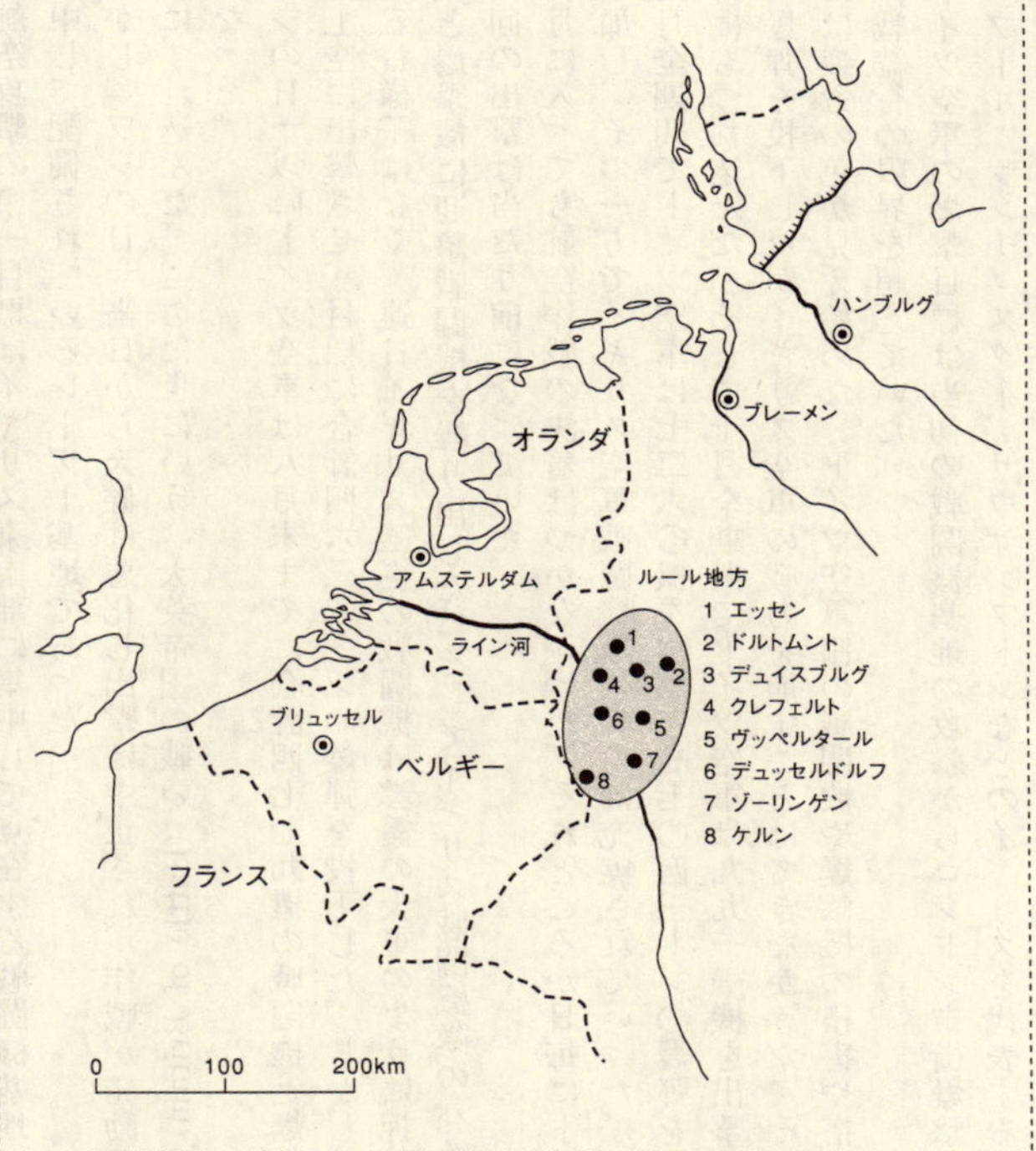

ギリス空軍を叩きのめしてみせるとここでも豪語した。この航空作戦の成功はルール爆撃の失態の汚名を挽回する彼にとっての絶好の機会でもあった。

ゲーリングはイギリスに対する一斉攻撃発動日を「ワシの日」と名付け、八月二日を「ワシの日」と定めた。

イギリスに対

する航空攻撃の第一目標はイギリス東南部に集中して点在する戦闘機基地と、同じく東南部に集中して配備されているレーダー基地であった。

しかし「ワシの日」当日から天候は悪化し出撃は中止され、作戦が発動されたのは八月十三日にずれ込んだ。ここに世にいう「大英帝国の戦い（Battle of Britain）」が展開されることになった。

「ワシの日」以降ドイツ空軍は八月末までに合計四七七九機の戦闘機と爆撃機をイギリス東南部上空に出撃させ、目標に合計四六三八トンの爆弾を投下した。しかしイギリス空軍は全くひるむ様子はなく、連日イギリス空軍の戦闘機は雲霞の大軍のように押し寄せるドイツ戦闘機と爆撃機に迎撃戦闘機を繰り出した。そしてイギリス戦闘機隊のパイロットは一日二～三回の出撃は当たり前になっていた。

九月に入っても航空作戦の決着はつかなかった。それどころか日毎にドイツ空軍側の損害は増加し、その一方でイギリス空軍戦闘機隊の戦力は充実されていった。

九月全期間でドイツ空軍は七二六〇機を出撃させ七〇四三トンの爆弾を投下した。戦闘は十月にもつれ込んだ。そして十月全期間でドイツ空軍は九九一一機を出撃させ、九一一三トンの爆弾を投下したがイギリス空軍の戦力を崩すことはできなかった。その一方でドイツ空軍には疲労の色が見え始めた。ドイツ空軍側の戦闘機や爆撃機の損害や搭乗員の損失はすでに作戦続行の限界を超えていた。

ドイツ空軍の爆撃目標は当初の戦闘機基地の攻撃からロンドン市街爆撃に変更し、さらにリバプール、マンチェスター、サウザンプトンなどのイギリスを代表する工業地帯や港湾都市に爆撃目標が変わっていった。この航空作戦の本来の目的であった「制空権の確保」という大命題は消え失せており、ドイツ空軍には意地の戦いの姿すら見えてきた。

十一月全期間を通じてドイツ空軍は六五一〇トンの爆弾を主にイギリス都市に投下したが、ここまでが限界であった。イギリス上空どころかドーバー海峡上空の制空権も確保できないでいるドイツ空軍に対するドイツ軍内の非難の声は、当然直接ゲーリングに向けられた。ゲーリングはルールに続いて再び大きな失態を演じることになった。そして十一月にはイギリス上陸を示す「アシカ作戦」は延期された。そしてこの作戦は結局は無期延期のまま消滅してしまった。

イギリス空軍は一〇〇〇機にも満たない戦闘機部隊の不屈の闘志によって「大英帝国の戦い」を守り抜いた。その一方でドイツ空軍は「ワシの日」発動の一ヵ月前から展開されていたイギリス空軍との小競り合いを含め、十月末までの約四ヵ月間で、作戦に準備した二二八七機の第一線機の内の一七三三機がイギリス上空で撃墜された。その一方でイギリス側は空戦で九一五機の戦闘機を失うことになった。

勿論この間に両空軍とも次々と機体と搭乗員の補充を行ない戦闘部隊の戦力維持に努めたが、この維持合戦には両軍の間で大きな差が生まれてしまい、結果的にはドイツ空軍の戦力の絶対的な低下を招くことになったのである。つまりイギリス上空で撃墜された一七三三機の搭乗員は戦死するかイギリス軍の捕虜になるかのいずれかで、ドイツ空軍にとっては完全な搭乗員の損失であったのに対し、イギリス空軍は撃墜されても下は本国であり、パラシュートで生還するか胴体着陸すれば搭乗員は再び補充される戦闘機に乗り換えて出撃でき、搭乗員の損失は戦死者と重度の負傷者だけで、その実数は三〇〇名を下回った。つまりドイツ空軍側は失われた機体の補充はできるものの、補充される搭乗員の練度は次第に低下し戦力を維持すること自体容易ではなくなっていたのであった。

バトル・オブ・ブリテンは一九四〇年十一月までにはドイツ空軍劣勢で一応の決着がついたが、今度はイギリス空軍がドイツに対して反撃を加える立場になった。

強力なドイツ空軍力をしてもイギリスを屈伏できなかった要因として次の二つが考えられる。一つは長い航続距離を持った単発戦闘機がなかったことである。航続距離の長い戦闘機としてはメッサーシュミットMe110という双発戦闘機を用意していたが、イギリス空軍の単発戦闘機の前には空戦性能では圧倒的な欠陥があり戦闘機の用をなさなかった。一方、単発戦闘機としてはメッサーシュミットBf109が主力となって活躍したが、行動半径二〇〇キロメートル程度ではイギリス上空で爆撃機を援護するために敵戦闘機と空戦する十分な余裕もなく、護衛戦闘機としての価値は半減し、イギリス戦闘機による味方爆撃機の損害を増やすことになってしまった。

もう一つの要因は爆撃機に十分な破壊力がなかったことである。ドイツ爆撃機の航続距離は決して長くはなく、能力一杯の爆弾を搭載すれば当然航続距離を犠牲にしなければならず、イギリス本土の目標を爆撃するには一機あたりの爆弾搭載量は一・五トンが限界であり、当然、破壊力も低下する。破壊力の少ない爆撃機で相手を屈伏させるには当然、出撃機数を増やさねばならず、打ち続く損害にそれもままならないドイツ空軍としてはイギリス攻撃に限界が生じてしまった。

一九四〇年十二月時点でイギリス爆撃航空団に配備されていた爆撃機は、必ずしもドイツ爆撃機より勝る攻撃力を持っていたわけではない。この時点でイギリス空軍の爆撃隊の主力爆撃機であったホイットレー、ウェリントン、ハンプデンの攻撃力は、平均では爆弾一・八トンを搭載したときに航続距離は二〇〇〇キロメートルで、ドイツ空軍の爆撃機を少し上回っている程度であった。しかしドイツ空軍と違っていたことは、これらの爆撃機はこの時から一、二年後に現われる、攻撃力の強い本格的な戦略爆撃機までの繋ぎ役の存在であったということである。

爆撃機に少しの弱点はあったものの、イギリス空軍爆撃航空団はバトル・オブ・ブリテンの間、決してドイツ空軍のイギリス本土爆撃のなすがままになっていたわけではない。イギリスの国民性ともいえる「やられたらやり返す」という精神は爆撃航空団にも生きていた。「ワシの日」発動以前から散発的に行なわれていたドイツ空軍のイギリス本土爆撃に対し、一九四〇年八月十二日夜、一一機のハンプデン双発爆撃機が再びルール地方のドルトムント・エムス運河の爆撃で仕返しをした。さらに八月二十五日の夜、合計八一機のウェリントン、ホイットレー、ハンプデン各双発爆撃機が、長駆ベルリンの夜間都市爆撃を決行した。イギリス空軍初めてのベルリン爆撃であると共に初めての都市無差別爆撃でもあった。

この爆撃は前夜にロンドン市街に向けられたドイツ爆撃隊の無差別爆撃に対する報復爆撃であった。ただこの時のロンドン爆撃はドイツ爆撃隊が目標を誤っての誤爆であったのが真相であるが、戦闘の場では誤りは許されない。

一方イギリス空軍のベルリン無差別爆撃にヒットラーは激怒し、以後ドイツ空軍の爆撃も

ショート・スターリング

ロンドン市街の無差別爆撃に変わっていった。

バトル・オブ・ブリテンを境に、イギリス空軍の役割は「防御」から爆撃機による「攻撃」へ移行していった。そしてイギリス空軍爆撃航空団によるドイツ本土爆撃も、戦略爆撃的な色彩を鮮明に打ち出し、それまではともすると戦闘機主体となっていたイギリス空軍の中に、爆撃機の重要性を認識する意識が高まり始めた。そして一九四〇年当時の状態では、ドイツに対して仕返しをする唯一の効果的手段は爆撃機によるドイツ本土爆撃である、という考えが支配的になっていったのである。

イギリス戦時内閣は、一九四〇年十月の段階で「できるだけ早い時期にドイツに対し、可能な限り強い反撃を行なう」という方針を固めていた。この決定は爆撃航空団に弾みをつけると同時に、当時進行中の本格的戦略爆撃機の試作と量産にも弾みをつけることになった。

しかし本格的な戦略爆撃機が出揃わない一九四〇年十月以降、一九四一年一杯のイギリス空軍爆撃航空団は、近い将来のドイツ本土に対する本格的な戦略爆撃の展開の足慣らしのための準備期間と位置づけ、ドイツ本土に

ハンドレページ・ハリファックス

対するさまざまな形の夜間爆撃を決行した。

一九四一年一月、爆撃航空団にとって最初の本格的四発戦略爆撃機であるショート・スターリングが、一個飛行中隊で出撃準備を完了した。さらに二月には二番目の本格的四発戦略爆撃機であるハンドレページ・ハリファックスが、一個飛行中隊で出撃準備を完了した。

一九四一年二月十日夜、四機のショート・スターリングがオランダのロッテルダムにある石油貯蔵施設を爆撃した。この爆撃行はショート・スターリングというイギリス空軍初の四発重爆撃機の実戦試験飛行に相当したが、結果は空軍を十分に満足させた。各機三・六トンの爆弾を搭載し、目標を中心に合計四八発の二二七キログラム爆弾を命中させた。この爆弾搭載量はそれまでの双発爆撃機の爆弾搭載量の二倍強に相当し、一機あたりの破壊力は格段に増えることが証明されたのである。

続いて三月十二日夜、六機のハンドレページ・ハリファックス四発重爆撃機が各機同じく三・六トンの爆弾を搭載し、今度はドイツ本土のハンブルグ市街に七二発の二二七キログラム爆弾を投下した。この攻撃も新しい本格的な四発戦略爆撃機の実戦飛行であったが、結果はスターリングと同じくイギリス空軍を満足させるものであった。

イギリス空軍はこれらの四発戦略爆撃機の量産が進み、実戦部隊への配備が十分に整うまでには約一年間は必要と考え、その間は増備されるこれらの爆撃機を加えながら、従来の双発プレ戦略爆撃機を中心にしたドイツ本土爆撃を進める計画であった。

四月三十日夜、スターリング爆撃機一六機による最初のベルリン爆撃。

五月八日夜、スターリングとハリファックス爆撃機二四機がハンブルグ市とブレーメン市を爆撃。

七月八日夜、スターリングとハリファックス爆撃機二四機がミュンスター市を爆撃。

この間の八月十二日、イギリス空軍は久しく中止していたドイツ本土の昼間爆撃を双発軽爆撃機を使って実施した。目的はケルン市の工場地帯の低空精密爆撃で、ブレンハイム爆撃機五四機が、各機二発の二二七キログラム爆弾を搭載して低空でドイツ本土に侵入した。

結果はまたしても悲劇に終わった。一二機のブレンハイム爆撃機が対空砲火と迎撃戦闘機の攻撃を受けて撃墜され、基地に帰還した半数以上の機体が激しく被弾し廃棄処分せざるを得ない状態であった。

イギリス空軍は二度にわたる昼間爆撃の悲劇から、その後ドイツ降伏直前の一時期を除きドイツ本土への昼間爆撃は全く行なわなかった。

一九四〇年から一九四一年一杯のイギリス爆撃航空団の爆撃機の目標までの航法は、イギリスの基地を飛び立った後は天測とコンパスと目視が主体で行なわれ、爆撃を行なってもその目標が真に計画された目標か否か不明な場合が多々あった。また戦果の確認についても、写真偵察機自体が敵戦闘機の攻撃を十分にかわすほどの高速力を持っておらず、それもさまざまな機体が偵察機として使われていたのが実情で未帰還機も多く、爆撃効果の判定を行なうのも容易ではなかった。

ただ写真偵察機によって持ち帰られた写真を検証すると、一九四〇年五月から一九四一年六月までに実施されたドイツ国内やオランダ、ベルギーなどの目標に対する爆弾の命中率は、平均四九パーセントと予想以上に低かった。命中率の低さは夜間爆撃であるための爆撃照準の難しさを示すものであることは確かであった。

つまり夜間爆撃では特定目標に対する精密爆撃は基本的に困難であり、その対策の一つとしてイギリス空軍が採用した戦法は、爆撃目標を「点」から「面」に変えることであった。つまり爆撃目標の周辺一帯の広い面を爆撃目標とし、ここに多数の爆撃機から多数の爆弾を投下すれば特定目標への命中もあり、それ以上にたとえ周辺地域が一般市民の居住地域であっても、その地域も爆撃目標とすれば、市民に対する「恐怖」を植えつけることが可能で、ドイツ国民の戦争意欲も減殺することが可能である、と空軍は考えたのである。

一方イギリス空軍は夜間爆撃の目標への投弾精度を上げるために、編隊を目標に正しく誘導する方法の開発も進めていたが、これもあくまでも編隊を「点」ではなく「面」に向かって正しく誘導するための誘導方法であった。

イギリス爆撃航空団は以後のドイツ本土爆撃には徹底した「面」爆撃作戦を採用した。そして次第に爆撃目標として本来の戦略爆撃目標を含まない、単なる大編隊による「都市無差

ヴィッカース・ウエルズレー

別爆撃」へとエスカレートして行くことになった。

大編隊による「都市無差別爆撃」が開始されれば、そこにはヒューマニズムというものは存在しなくなる。爆撃航空団が無差別爆撃を開始した根底には、一旦戦争が始まれば「手段を選ばない」という、伝統的なイギリス人の冷徹さが垣間見られてくるのである。

イギリス空軍の爆撃機

第二次大戦が勃発したとき、イギリス空軍の本国爆撃航空団と海外派遣爆撃航空団には七種類の爆撃機が配備されていた。

ただしその中の二種類は一九三九年の時点では明らかに時代後れの機体であった。その一つとは一九三三年に初飛行した単発複座の長距離爆撃機ヴィッカース・ウエルズレーで、もう一つは一九三五年に初飛行した双発爆撃機ブリストル・ボンベイであった。前者は出現と同時に持ち前の長距離性能を発揮し、六九二〇キロメートルの無着陸飛行を行ない一躍世界の注目を浴びた。ただ当時のイギリス空軍は爆撃機にどのような特性を持たせる

ブリストル・ボンベイ

べきか試行錯誤の時代であり、その他の性能や機能の面では強力な爆撃機としての資質に欠ける面はあった。ボンベイ爆撃機についても基本設計が爆撃機と輸送機兼用の設計になっており、爆撃機としては中途半端な存在になっていた。さらに固定脚と機体には不釣り合いな低馬力のエンジンを装備していたことが本機を早々に実戦部隊から引退させることになった。

開戦時、ウェルズレー爆撃機は海外派遣爆撃航空団に二個飛行中隊、ボンベイ爆撃機はわずかに一個飛行中隊存在するだけで、いずれも中東とエジプトに派遣されており、一九四〇年六月のイタリア参戦を機に、アフリカ北東部のイタリア領土ソマリーランドやエリトリア方面に駐留するイタリア軍拠点を数回爆撃しただけで引退してしまった。

海外派遣爆撃航空団の主力はブリストル・ブレンハイム双発軽爆撃機とヴィッカース・ウエリントン双発爆撃機で、配備数も合計二〇〇機程度であった。

一方、本国爆撃航空団に配備されていた爆撃機は、ヴィッカース・ウエリントン双発爆撃機、アームストロングホイットワース・ホイットレー双発爆撃機、ハンドレページ・ハンプデン双発爆撃機、ブリストル・ブレンハイム双発爆撃機、そしてフェアリー・バトル単発軽爆撃機で、配備総数は約五四〇機であった。

爆撃航空団ではこれらの爆撃機をそれぞれの爆撃機の特性ごとにグループ分けし、爆撃連隊を編成していた。大戦勃発時の爆撃航空団は次のような編成になっていた。

第一爆撃連隊（Group＝一〇個中隊編成）

単発軽爆撃機フェアリー・バトルで編成。配備総数一六〇機。

第二爆撃連隊（七個中隊編成）

双発軽爆撃機ブリストル・ブレンハイムで編成。配備総数一一二機。

第三爆撃連隊（八個中隊編成）

双発爆撃機ヴィッカース・ウエリントンで編成。配備総数九六機。

第四爆撃連隊（六個飛行中隊編成）

双発爆撃機アームストロングホイットワース・ホイットレーで編成。配備総数七二機。

第五爆撃連隊（八個中隊編成）

双発爆撃機ハンドレーページ・ハンプデンで編成。配備総数九六機。

これらの爆撃機の中でバトルとブレンハイムの軽爆撃機を除く三機種は、いずれも一・五トンの爆弾を搭載してドイツ国内の西側半分を爆撃行動半径内に納めることができた。しかしこの三機種も本格的な戦略爆撃を行なうには作戦高度、速力、爆弾搭載量、武装など様々な面から非力で、本格的な四発重爆撃機が登場するまでの繋ぎ役の価値しかなく、一九四〇年から一九四三年前半まではこの三機種の爆撃機を中心にドイツ爆撃を行なわなければならなかった。

一九四一年という年はイギリス空軍爆撃航空団にとっては大戦全期間を通して最も苦しい時代であった。それはドイツに対する反撃の時期が到来しながら強力な爆撃機が揃っていなかったという、爆撃航空団のまさに端境期であったためである。

一九四一年二月に、本格的戦略爆撃機のトップを切ってショート・スターリングが初めて実戦に参加した。そして三月には二番目の本格的戦略爆撃機であるハンドレページ・ハリファックスが初めて実戦に参加した。

この二機種の他に重爆撃機アヴロ・マンチェスターが、スターリングと相前後して完成していたが、この爆撃機は難物であった。マンチェスターは機体の大きさは四発爆撃機並みでありながら、強力なエンジンを装備することによって双発爆撃機として完成した機体であった。しかしこの強力であるべきはずのロールスロイス・バルチャーエンジンが不調続きで、完成も初出撃もスターリングと相前後していながら、エンジントラブル続きで満足な作戦を行なうこともできず、出撃してもエンジン故障によって未帰還になる機体が多く、結局少数が量産されただけで爆撃航空団からも、訓練航空隊からも早々と排除されるという散々な結果で終わった機体であった。

ただマンチェスターの失敗に対するアヴロ社の対応は素早かった。アヴロ社はマンチェスターの主翼を中央翼の部分で片側二メートルずつ延長し、エンジンを当時最も信頼性の高かったロールスロイス・マーリンエンジン四基に置き換え、四発爆撃機として完成させた。

この機体はランカスターと呼ばれることになったが、ランカスターはイギリス空軍爆撃航空団の四発爆撃機の中では最も実用的で信頼性の高い爆撃機と評価され、早速三番目の四発重爆撃機として採用されることになり大量生産が開始された。

ランカスターの実戦参加はスターリングやハリファックスに一年遅れて一九四二年三月であったが、これによってイギリス爆撃航空団は一九四二年後半から、この四発重爆撃機トリオのみによる大々的なドイツに対する空からの反撃を開始することができたのであった。

一九四一年六月末現在の爆撃航空団の戦力は次のようになっており、主力となるべき四発爆撃機の量産は進められてはいるものの実戦部隊への配備はまだ少数で、主力は三機種の双発爆撃機に頼らざるを得ず、反撃するにも攻撃力の絶対的不足は否めなかった。

ショート・スターリング四発重爆撃機装備の爆撃機中隊数
　三個中隊　配備定数四八機
ハンドレページ・ハリファックス四発爆撃機装備の爆撃機中隊数
　二個中隊　配備定数三二機
アームストロングホイットワース・ホイットレー双発爆撃機装備の爆撃機中隊数
　六個中隊　配備定数九六機
ハンドレページ・ハンプデン双発爆撃機装備の爆撃機中隊数
　七個中隊　配備定数一一二機
ヴィッカース・ウエリントン双発爆撃機装備の爆撃機中隊数
　一七個中隊　配備定数二七二機

アヴロ・マンチェスター双発重爆撃機装備の爆撃機中隊数
　二個中隊　配備定数三二機
ブリストル・ブレンハイム双発軽爆撃機装備の爆撃機中隊数
　七個中隊　配備定数一一二機
ボーイングB17C四発重爆撃機装備の爆撃機中隊数
　一個中隊　配備定数一六機
フェアリー・バトル単発軽爆撃機装備の爆撃機中隊数
　一個中隊　配備定数一六機
　合計四六個中隊　配備定数合計七三六機

　イギリス空軍爆撃航空団はスターリングなどの四発重爆撃機が充足されるまでの間、攻撃力の絶対的不足を補足するために、アメリカが実戦配備を開始した直後のボーイングB17重爆撃機を購入し戦力の強化を図ることにした。そして一九四一年四月に二〇機のB17を購入し、第90爆撃機中隊に配備した。

　しかしこのB17は後に現われた強力なF型やG型ではなく初期のC型で、アメリカ陸軍航空隊でもまだ完成された機体とは判断していなかった。

　イギリス爆撃機中隊に配備されたB17Cは練成の後、七月にドイツ本土のヴィルヘルムス・ハーフェンに対して初めての昼間爆撃を決行した。しかし二ヵ月後の九月に同じくドイツ本土のエムデンの昼間爆撃を決行した後、実戦用爆撃機としては「不適」との烙印を押され、飛行中隊での使用は中止されてしまった。理由はB17の性能が喧伝されているように優れたものではなく、高空飛行性能も期待されたターボ過給器の不具合や武装の貧弱さなど、搭乗員からは厳しい拒否反応が出たためであった。

これはむしろ当然すぎる結果で、アメリカ陸軍航空隊でも初期のタイプであるC型やD型は、実戦用重爆撃機としてはまだ未完成な機体であると評価しており、更なる改善のために徹底した改良を行なったE型を準備している最中であった。つまりイギリス空軍としては何とかして重爆撃機部隊の充実を図ろうと、焦りの出ていた最中の出来事で、苦いエピソードとして残った。

ここでイギリス爆撃航空団が初期の段階（一九四二年中頃まで）で使用した、四種類の爆撃機について少し説明を加えておこう。

(1)アームストロングホイットワース・ホイットレー双発爆撃機

本機はイギリス航空省が一九三四年に提示した次期爆撃機仕様B3／34に基づいてアームストロングホイットワース社が開発した双発爆撃機で、開発当時は重爆撃機としての位置づけにあった。

試作機は一九三六年三月に初飛行に成功し、空軍は初飛行の直後に早くも八〇機の量産命令を出すほど完成された機体であった。しかし基本設計は一時代前の一九三〇年から三二年にかけて完成した大型双発爆撃機ハンドレページ・ヘイフォードやハロウなどの流れを汲む旧式な空力設計の機体で、全幅二五・六メートルの主翼の厚さは実に一・二メートルもあり、エンジンの出力も最終型の5型でも一基あたり最大出力一一四五馬力という低馬力で、最高速力は時速三五七キロメートル、実用上昇限度も五三七〇メートルという、大戦初期の段階でもすでに旧式化は歴然としていた。ただホイットレー爆撃機の捨て難い長所は最大三・二トンという爆弾搭載能力で、一・四トンの爆弾を搭載しての行動半径は一三〇〇キロメートルに達した。この距離はイギリスを起点にしてドイツ本土のほぼ全域を行動半径の中に納めることが可能であることを意味し、ドイツ本土爆撃のための長距離戦略爆撃機としての使い道があった。またホイットレー爆撃機には七・七ミリ機銃四梃を装備した尾部砲塔が装備されており、これは夜間爆撃でも背後から攻撃してくる敵機に対しては強力な武器になるはずであった。

ホイットレーは旧式とはいいながら優れた実用性が評価され、実に一九四三年六月まで生産が続けられ合計一六七六機が生産された。

ホイットレー爆撃機が最も活躍した場面は、その大きな搭載量を活かしての「まやかし戦争」当時のドイツ国内への大量のリーフレットの散布であった。

このリーフレットの散布方法は、胴体後部の床に直径四〇センチメートルほどの穴を開け、これに同じ直径の金属製の筒（シュート）を取り付け、このシュートから数トン（数百万枚）のリーフレットを人力で投下するもので、結局搭乗員は目標上空ばかりでなくドイツ国内上空を飛行中は交代で、途切れることなくこの作業を続けなければならなかった。

リーフレットの内容は戦争の無意味さ、ナチス・ドイツ体制の批判、イギリス・フランスの最終的な勝利などドイツ一般国民に対する神経戦を目論むものであった。

もともとドイツとイギリスは歴史的に見てもプロイセン王国時代から王室関係の人的つながりがあり、両国間に戦争が勃発しても、ドイツ国民はイギリス国民に対する強い憎しみの

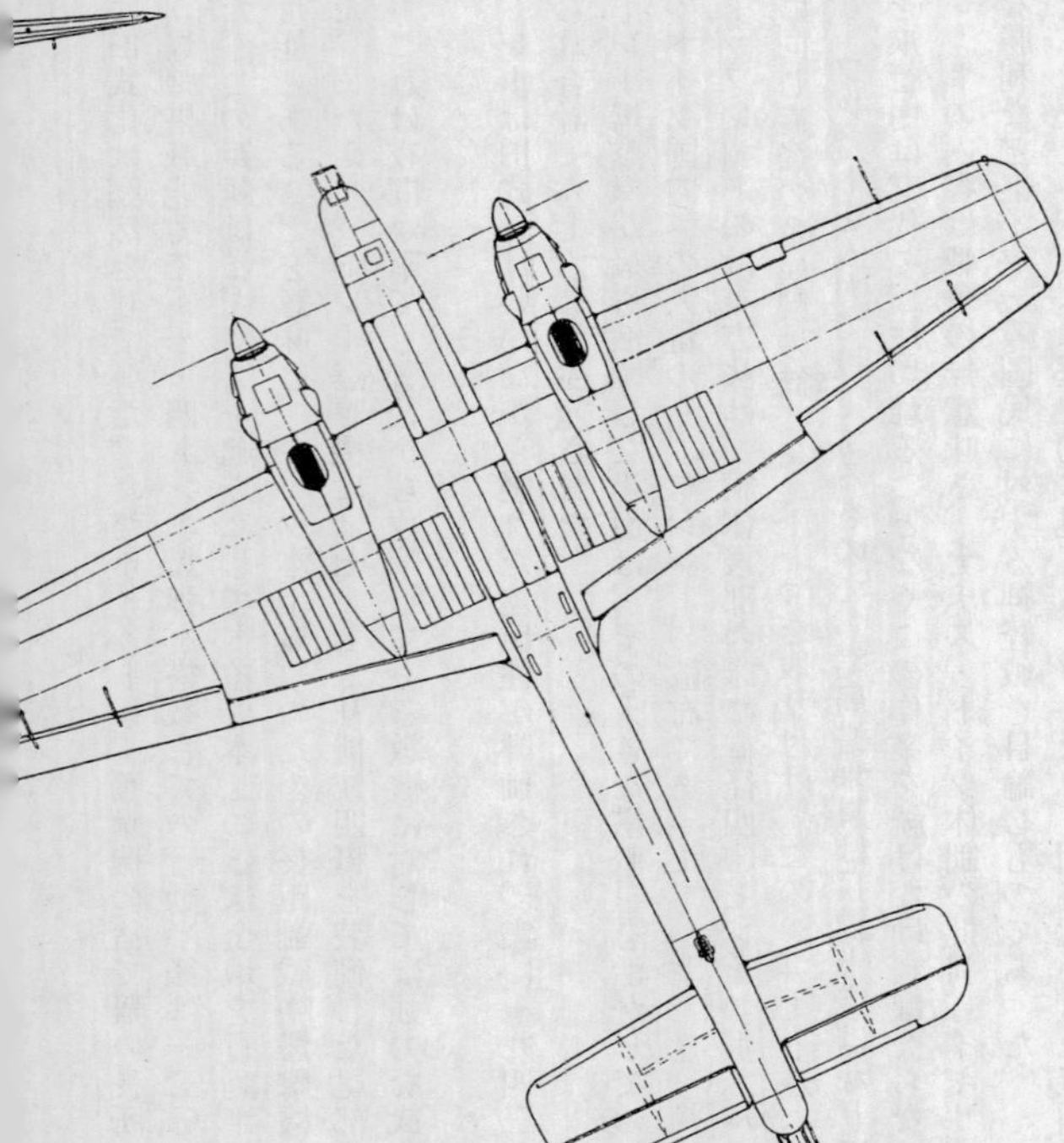

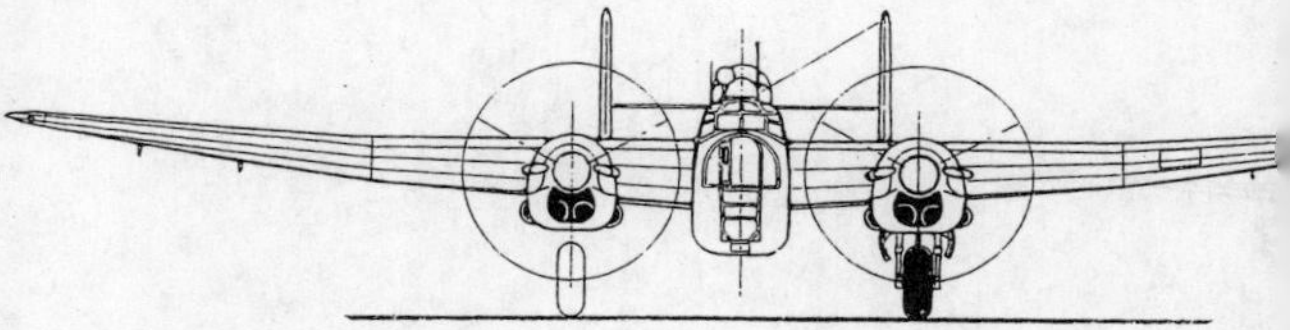

第5図　ホイットレーI型

全　幅	25.60m
全　長	21.48m
全備重量	12790kg
エンジン	ロールスロイス・マーリン5　1145馬力×2
最高速力	357km／h
実用上昇限度	5370m
航続距離	2655km（爆弾1360kg搭載時）
武　装	7.7mm×5
爆弾搭載量	3170kg

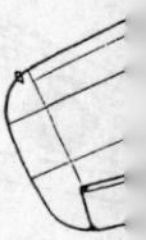

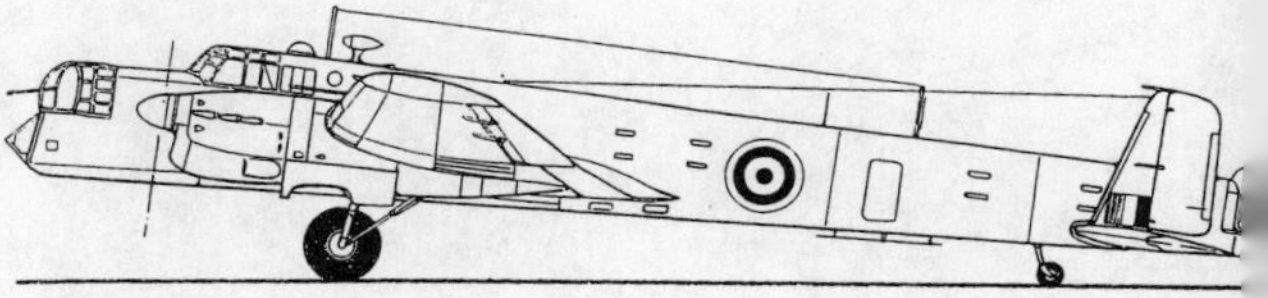

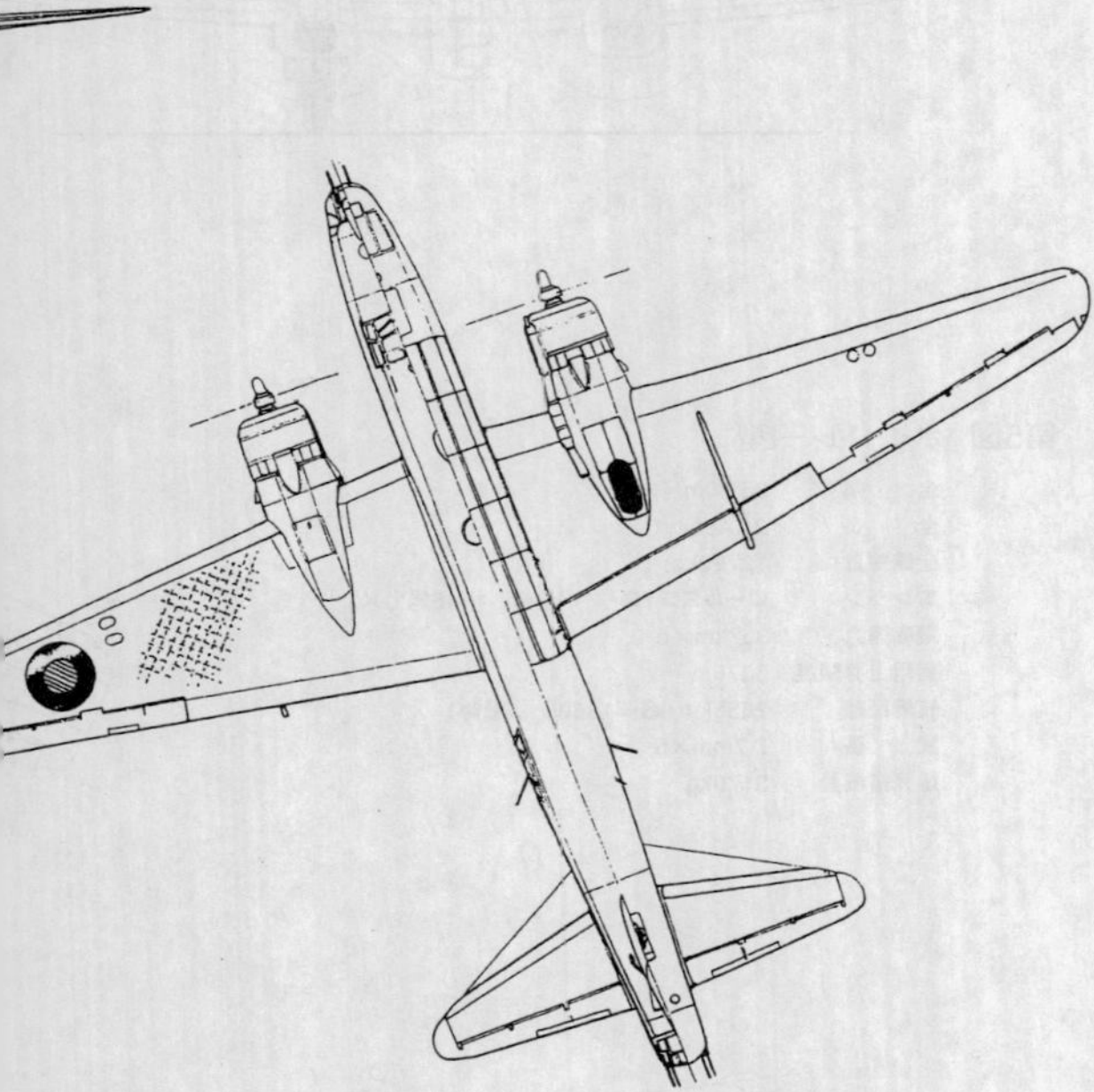

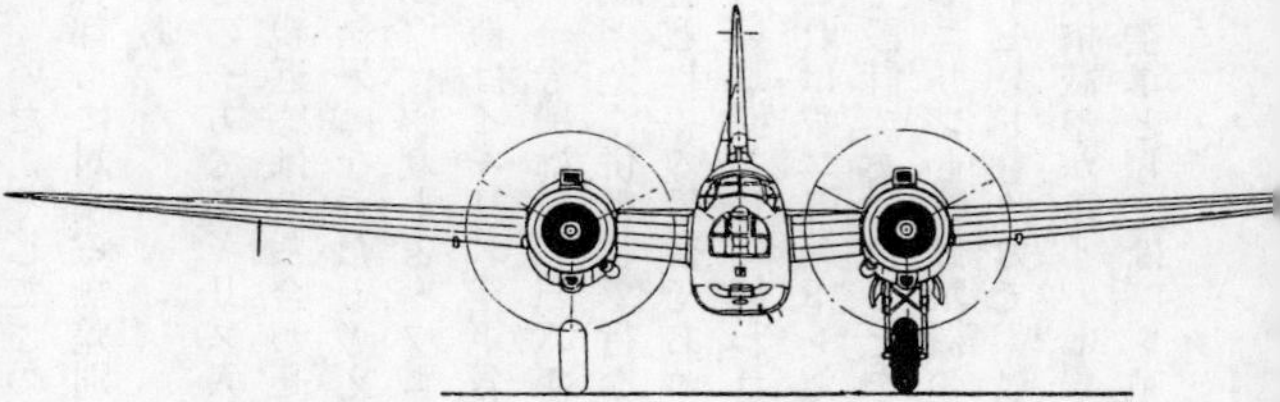

第6図　ウエリントンIII型

全　　幅	26.25m
全　　長	18.55m
全備重量	13360kg
エンジン	ブリストル・ハーキュリーズ11　1500馬力×2
最高速力	410km／h
実用上昇限度	5800m
航続距離	3540km
武　　装	7.7mm×7
爆弾搭載量	2040kg

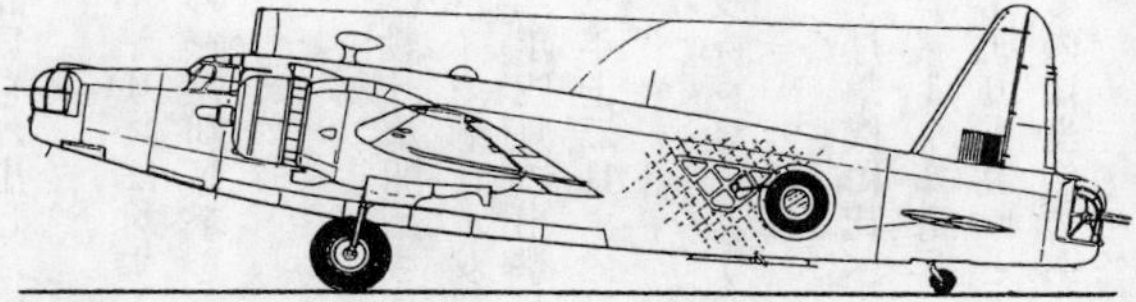

感情は持っておらず、ドイツ国民の基本的な考え方はどちらかといえば親英的な要素を多く持っていた。そしてこの感情が崩れ出したのは、一九四三年以降のイギリス空軍によるドイツ各都市に対する無差別爆撃が大々的に開始され、一般市民の殺戮が垣間見られ出した頃からであった。

その一方でイギリス人のドイツ人に対する感情は、ドイツ一般国民がイギリスに対するほどの親近感は持ち合わせていなかった。この感情の違いがイギリス空軍の無差別爆撃を容認する結果になったと考えるのも、決して間違いではないようだ。

(2)ヴィッカース・ウエリントン双発爆撃機

本機はイギリス空軍省の次期爆撃機仕様Ｂ９／32に従って一九三二年に設計が開始され、試作一号機は一九三六年六月に初飛行に成功した。開発の歴史は前出のホイットレー双発爆撃機と全く併行して行なわれたわけであったが、ホイットレーが一九四二年四月の出撃が爆撃機としての最後であったのに対し、このウエリントン爆撃機は一九四三年十二月まで第一線の爆撃機として使われた。

これはウエリントン爆撃機の基本設計がホイットレー爆撃機に比べ数段勝った、より近代的な設計であったことを示すものであった。

ウエリントン爆撃機の最終生産型では、エンジンの出力はホイットレー爆撃機に比べ三〇パーセントも強力で、最高速力もホイットレー爆撃機に比べ毎時六〇キロメートルも早く、爆弾搭載量がホイットレー爆撃機と同等で、作戦上限高度がホイットレーよりも高いとなれば、空軍としてはプレ戦略爆撃機としても理想的な機体として使い続けるのは当然であった。

ウエリントン爆撃機はホイットレー爆撃機と同じく胴体尾部に七・七ミリ機銃四梃を装備した砲塔を配置していたが、ウエリントン爆撃機を何よりも特徴づけていたのは、主翼、尾翼、胴体の全ての構造が大圏式構造になっていたことである。

この構造はヴィッカース社の主任技師であるヴァーネス・ウオリスが考案したもので、ジュラルミンの細い骨材を竹籠状に組み上げ、その上に羽布を張り付けるという構造であった。

この構造の利点は、太く重い貫通材や桁などを使わずに頑丈かつ軽量に仕上げることができ、戦闘によって被弾しても機体が分解しにくいという特徴を持つことであった。

ウエリントン爆撃機は性能的にも実戦向きの双発爆撃機であることから、大戦勃発当初から爆撃航空団の主力爆撃機として四発重爆撃機が充足するまで活躍し、実に一万一四六一機という膨大な数が生産された。

ウエリントン爆撃機の最後の爆撃行は一九四三年末であったが、その後も沿岸警備隊の哨戒機や輸送機などとして戦争終結の時まで盛んに使われ、一部の機体は第二次大戦後もしばらく様々な用途に使われていた。

ウエリントン爆撃機の大戦中の総出撃機数は二万八八三八機で、プレ戦略爆撃機トリオのホイットレー爆撃機やハンプデン爆撃機よりも圧倒的に多く、それだけに損害も多く未帰還機の数は合計一〇六七機に達した。しかし合計四万一八二三トンの爆弾をドイツ国内に投下していることで、イギリス爆撃航空団の初期の対ドイツ爆撃作戦の主力の役目は十分に果たしたことになった。

戦時中のイギリス国民もウエリントン爆撃機の活躍を熟知しており、彼らはこの爆撃機を

「ウインピー」の愛称で呼んでいた。

(3)ハンドレページ・ハンプデン双発爆撃機

この爆撃機もホイットレーやウエリントンと同じ時に、航空省の次期爆撃機の開発仕様B2／32に基づいて開発が進められた機体で、前二機種と相前後して一九三六年六月に初飛行している。本機は前二機種と違っていわゆる重爆撃機の要素を含んだ爆撃機ではなく、次に説明する双発軽爆撃機のブリストル・ブレンハイムよりも爆弾搭載量や武装を強化した、言い換えれば中爆撃機的存在の機体であった。

事実、爆弾搭載量はブレンハイム爆撃機の三倍で最大一・八トンの搭載が可能で、武装も胴体後部上下にそれぞれ七・七ミリ連装機銃を装備するほか、機首に七・七ミリ旋回機銃一梃と地上掃射用の固定機銃一梃を装備していた。

このハンプデン爆撃機の特徴の一つが長い航続力で、爆弾九〇〇キログラムを搭載して三〇〇〇キロメートルの飛行が可能であり、使い方によっては十分にドイツ本土全域の爆撃が可能であった。

ハンプデン爆撃機の構造上の特徴の一つに、量産に便利なように機体を各所分割して製作し、一気にそれらを組み上げる分割生産方式が採用されていることで、この方法は当時としてはかなり先進的な方式であった。もう一つの特徴は飛行抵抗を極力押さえることを目的として、胴体の断面積を極力小さく押さえたために、胴体の幅が一・二メートルという爆撃機としては極端に縦長で幅の狭い胴体断面が採用されたことであった。

しかし実戦で使ってみるとこの狭い胴体は長距離爆撃行に際しては搭乗員の疲労を増長し、

機銃の操作にも制約が生じ、また爆弾搭載能力はあっても胴体が狭く天井が深いために爆弾倉への爆弾の積み込み作業に予想外に手数がかかるという弊害が生じてしまった。ハンプデン爆撃機は攻撃力はありながら実戦での実用性に問題が多いために、爆撃航空団では一九四二年三月という早い時期に生産を中止し、その生産余力を同社が開発した四発重爆撃機ハリファックスに向けることにした。

結局は期待されたもののハンプデン爆撃機の生産は一二七〇機で終了してしまった。そして同機は四発爆撃機が充足し始めたために、一九四二年九月の出撃を最後に爆撃航空団から引退した。ただハンプデン爆撃機は爆撃航空団から引退後も沿岸警備航空団で哨戒爆撃機として長い間広く使われていた。

ハンプデン爆撃機は一九三九年九月以来の数々の爆撃作戦に参加しているが、一九四〇年八月二十五日夜のベルリン市爆撃にはウエリントンやホイットレーとともに一二機が参加している。

ハンプデン爆撃機にはエンジンを空冷のブリストル・ペガサス18（一〇〇〇馬力）から、同じく空冷ではあるがH型二四気筒という独特な形状のネピア・ダガーに換装した機体が一〇〇機生産されたが、この機体はハンプデンとは呼ばずにヒアフォードと呼ばれた。しかしエンジン整備など現場での取り扱い上の問題があり、ほとんどが訓練部隊で爆撃機搭乗員の訓練用に使われた。

(4)ブリストル・ブレンハイム双発軽爆撃機

第二次大戦の前半に活躍したこの双発の軽爆撃機は、前の三機種とはその開発の経緯がい

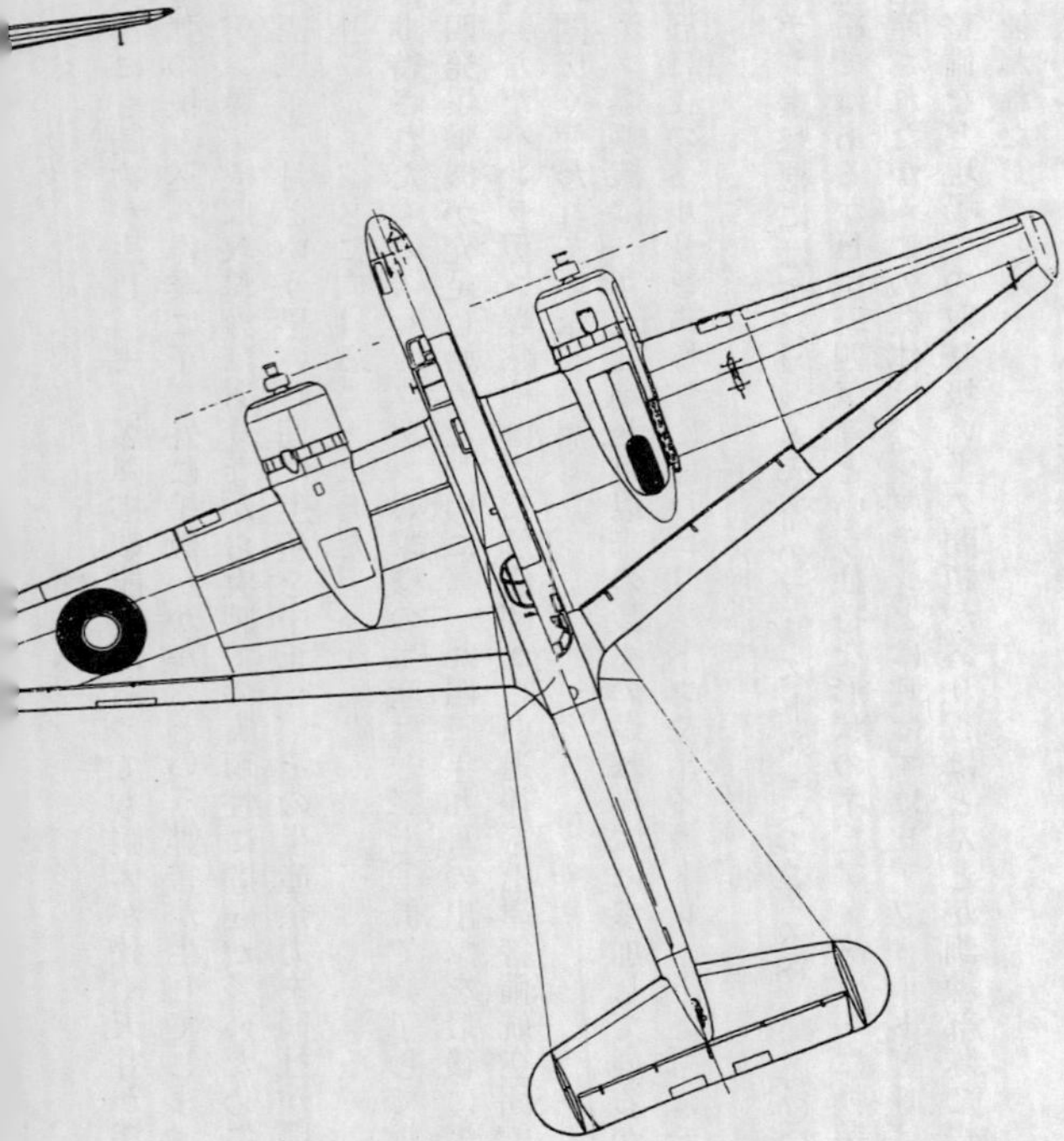

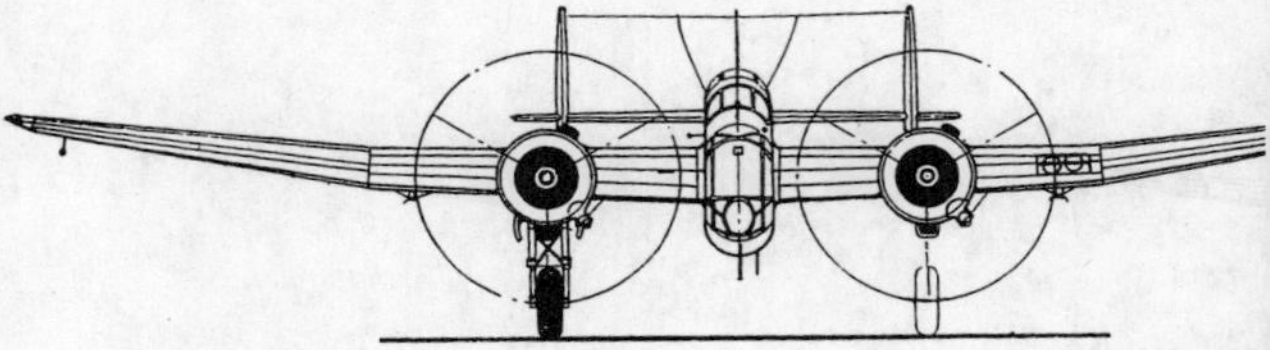

第7図　ハンプデンＩ型

全　　幅	21.08m
全　　長	17.32m
全備重量	8500kg
エンジン	ブリストル・ペガサス18　1000馬力×2
最高速力	409km／h
実用上昇限度	5800m
航続距離	3030km
武　　装	7.7mm×5
爆弾搭載量	1800kg

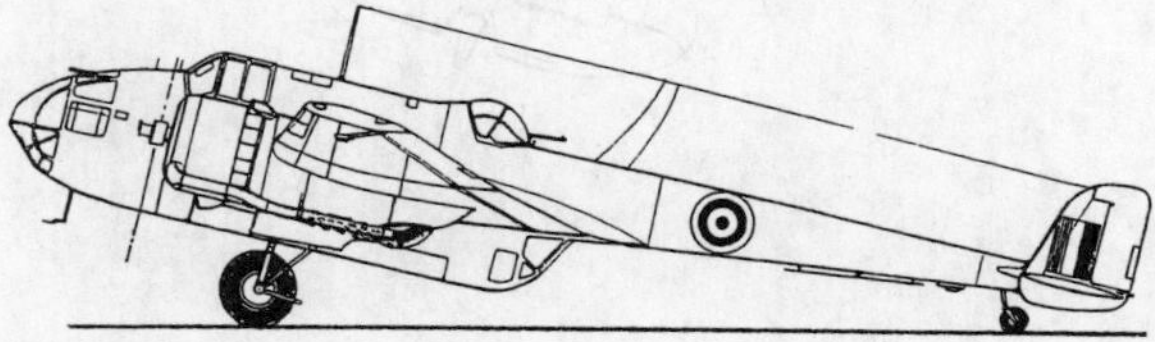

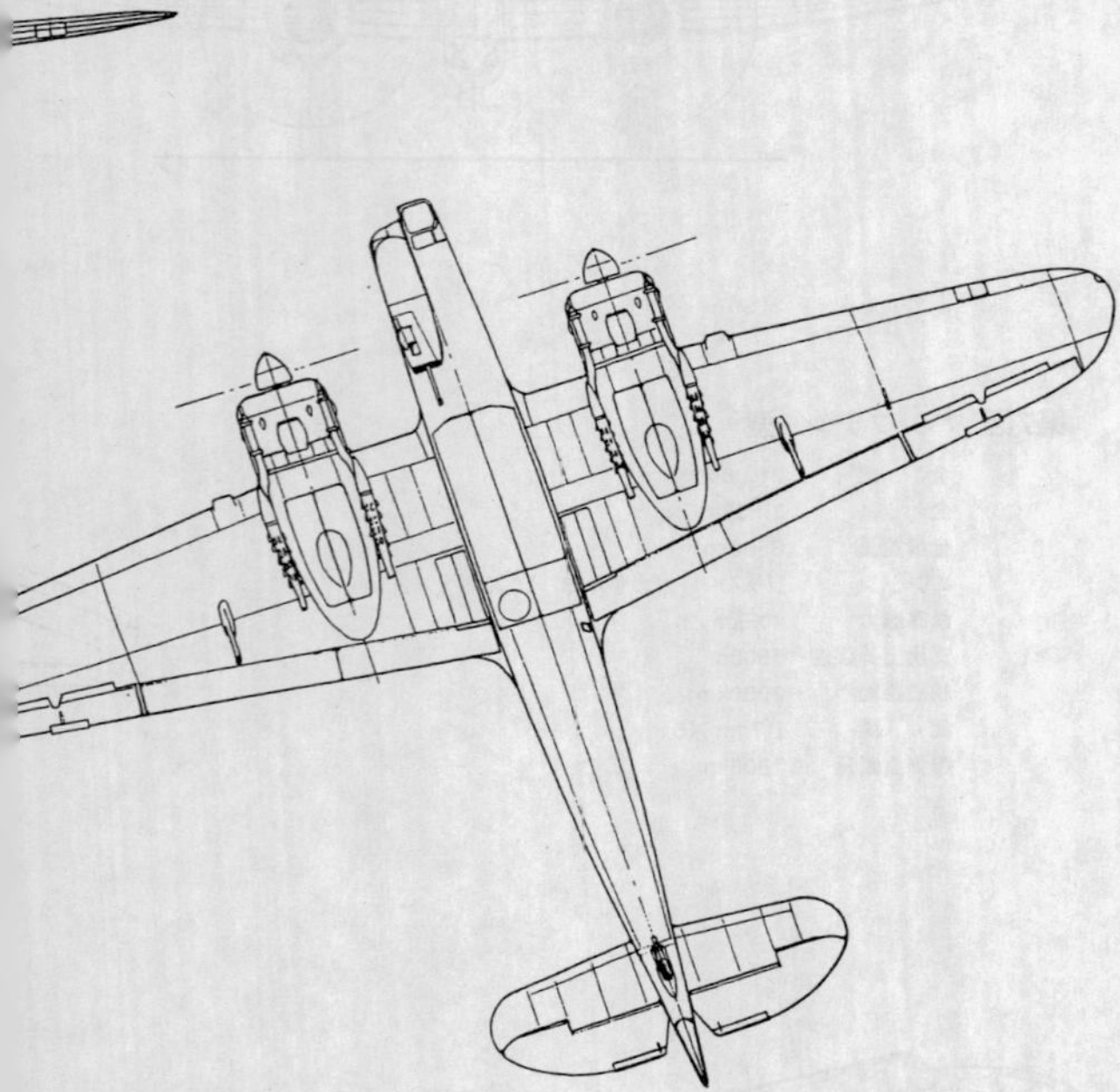

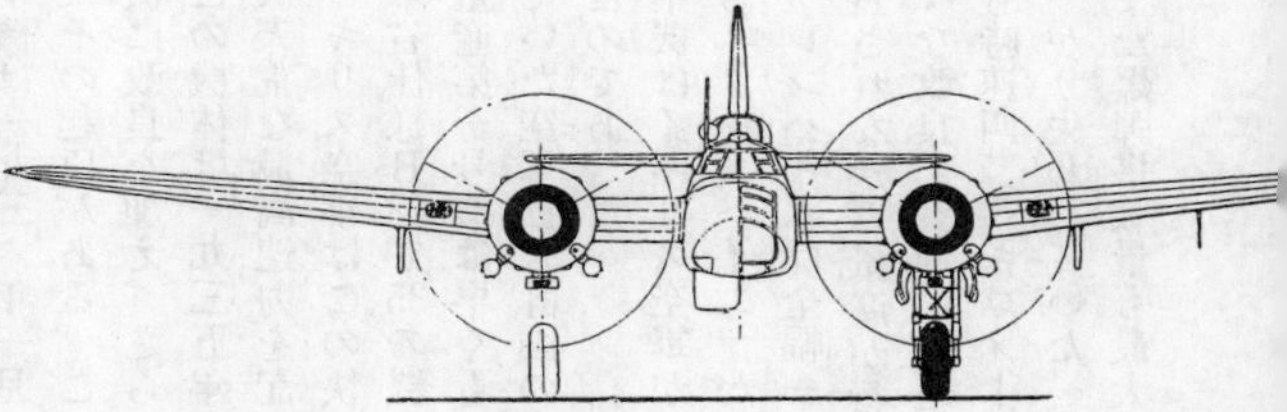

第8図　ブレンハイムⅣ型

全　　幅	17.17m
全　　長	12.97m
全備重量	6120kg
エンジン	ブリストル・マーキュリーズ15　920馬力×2
最高速力	428km／h
実用上昇限度	6710m
航続距離	2350km
武　　装	7.7mm×5
爆弾搭載量	603kg

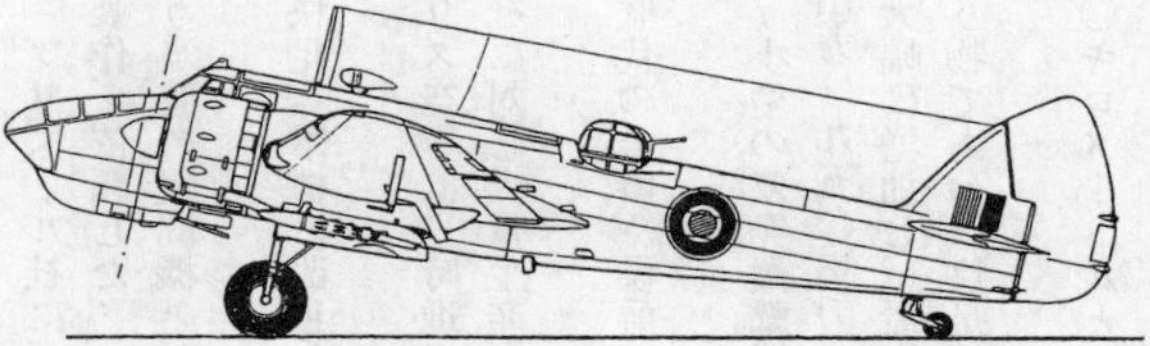

ささか違っている。

本機は一九三六年一月にブリストル社が自社で独自開発した、乗客一〇人乗りの快足旅客機にその起原がある。この機体に注目した貴族のローザ・メーア卿が、ブリストル社に対し本機に改良を加え、さらに高性能化した乗客五人乗りの快足旅客機の製作を依頼した。

この機体は一九三五年四月に完成し、時速四九四キロメートルという当時の民間機としては破天荒な最高速力を記録した。

イギリス空軍はこの快足民間機に注目し、同じ一九三五年に本機を快足爆撃機に改良した空軍省仕様B28／35の機体を、試作機なしで一五〇機の量産を命じた。

量産第一号機は早くも翌年六月に完成し初飛行にも成功した。イギリス空軍は当時進められていた空軍拡張計画の中で本機を重点生産機に指定し、ブリストル社に対し大量生産を命じたのであった。

本機はイギリス空軍が新たに定めた爆撃機に対する愛称に従って、歴代の公爵や侯爵の中から「ブレンハイム」が選ばれ愛称と定められた。

ブレンハイムは全幅一七・二メートル、全長一二・一メートルという小型の双発爆撃機で、改良されながら量産が行なわれたが、最終の型でもエンジンの最大出力は九五〇馬力で、様々な改良と装備品の追加などで試作機当時と比べると機体の重量は大幅に増加し、最大速力も時速四二八キロメートルに低下してしまい、この双発爆撃機の売り物であった快足性はすっかり失われていた。

また爆弾搭載量も最大で六〇〇キログラム、最大航続距離も二三五〇キロメートルという性能から主力爆撃機の座は得られず、第二次大戦勃発当時のイギリス空軍は本機の多くを海外派遣爆撃航空団に配備し、本国爆撃航空団には本機装備の飛行隊は一〇個中隊のみであった。そして開戦と同時にこれらの飛行中隊は戦術爆撃機部隊としてフランスに派遣し、来たるべきドイツ軍の侵攻に備える計画でいた。しかしすでに述べたとおりフランス派遣のブレンハイム部隊は、まともな活躍もできないままに消滅してしまったのである。

イギリス本国爆撃航空団では強力なドイツ空軍の戦闘機に対しては全く非力なブレンハイム爆撃機を、占領されたオランダやベルギー、またフランス国内に点在するドイツ軍の兵站基地やドイツ軍に使用されている港湾設備や鉄道施設への、低空からのゲリラ的な強行爆撃作戦で使用することにし、事実それらの作戦の多くに使われた。

一方ブレンハイムの中には胴体の下面に四梃の七・七ミリ機銃と機上レーダーを装備し夜間戦闘機に改造され、バトル・オブ・ブリテンに際しては夜間爆撃に来襲するドイツ爆撃機の攻撃にかなりの戦果を上げ、当時夜間戦闘機を持っていなかったイギリス空軍の中では、貴重な存在の代用夜間戦闘機として活躍を見せた。

ヨーロッパ戦線におけるブレンハイム爆撃機の特筆すべき活躍として挙げられるものにはいくつかあるが、その一つは一九四一年七月四日のブレーメン市の工業地帯に対する昼間低空強襲攻撃がある。この攻撃には一五機のブレンハイムが参加し、全機が目標に爆弾を命中させたが対空砲火で四機が撃墜された。引き続き八月十二日に爆撃航空団の中のブレンハイム装備の全飛行中隊（六個）の出撃可能全機が参加し、ケルン市の工業地帯の中にある二ヵ所の発電所に対する低空強襲攻撃が決行された。参加機五四機。

しかし低空でドイツ本土上空に飛来したこの大編隊は、今回はドイツ空軍の発見するところとなり、ケルン市付近の上空に待ち伏せていたメッサーシュミットBf109の群れに襲われた。ブレンハイム爆撃機の多くは目標に投弾することはできたが、敵戦闘機の前に爆撃もままならず一二機が撃墜され、残りの多数機が被弾したままイギリス基地に帰還した。しかし被弾した機体の多くは再度の飛行が不可能なほど破壊されており、一〇機以上のブレンハイムが廃棄処分されてしまった。

この攻撃で操縦性が軽快とはいいながら防御火力が貧弱なブレンハイム爆撃機は、結局は敵機の群れる中を強行突破することは不可能であることが証明され、以後ブレンハイムによる爆撃行は、味方戦闘機の援護の下で、ドーバー海峡対岸地域の近距離作戦に使われる程度に限定されてしまった。そして一九四一年十二月までには、一個中隊を残し残り五個飛行中隊のブレンハイムは、より攻撃力のあるアメリカのダグラス・ボストン双発攻撃機などに機種が変更され、西ヨーロッパ戦線でのブレンハイム爆撃機の活躍は終わった。

第3章　ドイツ本土爆撃

イギリス空軍爆撃隊のドイツ本土夜間爆撃

一九四二年二月、イギリス空軍本国爆撃航空団の新しい司令官に、それまでのリチャード・ペイルス中将に代わりアーサー・ハリス中将が就任した。

ハリス新司令官の就任によってイギリス空軍爆撃航空団の戦法は大きな転換を迎えることになった。彼は爆撃航空団司令官に就任と同時に、今後爆撃航空団が推進すべき基本方針として次の四項目を掲げ、これを強力に推進することを爆撃航空団のスタッフに徹底させた。

その四項目とは、

㈠、爆撃機の大編隊による地域徹底破壊
㈡、パスファインダー（先導機）方式の採用
㈢、爆撃目標に対する爆撃機誘導航法システムの導入
㈣、四発重爆撃機の早期の充足

であった。

彼の頭の中にはすでにドイツに対する戦略爆撃の基本構想が明解に編み出されていた。彼の戦略爆撃に対する基本理念は、重爆撃機の大編隊による都市の夜間大爆撃であり、それによって一定地域の中の工業活動、経済活動、輸送機能、市民生活を根こそぎ破壊しようとするものであった。そしてその手法としては都市無差別爆撃が前提条件になり、この爆撃方法によりドイツの各地域の生産基盤を根底から破壊するばかりでなく、ドイツ市民に対して爆撃の「恐怖心」を植えつけ、戦争続行の士気を衰えさせることができると彼は判断していた。「まやかし戦争」以後断続的に決行されていたドイツ本土爆撃は、ハリス司令官から見れば明確な方針を持たないその場凌ぎの攻撃方法であり、爆撃を行なう以上は手段を選ばない冷酷なまでの姿勢で挑まなければならないという彼なりの持論を持っており、彼はそれを実行するために批判を黙殺し敢然と立ち向かう覚悟であった。

戦後になって彼の指揮した徹底的かつ悲劇的な都市無差別爆撃に対し、世界中から多くの疑問が投げかけられたが、「戦争の早期終結と正義のためにこの爆撃を実行した」とする彼の強い反論に押され、疑問符はいつしか掻き消されてしまった。

ハリス司令官はイギリス空軍参謀総長のポータル空軍元帥の支持を得て、彼の持論である「地域壊滅作戦計画」に早速取りかかった。

ハリス司令官の最初の具体的な行動は「一〇〇〇機爆撃」であった。それは一度に一〇〇〇機の爆撃機でドイツの特定の都市を爆撃し、一夜にしてその都市を壊滅させようとするものであった。

この大胆な作戦を行なう裏には、イギリス戦時政府やイギリス国民に対する「強いイギリス」のアピールが爆撃司令官として込められていた。そのアピールの裏には次のような国内外に対する作戦も込められていたのであった。

㈠、作戦を決行することによってイギリス国民や政府に対して「爆撃航空団」の存在意義を悟らせ、戦闘機重視の方向から爆撃機量産に向けての予算獲得を図る。

㈡、一つの攻撃目標を短時間で壊滅することができることを証明してみせ、とかく裏方の存在になりかけていた爆撃航空団の存在意義を証明する。

㈢、特定地域に一時に大量の爆撃機を侵入させることによって、ドイツ側の防空体勢と消火体制を麻痺させ、ドイツ側の混乱をかき立て爆撃行動をよりやり易くする。

イギリス空軍爆撃航空団の今後のあり方や、爆撃航空団のこの戦争への貢献がいかにあるべきかの核心を、ハリス司令官は見事に言い当てていたことになる。

ただ彼の作戦を実行するには爆撃航空団の中には問題が山積していた。最大の問題は一九四二年二月の時点では、爆撃航空団の全ての可動爆撃機を掻き集めてもせいぜい四二〇機程度であることであった。この数では一〇〇〇機爆撃などとうてい不可能である。しかし彼は強引に一〇〇〇機爆撃を実行するよう幕僚たちに計画させた。彼の考えでは二ヵ月程度待てば爆撃機は相当数補充され、一個飛行中隊あたりの定数を増し、さらに訓練航空団や沿岸警備隊使用の爆撃機などを掻き集めれば、機体も搭乗員も充足できると判断したのである。

もちろん搭乗員も訓練部隊の教官クラスや沿岸警備隊の哨戒爆撃機の搭乗員を集めれば、十分に充足できると判断した。見方によってはギャンブル好きのイギリス人ならではの一大博打ではあった。

作戦実行予定日は遅れたものの、五月二十日までに結局一〇四六機の各種の爆撃機とその搭乗員を集めることに成功した。一大ギャンブルである一〇〇〇機爆撃は、目標をケルン市、エッセン市、ブレーメン市と定め、五月三十日から三十一日にかけての夜間を第一回として、六月末までに三回実施することになった。

第一回目の爆撃行は予定どおり一九四二年五月三十日から三十一日にかけて、夜間決行された。参加機数合計一〇四六機、ケルン市に投下された爆弾量は一五〇〇トン。イギリス空軍の標準爆弾である五〇〇ポンド（二二七キログラム）爆弾換算でおおよそ六〇〇〇発が投下された。

第二回目は六月一日から二日にかけての夜間で、目標はエッセン市。この時の参加機数は九五六機であった。

第三回目は六月二十五日から二十六日にかけての夜間で、この時の参加機数は一〇〇六機であった。これらの爆撃に参加した主力爆撃機はウエリントンとホイットレーで、実戦配備が開始されていた四発爆撃機のスターリングやハリファックスも毎回四〇機から六〇機出撃していた。

この三回にわたって決行されたギャンブルの結果はハリス司令官に味方した。時のイギリス首相のチャーチルはこの一連の爆撃作戦に満足した。そしてイギリス空軍内に開戦以来くすぶり続けていた爆撃航空団に対する不平や不満、例えば「爆撃能力の低さ」「作戦能力の低い爆撃機を充実するよりも、戦闘機航空団や沿岸警備航空団を強化すべし」「爆撃航空団の戦力をドイツ潜水艦対策のために沿岸警備航空団にシフトする」などを払拭した。

結果的にこの一〇〇〇機作戦は、チャーチル首相が心に秘めていた「ドイツにやり返す」という信念をくすぐる効果を得たのであった。そして思惑どおりに爆撃航空団の至急の強化策が講じられることになった。四発重爆撃機の大量生産と爆撃機搭乗員の大量養成である。ハリス司令官はイギリス爆撃航空団の存在価値を認めさせると、今度はハード・ソフト面での改善に乗り出した。それは次のようなものであった。

㈠、パスファインダー（先導機）の導入

パスファインダーとは爆撃機の編隊を爆撃目標に誘導する先導機を意味し、夜間爆撃を行なう場合にはパスファインダーの存在意義は大きかった。

パスファインダー各機には航法と爆撃照準技能に優れた搭乗員を乗せ、後に続く爆撃機の群れに先行して爆撃地点に侵入し、爆撃予定区域にあらかじめ標識着色爆弾（マーカー）を投下し後続の編隊におおよその爆弾投下地点を示す。さらに主要爆撃目標の周辺には別の色のマーカーを投下し攻撃目標をより鮮明に表示することが任務である。そして後続する爆撃機の大編隊はこのマーカーで表示された区域に爆弾をバラ撒けば目的は達成されることになり、各爆撃機の爆撃手や航法士に夜間爆撃ゆえの過度な負担をかけなくともすむわけである。

このパスファインダーの有効性は実戦において直ちに認められ、一九四二年八月には早くもパスファインダー専門の飛行中隊が爆撃航空団の中に編成された。そしてパスファインダー専門の飛行中隊はその後も増え、一九四四年にはパスファインダー専門飛行中隊だけ一個の爆撃機連隊（グループ）も編成され、一九四五年四月現在のパスファインダー専門飛行中隊は二二個、作戦可動機数四四〇機という戦力に膨れ上がっていた。

(二)、大編隊地域爆撃

これこそハリス司令官の持論の柱で、より大きな爆撃効果を挙げるためには、一つの目標に爆弾搭載量が大きな爆撃機の大編隊を差し向け、一気に目標を壊滅することにこそ爆撃機の本来の存在意義がある、とするものであった。そして彼の考えでは大編隊とは五〇〇機以上のことで、大型爆撃機から投下される爆弾の量も一度に二五〇〇トン程度(五〇〇ポンド爆弾換算で一万一〇〇〇発)となり、破壊力は絶大なものになるはずであった。

(三)、爆撃機の目標への誘導システムの開発

夜間爆撃の最大の問題は暗夜のために地上の目標が確認しづらいということで、目標地点に搭乗機を正確に誘導することは至難である。イギリス空軍はハリス司令官の意向を汲み一九四二年初めから電波誘導理論を基本にした爆撃機誘導システムの至急の開発に取り組んだ。

結果的には、一九四二年中に「ジー(GEE)」電波誘導システム、「オーボエ(OBOE)」電波誘導システムの二種類の誘導システムを開発し、早速実戦部隊で試用し結果は十分に実用的であると評価され、一九四二年後半からドイツ本土爆撃に向かう爆撃機の編隊に恒常的に使用されるようになり、爆撃機群を正確に爆撃目標地点まで誘導できるようになった。

いずれのシステムも、イギリスに設置された電波発信基地が発する電波を爆撃機側が探知して飛行すれば、爆撃機は爆撃目標のコースに乗れるという方法である。

またこの誘導システムとは別に「H2S」という航法補助装置が開発された。これを二種

第9図　ジー(GEE)の原理

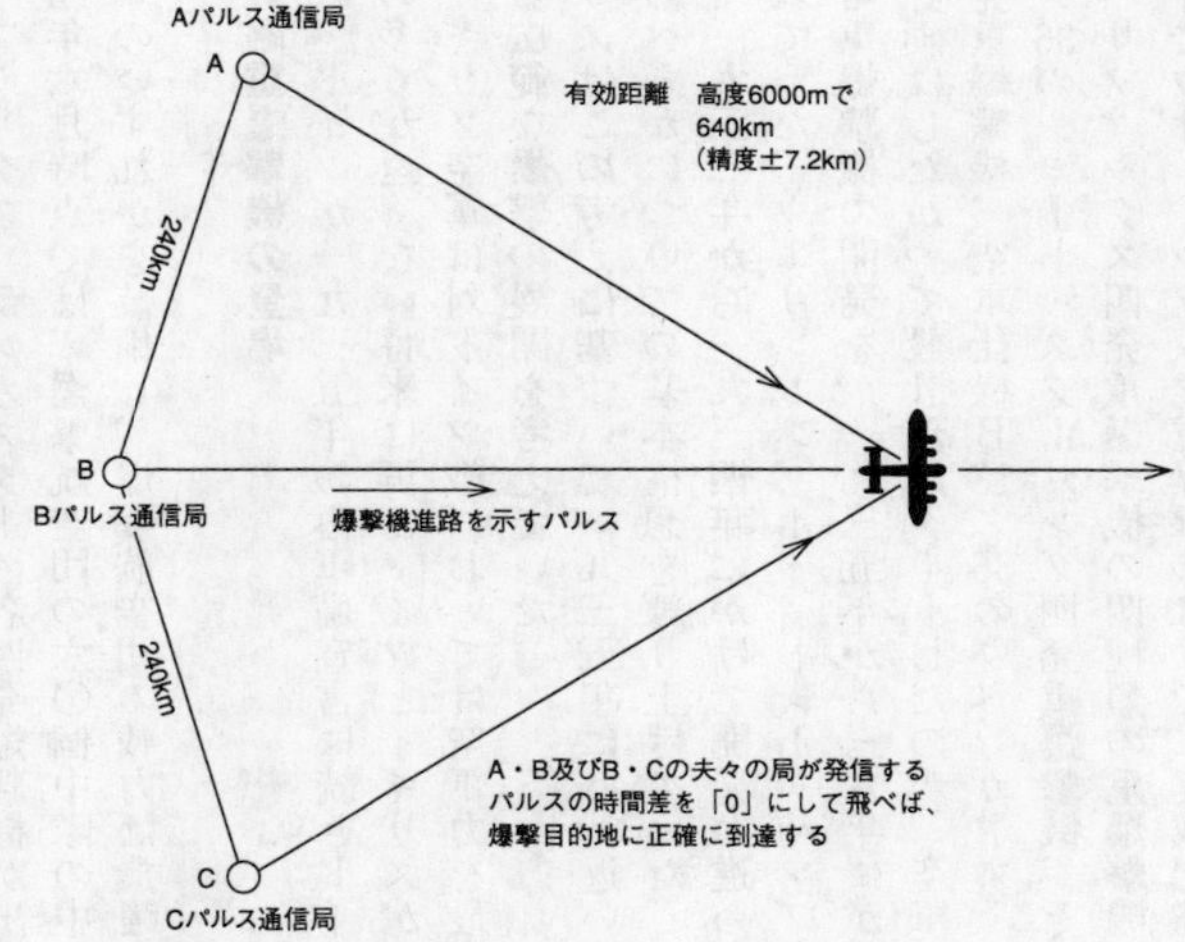

類の誘導システムと併用して使うとより正確な爆撃目標が探知できるというもので、パスファインダー部隊の飛行機の必須装備品となった。

「H2S」とは爆撃機に搭載可能な地上識別用のレーダーで、この装置によって地上の様子が地図のように白黒のコントラストで写し出され、地図と照合しながら自機の位置を正確に確認できるのである。

(四)、爆撃機航空団の使用機を早急に四発重爆撃機に転換する

これはハリス司令官の爆撃理論を完遂するためには絶対に実施しなければならないことで、一九四二年早々にはスターリン

グ、ハリファックス、ランカスターの各四発爆撃機が出揃い、量産も急ピッチで進められた。一九四三年六月時点では、爆撃航空団の六〇個中隊の中の四二個中隊の爆撃機が四発重爆撃機トリオのいずれかを装備し、爆撃航空団の戦力は飛躍的に強化されることになった。

四発戦略重爆撃機の登場

ナチス・ドイツが一九三五年の再軍備宣言に続きドイツ空軍の誕生を公表したとき、イギリス人の多くが遠くない将来に再びドイツとイギリスが戦争状態に入るであろうと予測した。そしてイギリス空軍は対ドイツ戦においては空軍力を最大限に活用する方法として、ドイツに対する広範な爆撃の展開を考えていた。

イギリスはこの考えに基づいて一九三五年には、近い将来に向けて装備すべき爆撃機はいかにあるべきかについての基本構想を練り上げていた。

そして一九三二年から一九三四年にかけて開発が進められ、一九三七年時点で実戦配備が予定されていた、ウエリントン、ホイットレー、ハンプデンの双発爆撃機トリオに続く本格的な戦略重爆撃機の開発を、一九三五年から三六年にかけてスタートさせた。

この計画にしたがって設計がスタートしたのが、空軍仕様B1／35のアヴロ・マンチェスター双発重爆撃機、空軍仕様B13／36のヴィッカース・ウオーイック双発重爆撃機、空軍仕様B12／36のショート・スターリング四発重爆撃機、そして空軍仕様B13／36のハンドレページ・ハリファックス四発重爆撃機の四種類の重爆撃機である。

この中でウオーイック双発重爆撃機はすでに実戦配備が開始されていたウエリントン双発

爆撃機の拡大型ともいえるものであった。しかし選定されたエンジンのトラブルから実用化が遅れ、生産命令が出されたのは他の三機が実戦に投入された後の一九四二年七月で、性能的にもイギリス空軍が意図していた戦略爆撃機計画からは完全に脱落してしまっていた。

次に第二次大戦でイギリス空軍爆撃航空団の中核として活躍した戦略重爆撃機についてそれぞれ解説を加えてみたい。

(1)ショート・スターリング四発重爆撃機

ショート・スターリングはイギリス空軍最初の近代的四発重爆撃機として記録されるもので、設計を進める上では未知の大きさの爆撃機であるために様々な問題や設計上の試行錯誤があった。その最大の問題は空軍省の意向で主翼の全幅が三一メートル以内に制限されたことであった。

制限された理由は当時空軍が使用していた最大の格納庫に納めるためであった。しかしこの制限は大量の爆弾を搭載する長距離爆撃機の設計をする上で、理想的なアスペクト比（主翼幅と主翼弦長との比のこと。この比が大きいほど長距離飛行性能が増し、搭載量を増す効果も生まれる）を得ることができず、重爆撃機の設計上極めて不利にならざるを得なかった。そしてこの制限が最後まで禍し、戦略重爆撃機としては使いにくい存在となり実戦からの引退を早めてしまった。

スターリングは四発重爆撃機として量産が進められ実戦部隊への配備も始まったが、制限された中で設計された主翼がもたらす影響は大きく、航続距離、実用上昇限度、爆弾搭載量のいずれもが直後に登場したハリファックスやランカスター四発重爆撃機に劣り、また爆弾

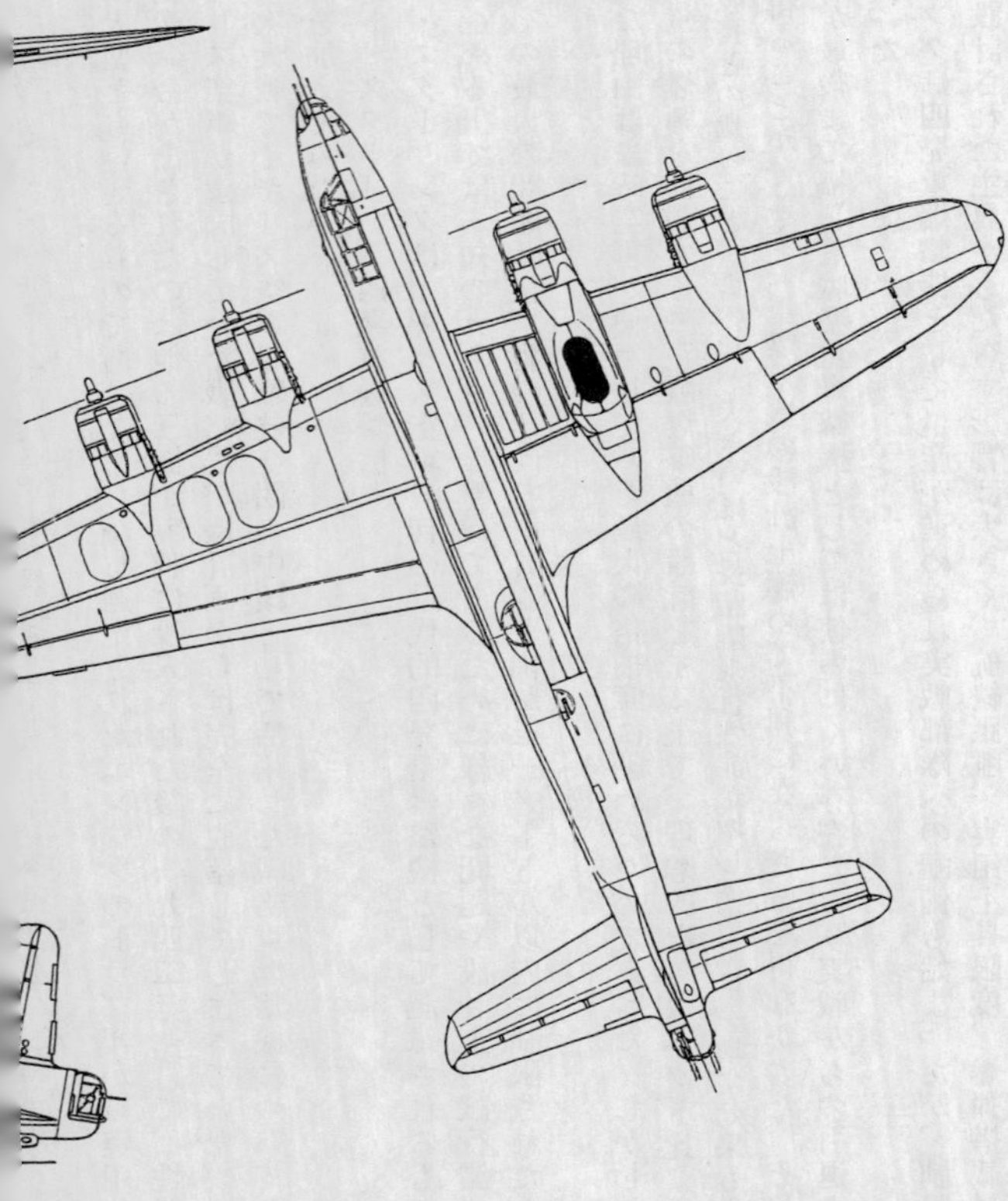

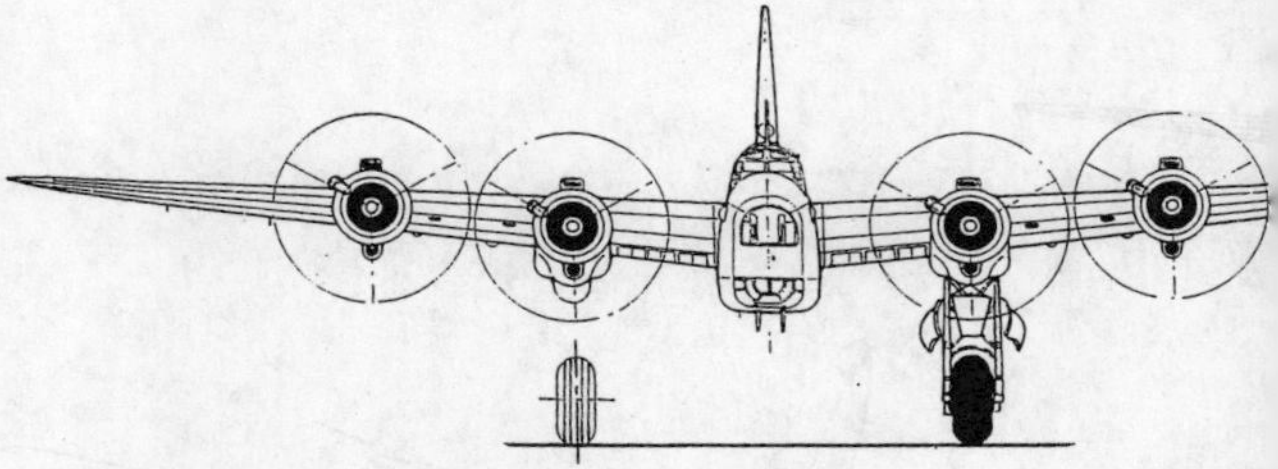

第10図　スターリングIII型

全　　幅	30.20m
全　　長	26.6m
全備重量	31750kg
エンジン	ブリストル・マーキュリーズ18　1650馬力×4
最高速力	434km／h
実用上昇限度	5190m
航続距離	3240km（爆弾1585kg搭載時）
武　　装	7.7mm×8または10
爆弾搭載量	6350kg

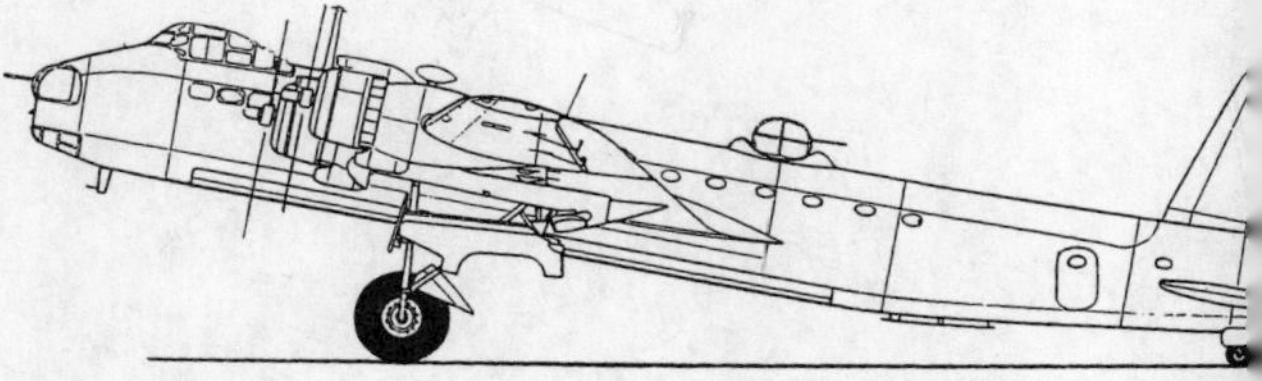

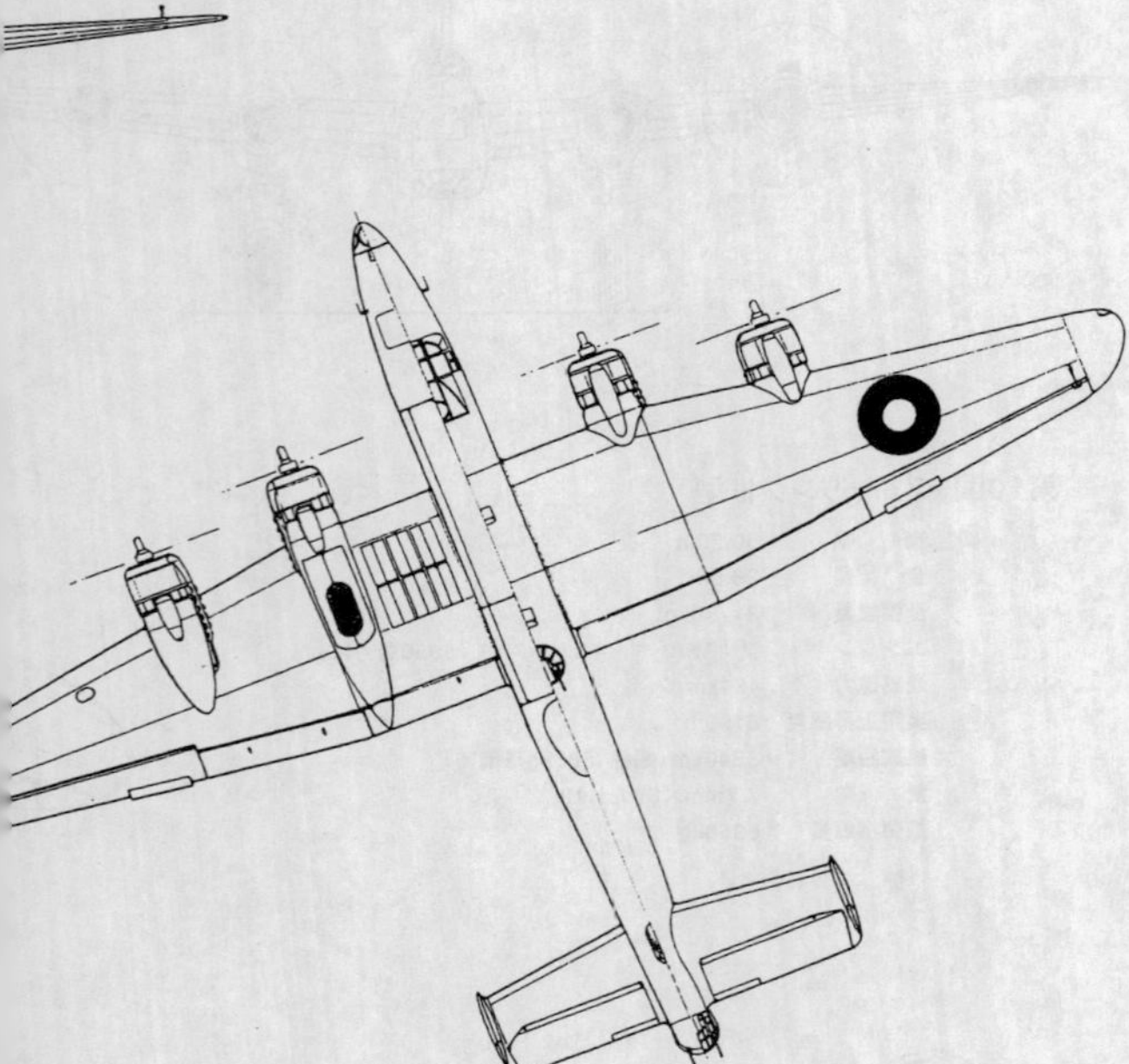

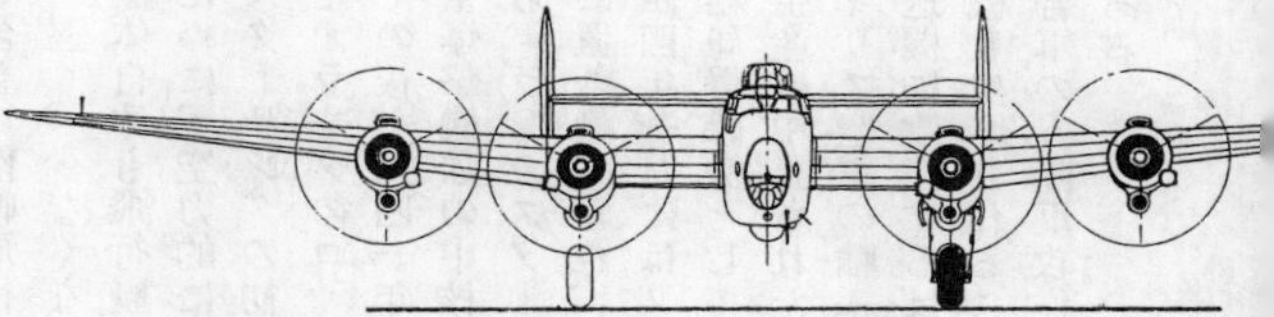

第11図　ハリファックスVI型

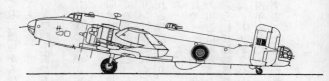

全　幅	31.72m
全　長	21.82m
全備重量	30800kg
エンジン	ブリストル・マーキュリーズ100　1800馬力×4
最高速力	502km／h
実用上昇限度	7325m
航続距離	2030km（爆弾5900kg搭載時）
武　装	7.7mm×9
爆弾搭載量	5900kg

倉の構造上の問題から大型爆弾の搭載に制限があり、他の二機種と同時に爆撃作戦に参加する場合も、作戦飛行高度、作戦飛行速度、爆弾搭載量などいずれにおいても二機種からは低く、遅く、少なくならざるを得ず、作戦上で支障を来すことがたびたびであった。

機体自体も飛行艇製造を専門としていた航空機製造会社が挑んだ最初の大型陸上機であったために、空力的にも決して優れた設計にはなっていなかった。

スターリングの初出撃は、一九四一年二月十日にイギリス空軍第7飛行中隊の四機が実施したオランダのロッテルダムの石油貯蔵施設の爆撃行であった。

その後一九四一年三月から一九四三年中旬頃にかけて、ドイツ本土夜間爆撃の一翼を担って重爆撃機隊の中核として活躍したが、スターリングの戦略爆撃機としての運用のしづらさから、ランカスターやハリファックス四発重爆撃機の充足に従いスターリングはこれら二機種に置き換えられ、さして重要でない目標の爆撃や機雷投下作戦に使われる程度になり、一九四四年一月にはスターリング装備の飛行中隊はわずかに三個を残すのみとなった。

結局爆撃機としてのスターリングの生産は一六三一機が生産されただけで、一九四三年には生産は中止された。しかしスターリングの巨大な胴体は輸送機としての用途に向いており、イギリス空軍の輸送航空団の大型輸送機として活用されることになった。そして爆撃機型を輸送機に改造するばかりでなく、輸送機として設計し直された輸送機型スターリングが七三七機も生産されることになった。そして輸送機型スターリングは一九四四年六月に始まった連合軍の大陸反攻作戦以後、イギリス軍の各種物資の大量輸送に大活躍することになったのである。

(2)ハンドレページ・ハリファックス四発重爆撃機

ハリファックスはイギリス空軍の四発重爆撃機の二番手としてスターリングに続いて開発が始まった。そして結果的にはランカスターと共にイギリス空軍念願の本格的な戦略重爆撃機として、一九四二年以降のイギリス空軍爆撃航空団の中核として活躍することになった。

ハリファックスの試作一号機は大戦勃発直後の一九三九年十月に初飛行に成功している。そして一九四〇年十二月には最初の量産型によって飛行中隊の編成が始まった。

ハリファックスの最初の実戦出撃はスターリングに遅れること一ヵ月の一九四一年三月で、六機のハリファックスによるフランスのル・アーブル港に在泊中のドイツ海軍艦艇への爆弾攻撃であった。

ハリファックスの量産は進められ、一九四二年四月には一二個中隊（配備定数二四〇機）が実戦配備についていた。その後ハリファックスの量産は続き合計六一七六機が生産され、生産が終了したのは戦後の一九四五年十一月であった。

ハリファックス爆撃機のスタイルはスマートさとはおよそ無縁で無骨な姿をしていたが、なぜか古武士の風格のある見るからに「重爆撃機」を思い起こさせるスタイルであった。そして外観の印象どおりに堅牢な構造をしており、対空砲火や敵戦闘機による被弾にも強く、相当なダメージを受けながらもイギリス基地に帰還する機体が多かったことでも知られ、それだけに搭乗員からの信頼性も高く数々のエピソードが生まれている。

初めて実戦に参加した当時のハリファックスは、エンジンが液冷のマーリン10（一二八〇馬力）と、機体の大きさに対して合計五一二〇馬力は低馬力傾向にあり、機種や背部に装備された大型の無骨な銃座、さらに垂直尾翼の形状などから空力特性や方向安定性に難があった。しかし改良型のII型シリーズAでは機首の流線型化や背部銃座のコンパクト化、垂直尾翼の大型化、エンジンの出力アップ（一三九〇馬力）などによって、方向安定性や空力特性は一気に改善されることになった。また最大速力も時速が三二キロメートルも向上する結果になった。

爆弾搭載量も最大で六トンに達し、アメリカ陸軍航空隊のヨーロッパ派遣重爆撃機の中核であったボーイングB17機やコンソリデーテッドB24に比較し一・五倍も多く、戦略爆撃機としての存在価値を十分に果たしていた。特に一九四四年以降のハリファックスの主力となったVI型では、エンジンが空冷のブリストル・ハーキュリーズ100（一八〇〇馬力）に強化され、最高速力もスタイルの無骨さに似合わず毎時五〇二キロメートルを出し、六トンの爆弾を搭載したときの行動半径も一〇〇〇キロメートルに達した。つまり爆弾を最大に搭載したときでもイギリス基地から出撃してドイツ本土の大半を爆撃することが可能であったわけで、この攻撃力はアメリカの両爆撃機をはるかに超えるものであった。

ハリファックス重爆撃機の武装は後上方からの攻撃に対しては、胴体背部の七・七ミリ四連装機銃と、機尾の七・七ミリ四連装機銃で応戦したが、第二次大戦中頃以降の世界の戦闘機や爆撃機の武装が大口径化してゆく中で、イギリス空軍は戦闘機においても爆撃機においても、なぜか破壊力の小さな七・七ミリ機銃に固守していることは大きな謎である。

その理由として考えられることは、一二・七ミリ機銃や二〇ミリ機関砲に比べ、七・七ミリ機銃は発射速度が早く、しかも多連装にすれば単位面積に対する弾丸の集中する量が増し、それだけ敵機にダメージを与える機会が多くなるということである。つまり弾丸が小さく敵機を撃墜するほどの破壊力はないが、機体の各所に命中する弾丸によって装備が機能しなくなり、攻撃してくる敵機の多くは戦線を離脱しなければならない、ということである。

ハリファックス型以降の機体の多くにはH2Sレーダーが装備されたが、この機体は胴体後方腹部に半卵形のふくらみが付いているので識別できるが、これは次に登場するランカスター爆撃機でも同じである。

ヨーロッパ戦線最終段階の一九四五年四月十九日現在のハリファックス装備の飛行中隊数は合計一七個中隊に達し、その出撃可能機の合計は四七五機に達していた。

現在、飛行可能なハリファックスは存在しないが、ごく少数の歴戦のハリファックスがイギリス国内の航空博物館などに展示されている。その中でも特に有名なのは第158飛行中隊に所属していたハリファックスの一機である。この機体は一九四四年三月の完成直後にこの飛行中隊に補充されてきた機体であるが、以来幾多のドイツ本土爆撃に参加しては無事に帰還していた。その数一二八回で、この出撃回数はハリファックス爆撃機としての最高記録で、激戦の連続であったドイツ本土爆撃に出撃する爆撃機で一〇〇回の出撃記録を残す機体は極めて希で、大半は数十回の出撃の後に撃墜されるか被弾で使用不能になった。

この機体が第158飛行中隊に配属されて来た日は、たまたまキリスト教徒にとっては不吉とされている十三日の金曜日であったために、この機体に搭乗が決まった搭乗員たち七名は本機に「Friday the 13th（十三日の金曜日号）」というニックネームを付け、そのニックネームをペンキで大きく機種に描いた。そして彼らはそのニックネームの周りにドクロマークや魔女が使う鎌、西洋の魔除けのシンボルである馬の蹄鉄などの絵をにぎやかに描き、数多いハリファックス爆撃機の中でも有名な存在になっていた。

しかしこの「不吉号」は何度出撃しても無事に生還し搭乗員で重傷を負うものもいなかった。そしてこの「不吉号」は戦争を生き残り、ハリファックスの中では最も幸運な機体として有名な存在になったのである。

ここで余談ではあるが、第二次大戦中のイギリス空軍の飛行隊の組織について少し説明しておきたい。

イギリス空軍は創設以来飛行中隊（Squadron）が戦闘の基本単位となっており、管理や記録は全て飛行中隊を基本として行なわれ現在に至っている。

戦闘機の場合、一個飛行中隊に配備される機体の定数は平時であれば六～一二機、戦時であれば二四機に増加される。一個飛行中隊は二つの飛行小隊（Flight）から成り、戦時の場合は一個飛行小隊は一二機で構成される。

多くの場合、戦闘機による作戦は数個飛行中隊の集まりの中で行なわれる。そのために三～四個飛行中隊の集合体として一個飛行大隊（Wing）が編成され、実戦の中での戦闘機の作戦は飛行大隊単位で行なわれるのが基本になっている。つまり戦闘機だけで敵地上空の制空行動を行なう場合や、爆撃機の援護に多数の戦闘機を出撃させる場合には、一個飛行大隊の中の各飛行中隊から一個飛行小隊を出撃させ、三六～四八機の編隊を編成するのである。

戦闘機の場合には飛行大隊は空軍中佐（Wing Commander）が指揮し、飛行中隊は飛行少佐（Squadron Leader）が指揮をとる。そして飛行小隊は飛行大尉（Flight Lieutenant）がその任務に当たることになっている。

本国戦闘機航空団では作戦の都合で数個飛行大隊を集めて一個飛行連隊（Group）を構成しているが、飛行連隊の指揮は飛行大佐（Group Captain）がその任に当たり、戦闘機航空団の指揮は飛行中将（Air Marshal）があたることになっていた。

爆撃機隊の場合も戦闘機隊と基本的には同じ組織で成り立っている。ただ爆撃航空団の場合は戦争勃発当時の約一年を除く以外は爆撃機大隊（Wing）は置かず、一〇～一八個中隊で一個飛行連隊（Group）を編成していた。そして一九四四年以降、戦争の終結まで本国爆撃航空団（単に爆撃航空団）は七個飛行連隊（合計八七個飛行中隊で編成）で編成され、その他に爆撃行動を様々にサポートする飛行連隊が一個配置されていた。

爆撃航空団の使用機体は、一九四四年中頃以降はパスファインダー部隊のモスキート編成の一一個の飛行中隊を除き、全ての飛行中隊の装備機は四発重爆撃機のハリファックスやランカスターに置き換えられていた。

一方イギリス空軍は一九四三年に、近い将来の大陸反攻作戦を見据えて戦闘機航空団や爆撃航空団とは別組織で「第二戦術航空団（2nd Tactical Air Force）」を編成した。この航空団には、戦闘機航空団の中から防空戦闘機の任にあたる戦闘機中隊を除く全ての戦闘機中隊を組み入れ、また爆撃機航空団の中で、軽爆撃機（ダグラスA20、ノースアメリカンB25、モスキート）で編成された戦術爆撃機飛行中隊の全てを組み入れた（モスキートについてはパスファインダー専門部隊は含まず）。

第二戦術航空団の任務は、将来的に占領するであろう大陸の多数の基地を拠点にして、占領地や敵地上空の制空あるいは敵地上部隊の攻撃が目的で、戦闘機飛行中隊の多くはホーカー・タイフーン戦闘爆撃機で編成されていた。そしてこれらの中隊は第一線から送られてくる情報にしたがって、即時の航空作戦ができるようになっていた。

ノルマンディー上陸作戦後の西ヨーロッパ戦線のイギリス空軍の航空作戦は、イギリス本土に対する断続的に行なわれたドイツ空軍爆撃隊の夜間爆撃に対する迎撃や、V1号飛行爆弾に対する迎撃は、戦闘機航空団に残された防空戦闘機中隊がその任にあたり、フランスやベルギー戦線の航空作戦は大陸に進出した第二戦術空軍の各飛行中隊がその任にあたった。そしてドイツ本土の爆撃は爆撃航空団がその任務にあたるという、各航空団が見事にそれぞれの機能を果たした作戦を行なったのである。

(3)アヴロ・ランカスター四発重爆撃機

アヴロ・ランカスター爆撃機はまさに「瓢箪からコマ」の例えのように、思わぬ機会から生まれた爆撃機で、それも第二次大戦中のイギリス空軍爆撃機の中でも最高傑作と言われるほど有名な爆撃機として君臨した。

すでに述べたとおりアヴロ社はイギリス空軍省仕様B13／36に従って、野心的な高出力エンジンであるロールスロイス・バルチャーを搭載した双発の重爆撃機を送り出した。しかしアヴロ社の野心的な爆撃機はバルチャー・エンジンの不調により失敗に終わった。

このバルチャー・エンジンは、一般的な液冷V型一二気筒エンジン二基を上下逆に配置し、液冷のX字型二四気筒エンジンに改良したもので、これによってエンジン一基当たりの出力は倍加し、四発エンジン機を双発エンジン機にコンパクト化することを可能にしようとするものであった。

しかし二四の気筒の上下動を一本のクランク軸に集合させるという構造が禍し、クランク軸の過熱や気筒への負担など様々な問題が発生し、結局この高出力が期待されたエンジンは失敗に終わった。したがってこのエンジンを装備したアヴロ・マンチェスター爆撃機も完全な失敗作に終わったのであった。

この失敗作のマンチェスター爆撃機を起死回生させる案としてアヴロ社が打ち出した考えが、マンチェスターの四発化であった。しかもこの四発化は至極簡単で、マンチェスターの主翼を多少延長してエンジンには実績のある液冷のロールスロイス・マーリンエンジン四基を装備すればよく、胴体や尾翼、装備品には手を加える必要は全くなかった。

失敗作のアヴロ・マンチェスター爆撃機は合計二〇二機が生産されただけで終わり、戦歴もドイツ本土爆撃の出撃機総数七四一機、投下爆弾量一八二六トン、未帰還機四五機で、活躍した期間も実質一年に満たなかった。

マンチェスターの未帰還率は六・一パーセントという高率で、この数字は第二次大戦中のイギリス空軍全爆撃機の平均未帰還率二・七パーセントに比較して群を抜いて高い。その理由は敵機に撃墜されたり対空砲火で撃墜されるよりも、エンジントラブルによって敵地に不時着して未帰還になる機体の数が圧倒的に高かったためであった。

マンチェスターの四発化は早いうちに進められており、ランカスターが初飛行したのは早くも一九四一年五月であった。そしてその結果は性能的にもマンチェスターを上回り、航続距離や爆弾搭載量においてマンチェスターを大幅に抜いていた。特に爆弾搭載量においてはマンチェスターの最大四・七トンに対して一〇トンと、当時世界で活躍していたいかなる爆撃機もこの値に迫るものはなく、爆弾搭載量の多さはその後もランカスターの最大の「売り物」になったのである。

マンチェスターを四発化した機体にイギリス空軍は正式に「ランカスター」の愛称を送り、マンチェスターの生産ラインを止めることなく直ちにランカスターの量産が開始された。

ランカスター爆撃機の基本的な特徴は、新鋭爆撃機でありながら新鋭爆撃機にふさわしい新機軸が何もなく外観は全く古典的であるということである。ただあえて新機軸というのであれば、戦争末期に本格的な戦略爆撃機として出現したアメリカのボーイングB29よりも、爆弾搭載量において勝っていたということであろう。

ランカスターの胴体下面には幅一・八メートル、長さ九メートルという、途方もなく大きな爆弾倉が配置されていた。この爆弾倉には当時連合軍側が開発した全ての爆弾を搭載することが可能で、イギリスが開発した「トールボーイ」五トン爆弾ばかりでなく、「グランドスラム」一〇トン爆弾の搭載も可能であった。しかしこの二種類の爆弾の搭載に際してはさすがに爆弾倉扉を閉めることはできず、扉を取り外した状態で搭載した。

ランカスター爆撃機装備の爆撃機中隊数は一九四三年六月以降急増し、ハリファックス爆撃機と共に次第にイギリス空軍爆撃航空団の主軸となっていった。

ランカスターの総生産数は合計七三六六機に達し、生産が終了したのは戦後の一九四六年二月であった。そしてランカスター爆撃機を母体にしてアヴロ・リンカーン爆撃機が誕生し、戦後のイギリス空軍の爆撃機の完全ジェット機化まで、イギリス空軍最後のレシプロエンジン爆撃機として活躍した。

ランカスターの初出撃は一九四二年三月十日のエッセン市の夜間爆撃で、これを初めとして以後ドイツ本土爆撃に出撃したランカスターの総出撃数は四万七〇六九機、投下した爆弾の総量六〇万九四二七トンに達した。これは平均一機当たり五・七トンの爆弾を運んだことになり、アメリカ陸軍航空隊のB17やB24四発爆撃機の一機当たりの平均爆弾搭載量の優に二倍半に達していた。

一九四五年四月十八日現在の、イギリス空軍爆撃航空団の飛行中隊の中に占めるランカスター装備飛行中隊の数は、合計五八飛行中隊に及んでおり、出撃可能機数は実に一三七四機に達していた。つまりランカスター爆撃機がイギリス空軍爆撃航空団の中でいかに重要な存在であったかがわかるというものである。

ランカスターは優秀な性能と数が多かっただけに作戦にまつわるエピソードに事欠かない。ランカスターの活躍の中でも特に有名なものは、一九四三年五月十六日の夜に決行されたドイツのルールダム群の破壊作戦であろう。この作戦については項を改めて紹介したい。戦争の末期の一九四五年三月に行なわれた世界で最初の一〇トン爆弾攻撃もランカスターでなければできない作戦であった。大型爆弾攻撃としては一九四四年十一月に五トン・トールボーイ爆弾による、ドイツ戦艦ティルピッツの攻撃も有名である。

この作戦はノルウェーのトロムセ・フィヨルド内に潜んでいた、戦艦「大和」「武蔵」を除けば世界最大の戦艦ティルピッツ（五万二九〇〇トン）に対して、イギリス基地から五トン爆弾を搭載したランカスターの編隊が攻撃を仕掛け、五トン爆弾三発の直撃と数発の至近

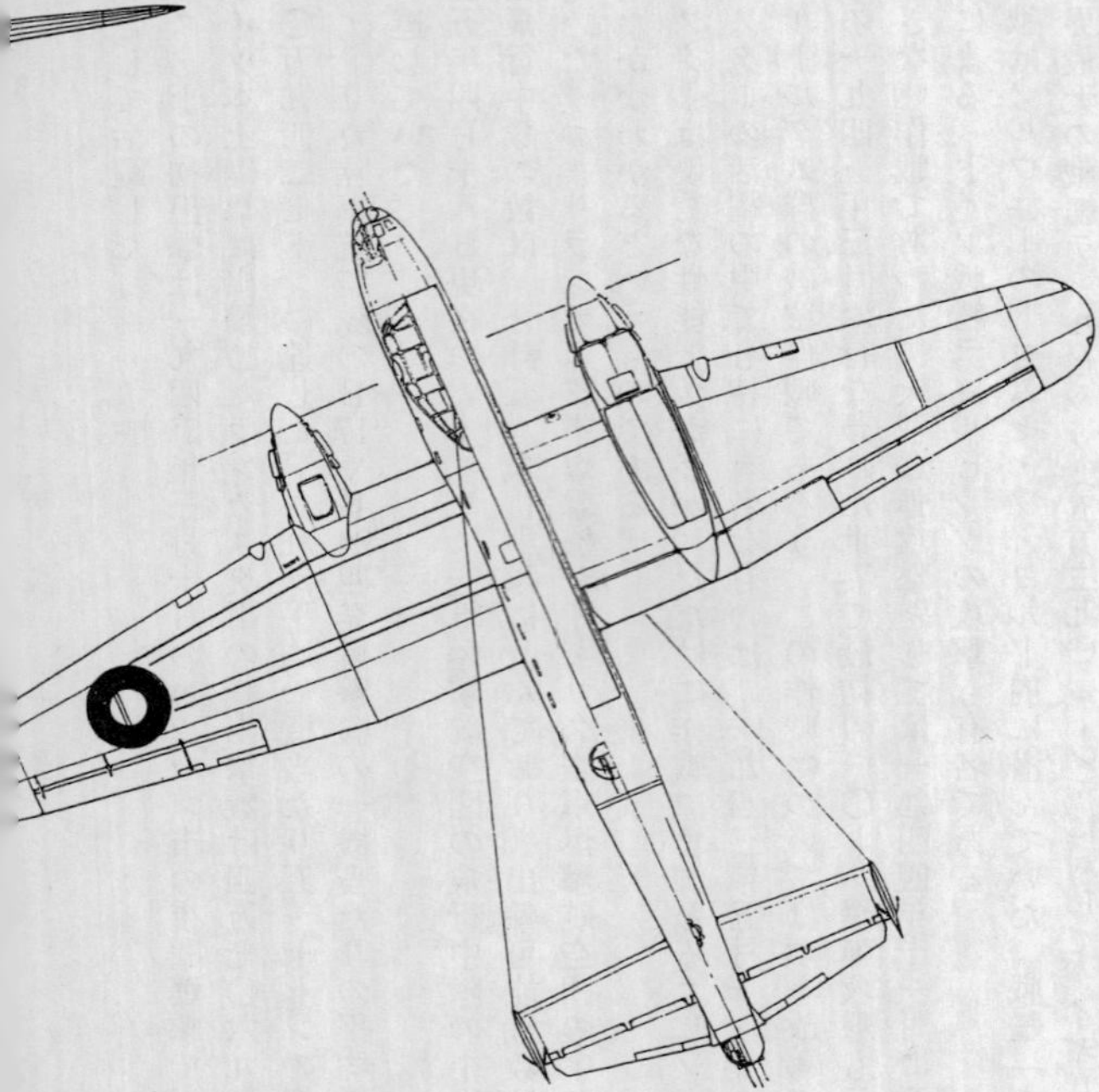

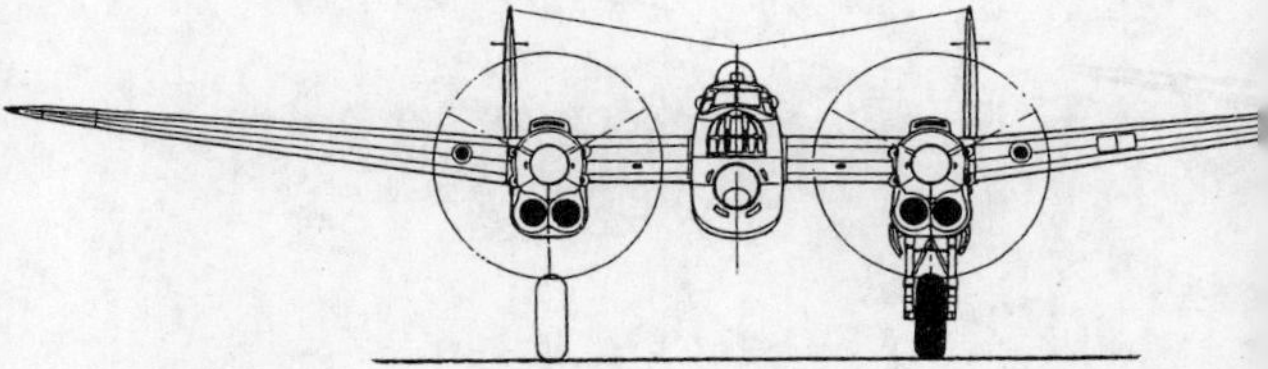

第12図　マンチェスター

全　　幅	27.45m
全　　長	21.33m
全備重量	22620kg
エンジン	ロールスロイス・バルチャー　1760馬力×2
最高速力	427km／h
実用上昇限度	5860m
航続距離	2625km（爆弾3670kg搭載時）
武　　装	7.7mm×8
爆弾搭載量	4685kg

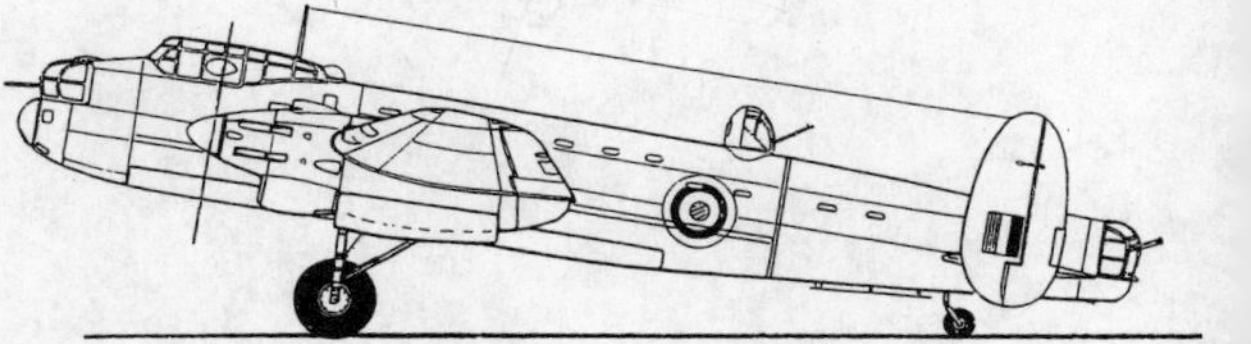

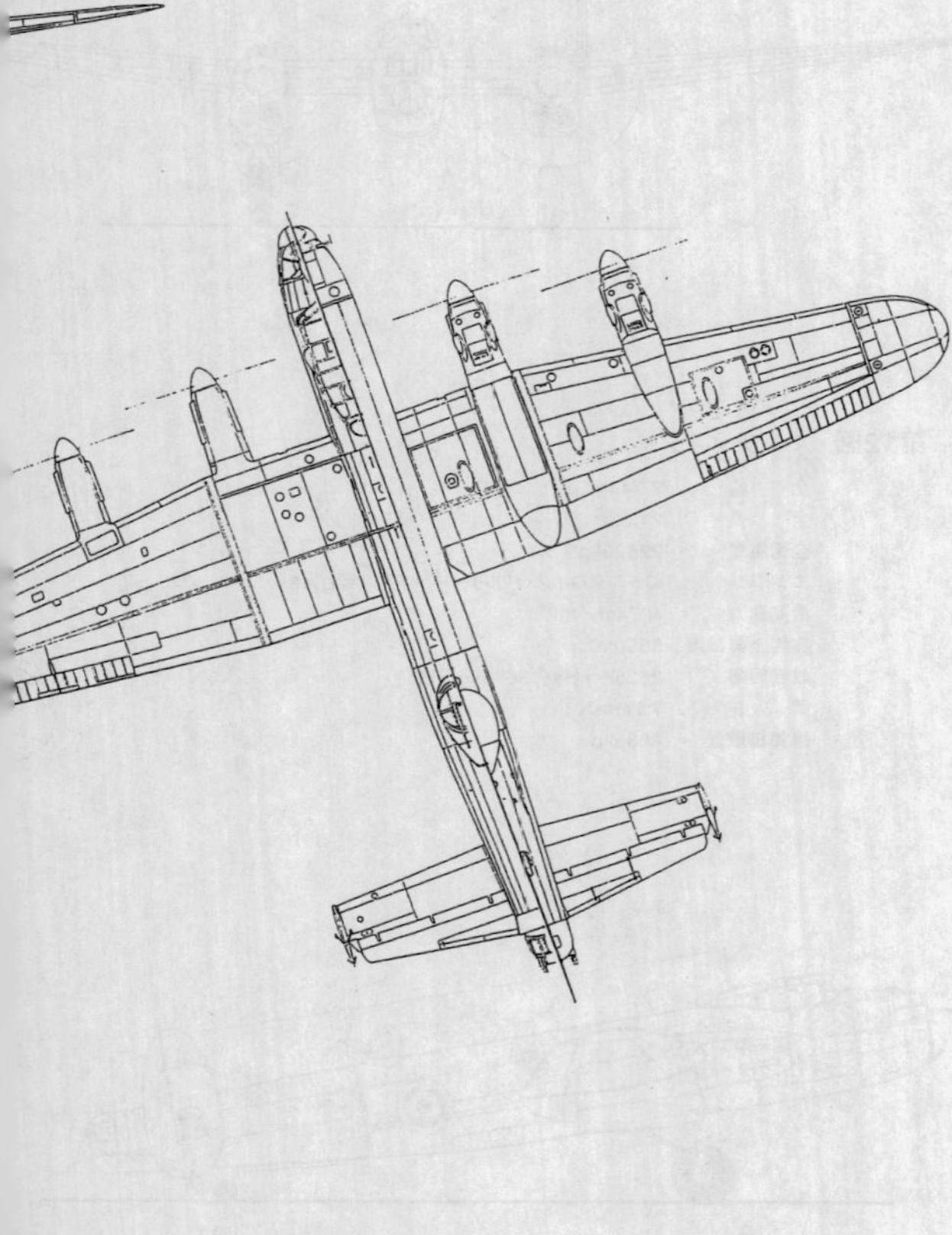

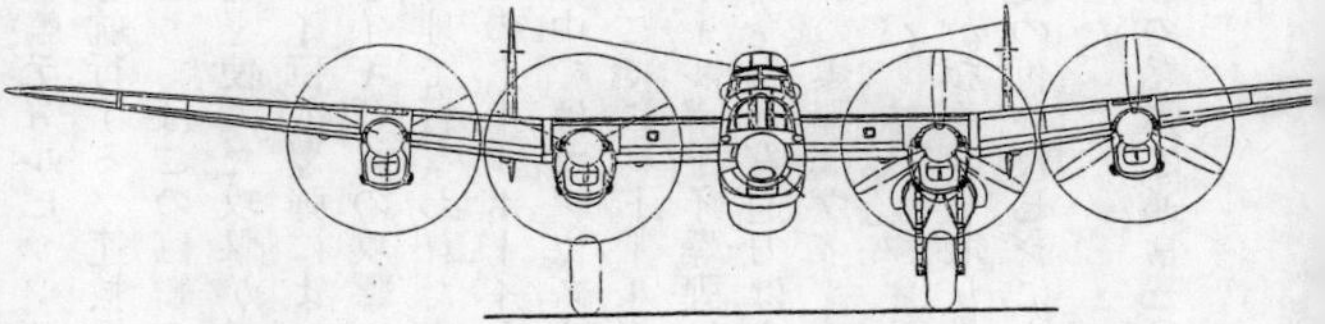

第13図　ランカスターI型

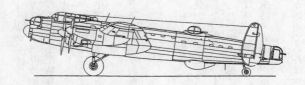

全　　幅	31.10m
全　　長	21.18m
全備重量	29435kg
エンジン	ロールスロイス・マーリン24　1640馬力×4
最高速力	443km／h
実用上昇限度	6940m
航続距離	2500km（爆弾6340kg搭載時）
武　　装	7.7mm×8
爆弾搭載量	2675kg

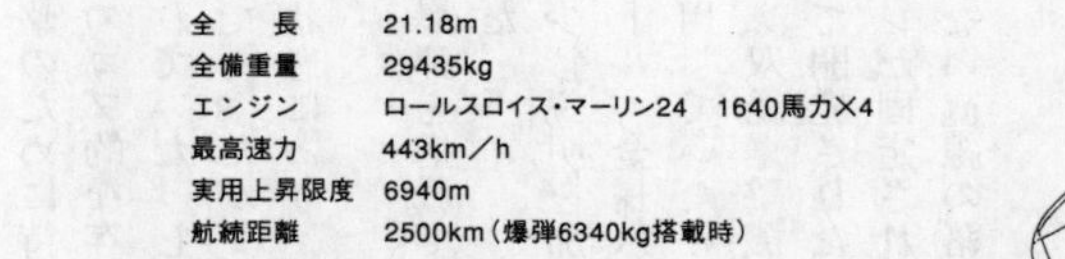

弾によってついにイギリスの宿敵であったこの巨艦を撃沈したものである。

戦艦ティルピッツは竣工後一九四二年春以来、ノルウェーのフィヨルドを基地にバレンツ海を航行するソ連救援の大輸送船団の攻撃のために待機していた。イギリスとアメリカ海軍にとってはこの巨艦の存在は常に目の上のコブ的な存在で、機動部隊の艦載機や小型特殊潜航艇を使った攻撃が幾度となく繰り返されていた。しかしいずれも成功せず、ついにトールボーイ巨人爆弾によってケリを付けたのであったが、この頃のティルピッツは実際には度重なるイギリスの攻撃によって行動不能の状態にあり、この巨艦の撃沈は半ばイギリス海空軍の意地で行なわれたようなものであった。

このトールボーイという仇名の五トン爆弾を搭載できる爆撃機は、連合軍や枢軸軍の爆撃機の中ではランカスター以外にはなかった。

ここでこのトールボーイ爆弾について少し説明を加えておきたい。

トールボーイ爆弾は直径約〇・九メートル、全長六・四メートルという巨大な爆弾で、その爆発力と貫通力は当時世界の空軍が実用していたいかなる爆弾よりも強力であった。

この爆弾はヴィッカース・ウエリントン双発爆撃機の大圏構造を考案した、ヴィッカース社のバーネス・ウオリス主任技師によって開発されたもので、流線型をした爆弾の尾端にはわずかな角度で取り付けられた四枚のヒレが固定されていた。爆弾自体は落下に際してこの角度の付いたヒレによって回転運動を行ない直線の落下が保証され、弾着時の貫通力を増大させた。

この爆弾は通常三〇〇〇メートルの高度から投下されるが、弾着地点が地面であれば地表面下二〇～三〇メートルまで潜り込み爆発する。爆弾に装塡された約四トンの爆薬の破壊力は爆発地点を中心に半径数百メートルにわたり地震波のような衝撃波を発生させ、直撃を免れてもこの衝撃波によって構造物は破壊してしまう。さらに水深二〇メートル前後の海面に投下された場合には、海底に潜り込んだ爆弾の爆発力によって爆発地点を中心に波高数メートルの巨大な津波を発生させることも可能であった。

またこの爆弾の貫通力も驚異的で、高度五〇〇〇メートルから投下されたトールボーイ爆弾は、厚さ五メートル前後のコンクリートを完全に貫通する能力を持っていた。

この貫通力は、実際にフランスやドイツ国内の港に建設された、ドイツ潜水艦用の巨大なコンクリート製の格納庫（ブンカー）の破壊に使われ、コンクリートを貫通した爆弾によって格納庫内に在泊していた数隻の潜水艦を一気に破壊したり、コンクリートの天上を破壊し、落下した数百トンのコンクリートの塊によって在泊中の潜水艦ごと格納庫内を埋めてしまうという爆撃例もあった。

トールボーイ爆弾の爆発による津波効果を応用した爆撃作戦も実際に行なわれている。

一九四四年六月十四日、トールボーイ爆弾一発ずつを搭載した一五機のランカスターが、フランスのル・アーブル港の上空に現われた。そしてランカスターの編隊は高度三六六〇メートルから港の海面に向けて一斉に巨大爆弾を投下した。

攻撃の目的はノルマンディー上陸作戦に際し、上陸地点付近の海上に集結した連合軍の多数の輸送船や護衛艦などを夜間強襲するために、ル・アーブル港には多数のドイツ海軍の魚雷艇が集結していた。イギリス爆撃航空団が採用した攻撃方法は、これらの魚雷艇にいちいち爆弾を命中させるのではなく、狭いル・アーブル港の中に巨大な津波を発生させ、小型の魚雷艇を一網打尽に転覆させてしまおうという奇想天外な作戦であった。

爆撃後のル・アーブル港を写真撮影してきた偵察機が持ち帰った写真に関係者は驚かされた。ル・アーブル港に集結していた多数の魚雷艇は全て転覆したり岸壁に打ち上げられたりして全滅しており、いまさらながらトールボーイ爆弾の威力を思い知らされた。

このトールボーイ爆弾は第二次大戦中に合計八五一発が実戦で使われた。

ウオリス技師はこの爆弾を基本に一〇トン爆弾を開発し、大戦末期に実戦に投入されトールボーイ爆弾をはるかに凌ぐ破壊力を発揮した。この爆弾にはグランドスラム爆弾（地震爆弾）というニックネームが付けられたが、グランドスラム爆弾は核爆弾を除けば世界最強力の通常型爆弾であった。そしてこの巨大爆弾を搭載できた爆撃機はランカスターだけであった。

このグランドスラム爆弾についても項を改めて紹介したい。

ランカスター爆撃機は構造が頑丈で撃たれ強い機体であったために、多数回の出撃記録を持つものが多く、一〇〇回以上のドイツ本土爆撃の出撃記録を持つ機体は実に二七機に達する。その中でも最高の出撃記録を持つランカスターは、第103飛行中隊所属の一機の機体でその回数一四〇回。このランカスターがこの飛行中隊に配置されたのは一九四三年四月のことで、以来二年間にわたり様々な試練を乗り切って搭乗員と共に生きのびたのである。

出撃回数一〇〇回を超えたランカスターの中の二機が、現在でも戦争記念のシンボルとしてイギリス国内の空軍施設に保存されている。

第4章　アメリカ陸軍航空隊爆撃航空団の参戦

イギリス派遣アメリカ陸軍爆撃航空団の新設

一九四一年十二月十一日、ドイツとイタリアがアメリカに対して宣戦を布告することによって、アメリカは遂にアメリカ大陸の東西両大洋を跨いでの戦争に突入することになった。

もちろんアメリカは一九四一年当初より軍事面では臨戦体制に入っていたが、海軍や陸軍陸上部隊の臨戦体制に対して陸軍航空隊の準備は遅れていた。

その遅れは主にヨーロッパ戦線で想定される航空部隊の作戦と運用に関するもので、太平洋戦線においては当面は航空母艦を中心とする海軍航空隊及びフィリピン派遣の陸軍航空隊の増強などで、当面の作戦は行なえると判断されていた。

ヨーロッパ戦線ではアメリカは本来的には航空軍を派遣するという発想など皆無であっただけに、アメリカがドイツやイタリアと軍事的に対峙するからには、当然イギリスなどの朋友国に前進基地を設定し、そこを中心にアメリカ陸軍航空隊の戦闘機隊や爆撃機隊を派遣し作戦を展開しなければならなくなる。そしてアメリカの航空隊が作戦を展開する以上は、新たに陸軍航空隊の中にヨーロッパ派遣の航空隊を組織しなければならない。つまりヨーロッパ戦線用の全く新しい航空部隊を可及的速やかに設立する必要があるのだ。

この新しい航空隊に求められるものは戦闘機による制空権の確保、爆撃機による敵拠点の攻撃、攻撃機による敵陸上戦闘部隊の攻撃などであった。しかし当時のアメリカ本国の陸軍航空隊の中には直ちにこの全てに対応できる即戦力的な航空隊はなかった。

ただ当時のアメリカ陸軍航空隊には、対ドイツ爆撃に使えるボーイングB17やコンソリデーテッドB24など最新型の重爆撃機が就役開始の状態にあり、戦闘機においても実戦の戦歴は全くないが、カーチスP40やベルP39などの戦闘機が実戦配備の状態にあった。

つまりこれらの飛行機を集め搭乗員を至急に養成すれば、新しい航空部隊の設立や増強は可能であった。

アメリカ陸軍はドイツとの開戦直後にヨーロッパ派遣の第8航空軍の設立を決めた。第8航空軍の任務はイギリスを拠点とする西部ヨーロッパ全域を戦闘視野とする航空部隊で、他にも地中海を中心に南部ヨーロッパからアフリカ北部一帯にかけての航空作戦を担当する第9航空軍と第12航空軍の設立の検討も開始されていた。

アメリカ陸軍航空隊司令官アーノルド中将は、ドイツとイタリアとの戦争が勃発すると直ちに第8航空軍の設立を表明し、一九四二年中にイギリスに重爆撃機二〇個グループ（定数五四〇機）を送り込む計画を発表した。

第8航空軍は戦闘機部隊と爆撃機部隊によって編成される航空軍で、一九四二年一月にその司令官としてカール・スパーツ少将が任命された。さらに爆撃機部隊の司令官として陸軍航空隊の中でも最も若い将官であるアイラ・イーカー准将（後に少将）が任命された。

イーカー新司令官の最初の任務は新たに任命された幕僚たちと共にイギリスに渡り、アメリカ爆撃隊が駐留するための多数の基地や付属施設の設営準備、イギリス空軍との連携方法、補給態勢の準備など、あらゆる問題についてイギリス空軍爆撃航空団と協議することであったが、偶然にもほとんど同じ時期にイギリス空軍爆撃航空団では、新司令官にアーサー・ハリス空軍中将が就任したばかりであった。

ハリス新司令官とイーカー新司令官の関係は、お互いに新しい爆撃航空団を構築するという考えでは非常に前向きであり、お互いに協力体制を惜しまぬ姿勢を示した。ただ両者の間で埋めることのできなかった問題が一つあり当面の保留事項となった。

それはハリス司令官が「ドイツ本土爆撃は夜間広域爆撃で行なうべき」と主張したことに対し、イーカー司令官は「ドイツ本土爆撃は昼間精密爆撃で行なうべき」と主張したことであった。この両者の主張の裏には現実的に譲れない背景が込められていたのである。

イギリス空軍爆撃航空団の夜間爆撃固守の裏には、イギリスの爆撃機の全てが防衛火力が弱く敵戦闘機の群がる昼間爆撃は被害の増大を招くこと。またイギリス空軍が精度の高い爆撃照準器を持っていなかったこと。さらに一九四一年の一年間に実施したドイツ本土の夜間広域爆撃について、確たる立証材料はないが、ドイツ国民や工業生産に多大な影響を及ぼしている、という自負心を持っていたからであった。

一方アメリカ側が昼間精密爆撃を主張した裏には、高精度のノルデン爆撃照準器を準備しており、爆撃機の防衛火力もイギリス空軍の全ての爆撃機が実用している破壊力の小さな七・七ミリ機銃に対し、ヨーロッパ戦線に送り込もうとしているB17とB24両重爆撃機は、いずれも破壊力の大きな多数の一二・七ミリ機銃を装備しており、群がり来るドイツ戦闘機に対して「十分に対応できる」と自信を持っていたからであった。

もちろんその他にも、もしアメリカ爆撃隊がイギリス空軍と共に夜間爆撃を行なうのであれば、新たに派遣されてくるアメリカ爆撃隊の搭乗員に対して改めて夜間爆撃の訓練をし直さなければならず、そのような不必要と思える時間をアメリカ側としては払いたくなかったためでもあった。

もちろんイギリス側にすれば、アメリカ側はまだ強力なドイツ戦闘機の猛烈な迎撃の実態を知らず、またアメリカが盛んに優秀さを主張するB17爆撃機の精密爆撃にしても、前年にイギリス空軍がB17を使った結果でも、とても優秀な爆撃精度は得られておらず、イギリス空軍としてはとうていB17が優秀な爆撃機とは思えない、という実感を持っていた。ただイギリス側のこの主張に対しアメリカ側は沈黙していた。というのはイギリス空軍が装備したB17Cには極秘のノルデン爆撃照準器は装備されておらず、通常のスペリー式爆撃照準器を装備してイギリスに送り込んでいたのであった。勿論イギリス側はこの事実を知らなかった。

一方、表面には出せない主張として、イギリス空軍爆撃航空団としては爆撃航空団の総合的な戦力の強化を図る意味でも、アメリカ爆撃航空団の戦力をなし崩しに夜間爆撃に引きずり込みたい意向があったことは確かであった。そしてもしそうなればアメリカ第8航空軍爆撃航空団は完全にイギリス空軍爆撃航空団の指揮下に納まることにならざるを得なかった。

しかしこの点についてはイーカー司令官も十分承知しており、アメリカ第8航空軍の爆撃航空団の独自性を主張するためにも、ドイツ本土爆撃は万難を排してでも昼間精密爆撃で押し通す必要があった。

結局この問題の解決は一九四三年一月に、アメリカとイギリス両国首脳によるカサブランカ会談の席で決着が付けられることになった。

イギリス空軍爆撃航空団とアメリカ陸軍第8航空軍爆撃航空団の間に基本的な問題は残されてはいたものの、イギリス側のアメリカ爆撃隊の受け入れ姿勢はおおむね好意的であった。

一九四二年七月六日、第8航空軍爆撃航空団の先陣を切って第92爆撃グループの二七機のB17Eの編隊が、途中アイスランド島を中継して大西洋を横断してイギリス本土のポールブルック基地に到着した。

この日ポールブルック基地の滑走路に次々と着陸してくるB17Eを眺めていたイギリス空軍爆撃航空団の関係者は一様に驚いた。

彼らがこの時目にしたB17は、彼らが一年前に目にしていた、イギリス空軍第90中隊に装備されたB17とは全く違ったスタイルをしていた。胴体の後部には巨大な一枚の垂直尾翼が配置され、胴体背部と腹部及び尾部には太い連装機銃が取り付けられた動力銃塔が配備されており、彼らが知っているB17とは全く別機のような機体であった。

それは当然であった。一年前イギリス空軍に配備されたB17は、B17の最初の生産型のC型で、垂直尾翼は小さく尾部銃塔も背部や腹部銃塔もない貧弱な爆撃機であった。アメリカ陸軍航空隊はこの初期型のB17の弱点を十分にわきまえており、初期型はわずかに生産されただけで、アメリカ陸軍航空隊の実戦部隊用のB17は、武装も格段に強化され性能も向上したE型であり、このE型をより実戦向きに改良したF型の生産も開始されていた。そしてこのF型がアメリカ爆撃航空団の初期の段階での主力戦略爆撃機となったのである。

イギリス空軍爆撃航空団に少数配備されたC型では、高々度性能向上のために開発された排気タービン過給器付きエンジンも、開発の過渡期にあったために過給器の作動の不具合が多く、高々度性能はとてもカタログ値を満足させるものではなかった。また爆撃精度が良いと喧伝されていたB17も、実戦に投入した経験からすればとても爆撃精度が優れているといえる爆撃機ではないと結論づけていた(裏の事実は前述のとおり)。

またB17の爆弾搭載量がイギリス空軍の新鋭四発重爆撃機のスターリングやハリファックスなどに比べて格段に少ないことも、イギリス空軍のB17に対する心証を悪くしており、アメリカ爆撃航空団が持ち込む予定になっていたB17に対しては、イギリス空軍側は当初から否定的な意見を持っていた。これらが原因してイギリス爆撃航空団は、アメリカ爆撃航空団が主張する昼間精密爆撃に対しても反対の立場を貫いていたのであった。

アメリカ陸軍航空隊・第8航空軍爆撃航空団の設立

第92爆撃グループの到着に続いて八月初めには第301爆撃グループが同じく大西洋を超えてイギリス基地に到着し、それに続いて第97爆撃グループのB17も到着した。

この三個グループのB17のうち、最初に到着した二つのグループの機体はE型であったが、三番目に到着した第97爆撃グループのB17は最新型のF型であった。そしてこの翌年の十月頃までの約一年間の間にイギリスに到着するB17は全てF型となった。

E型とF型には機体の基本構造や性能には全く違いはないが、F型はE型で不具合であった部分を局部的に改良し、より実戦向けの機体に仕上げたものであった。外観的に目立つ改良点としては機首の爆撃手の視界を改善するために、機首のガラス部分をより大型にし桁を排除した視界の良いガラス窓にしたこと、機首のガラス窓の左右直後に大きめの開閉式の窓を新設し、ここに一二・七ミリ機銃をそれぞれ一梃装備できるようにしたこと、胴体後部腹部に設置されていた遠隔操作式の一二・七ミリ連装機銃塔が、作動の不具合が多いために銃手が入って直接操作できる大型の半球式の銃塔に変更したことなどであった。

第8航空軍爆撃航空団としてはこの三グループの爆撃機隊の到着によって、一九四二年八月末には合計八一機の重爆撃機B17を準備することができた。ただこれらの爆撃機を直ちに実戦に投入するには多くの問題があった。一つは搭乗員たちが全く飛行経験のないヨーロッパの地理や気象条件に慣れていないこと、一つは各B17に搭乗する七名の銃手たちの射撃練度が、猛烈を極めるドイツ戦闘機の攻撃に追随できる状態ではない、という心配であった。

ドイツ戦闘機の猛烈な攻撃の様子については先輩であるイギリス爆撃航空団の隊員たちからも十分に情報を得ることができたが、この件についてはアメリカ爆撃航空団の首脳陣もアメリカで通り一遍の射撃訓練を受けている程度だけの銃手の練度では、とうてい役に立たないと率直に認めていた。

アメリカ爆撃航空団のイーカー司令官は、第一陣の第92爆撃グループ到着直後から、各機の搭乗員に対するイギリス本島周辺での習熟訓練飛行や、徹底した射撃訓練を行なわせた。そしてその後到着した二個グループの爆撃隊に対しても同じ訓練を行なわせた。

到着第一陣の第92爆撃グループの搭乗員たちは約一ヵ月の猛訓練の後、八月十二日に第8航空軍爆撃航空団最初の出撃を行なった。目標はフランスのセーヌ川河口から四〇キロメートル東に位置するルーアン市近郊の鉄道操車場であった。

一二機のB17Eはイギリスの基地を飛び立ち機首を南に向け、三五〇キロメートル先の目標に向かって高度を上げていった。目標までの所要時間は約一時間。訓練を卒業した第92爆撃グループの搭乗員にとってはまさに卒業実地訓練であった。

B17の編隊の上空にはイギリス空軍のスピットファイア戦闘機二四機が、四機ずつの編隊を組んで援護にあたっていた。

一二機のB17は敵機の攻撃を受けることもなく、高度六〇〇〇メートルから各機五発の二二七キログラム爆弾を目標に向かって投下し、無事任務を終了した。

続いて八月十九日には同じ第92爆撃グループのB17E二四機が、フランス西岸に近いアベヴィルのドイツ空軍基地の爆撃を行なった。この日もB17の損害はなかった。

翌二十日にも一二機のB17Eがドーバー海峡から五〇キロメートル東方に位置するアミアン市に向かった。この日の爆撃目標も鉄道操車場であったが、アベヴィルにしろアミアンにしろ、この周辺には強力なドイツ戦闘機隊の基地が点在しているところで、B17の来襲に対して一機のドイツ戦闘機も現われなかったことは単なる偶然としか思えず、B17の搭乗員たちはまさに命拾いをしたも同然であった。

八月二十四日から二十九日にかけて、今度は訓練を終了したばかりの第97爆撃グループのB17Fが合計四回の出撃を行なったが、ここでも敵戦闘機の迎撃には遭遇しなかった。

アメリカ爆撃航空団によるこれら一連の昼間爆撃に対して最も興味を示していたのはイギリス空軍爆撃航空団であった。彼らは全ての爆撃に際して写真偵察機を飛ばし、爆撃目標周辺の写真を撮影していた。その結果はイギリス空軍を驚かせた。

爆弾の爆発によってできた爆裂口による判定では、投弾高度六七〇〇～七三〇〇メートルからの爆撃目標に対する爆弾の命中精度は、イギリス空軍の常識を大きく超えており、目標の中心点から半径一六〇メートル以内に弾着した爆弾は全投弾量の九〇パーセントを超えていた。これはイギリス空軍の夜間絨毯爆撃で、同じ条件で目標を爆撃したときの爆弾命中率は五～一〇パーセントでしかなく、その圧倒的な開きにイギリス空軍が驚くのは当然であった。

この結果によってイギリス空軍内にもB17の昼間精密爆撃を支持する者が現われ始めたが、特定目標の破壊を狙うべきか、特定目標も含んだ地域の破壊を行なうべきかの意見は分かれたままとなった。

B17の爆撃精度が際立って優れている最大の理由は、各機が装備しているノルデン爆撃照準器による効果であった。

ノルデン爆撃照準器は確かに優れた装置であったが、装置そのものについては格別に予想を超えるような構造をしているわけではなかった。何が優れていたかというと、爆撃照準器を中心にした一つの爆撃システムが構成されていることが最大の特徴で、このシステム全体を包含してノルデン爆撃照準器と呼んでいたのである。

このシステムを簡単に説明すれば次のようになる。つまり従来から使われている望遠鏡式爆撃照準器とジャイロ機構を応用した爆撃機の自動操縦装置を組み合わせたものがノルデン爆撃照準器で、爆撃照準器自体に自動操縦機能を組み込ませ、爆撃照準器に自動操縦装置を制御する機能を持たせるのである。その結果、爆撃機が爆撃最終コースに入ると操縦士はその後の機体の操縦を爆撃手に任せる。爆撃手は照準器の中に爆撃目標を捕らえる操作を行なえば、機体は自動的に操縦され、爆撃諸元にピタリの爆撃進路に入り、その後は爆撃手が爆弾投下ボタンを押すだけで爆撃操作は終了するのである。

ノルデン爆撃照準器を使えば、当時の世界の爆撃機で一般的に行なわれているように、爆撃機が爆撃コースに進入した後は、爆撃照準器の中の爆撃目標照準点に爆撃目標を合わせるために、爆撃手が操縦士に対して機体を微妙に様々に移動させるよう指示する煩わしさが完全に排除され、常に一つの操作で正確に機体を爆撃目標に合わせた位置に誘導することができるのである。

アメリカはこのノルデン爆撃照準器を極秘扱いにしており、この照準器を装備した爆撃機が仮に敵地で不時着するようなことがある場合には、搭乗員はこの装置を完全に破壊するか地中に埋めてしまうかの処置を講じるようになっていた。

九月六日に爆撃航空団の四番目のグループである第93爆撃グループがイギリス中部のアルコンブレイ基地に到着した。ただこのグループの爆撃機はB17ではなく、コンソリデーテッドB24D四発重爆撃機であった。

その後九月末までにB17Fで編成された三個グループの四発重爆撃機がイギリスに到着し、第8航空軍爆撃航空団は合計七個グリープ、合計一八九機の四発重爆撃機を保有することになったが、この頃から各グループの機体の配備数がそれまでの二七機から三六機に増やされることになり、爆撃航空団の爆撃機の保有機数は二五二機に増強されることになり、増備のためのB17がアメリカから次々と海をわたってイギリス本土に送り込まれてきた。

九月七日、二つのグループから三〇機のB17がフランスのモールトにある航空機工場爆撃のために出撃した。しかしこの日はそれまでと様子が違っていた。

編隊が爆撃目標付近にさしかかった時、突然、四機のフォッケウルフFw190戦闘機が現われ、編隊のB17に肉薄せんばかりの勢いで攻撃を仕掛けてきた。B17の搭乗員にとって初めてドイツ戦闘機の攻撃を体験することになった。

この戦闘でB17一機が撃墜され、一機が大きなダメージを受けた。そしてこのダメージを受けた機体は帰途力尽きてイギリス海峡に墜落してしまった。アメリカ爆撃航空団にとって初めての損害となった。

十月九日、B17とB24合計一〇八機から成る大編隊がイギリス基地を出撃した。アメリカ第8航空軍爆撃航空団が設立されて以来最大の重爆撃機の出撃であった。

この日の爆撃目標はフランスのフィブリールに所在する製鋼工場であった。この日も激しいドイツ戦闘機の迎撃を受けたが、損害はB17三機とB24一機が撃墜されたにとどまり、被撃墜率も三・七パーセントで、爆撃航空団が算定した被撃墜率の許容上限の四パーセントを下回っていた。

アメリカ第8航空軍の爆撃航空団の搭乗員は、出撃二五回を達成すると休養のために母国に一時帰還が許されていた。つまり被撃墜率四パーセントとは、全くの単純計算で一組の搭乗員グループに本国帰還を可能にする最低限の保証数字であったわけである。

この日の戦闘結果はアメリカ爆撃航空団に大きな自信を持たせることになった。つまり強力なドイツ戦闘機の攻撃に対して許容範囲内の被撃墜率ですんだことは、B17やB24重爆撃機の防御火力が強力であることの何よりの証拠で、アメリカ側が主張する精密昼間爆撃の妥当性をイギリス爆撃航空団側も理解すべきであるとするものであった。

一九四二年十二月末現在のアメリカ爆撃航空団の実績は、フランスとオランダに所在するドイツ軍拠点やドイツ側に活用されている工場施設の爆撃二三回で、延べ出撃機数は一五四七機であるのに対し、撃墜されたB17とB24は合計三二機であった。

この数字は被撃墜率が一・四パーセントと極めて成績の良いことを示しているが、ドイツ本土爆撃を一度も実施していないところに大きな未知数が隠されていた。なお八月以来、爆撃航空団が実施した爆撃の回数がわずかに二三回と少ないのは、到着する重爆撃機部隊が到着後少なくとも一ヵ月は訓練のために出撃ができず、大編隊の出撃を予定しても準備ができていないという基本的な問題もあったが、この間の西ヨーロッパの天候が作戦を行なうには極めて不安定であったことも、出撃回数の少なさに反映された。

この間に第8航空軍爆撃航空団は一つの難問を抱え込んでいた。それは航空団は一九四二年十一月当初時点で合計七個爆撃グループ（定数二五二機）の作戦可能爆撃機隊を保有することになっており、ドイツ本土爆撃に対しての準備を進めていた矢先、十一月に北アフリカ上陸作戦のために、第8航空軍爆撃航空団から三個爆撃グループが引き抜かれることが決定してしまったことである。つまり第8航空軍爆撃航空団は一九四二年十一月の時点で、四個爆撃グループ（定数一四四機）を保有するだけになってしまった。

しかし爆撃航空団司令官のイーカー少将（准将より昇進）は、たとえ機数が少なくとも残された各爆撃グループの搭乗員は、行動半径四〇〇キロメートル以内ではあるが平均八回の出撃経験を積んでおり、そろそろドイツ本土爆撃を開始してもよいのではないかとの判断に立っていた。

ただ一つの問題があった。第8航空軍には爆撃航空団と共に戦闘機で組織された航空団も準備されていたが、実用的な戦闘機は一機も配備されていなかった。事実一九四二年十月現在のアメリカ陸軍の戦闘機でドイツ空軍のメッサーシュミットBf109や新鋭のフォッケウルフFw190に対抗できる戦闘機はなかった。カーチスP40単発戦闘機もベルP39単発戦闘機も性能的にとてもこの両戦闘機に太刀打ちできるものではなかった。双胴のロッキードP38戦闘機も航続力は期待できるものの、ドイツの両戦闘機に対抗できる性能は持っていなかった。一九四二年十一月現在、第8航空軍の戦闘機航空団の作戦可能な戦闘機隊は、わずか二個グループのロッキードP38装備のものが存在するだけであったが、この二個グループのロッキードP38部隊も直後に北アフリカ上陸作戦に投入されるために、第8航空軍から離れてしまった。つまり一九四二年十二月の段階では第8航空軍には戦闘機航空団が存在しながら、爆撃航空団の援護を行なう戦闘機部隊は存在しなかったのであった。そしてアメリカ陸軍航空隊がドイツ戦闘機と互角に戦闘を交えることができるであろうと判断していた、リパブリックP47戦闘機も、この時期アメリカ国内で錬成に努めている最中で、第8航空軍の戦闘機航空団に配備されるのは一九四三年二月以降と予定されていた。

つまりイーカー司令官としては、もしドイツ本土爆撃を開始するのであれば、当面は護衛戦闘機の傘のないままの丸裸でドイツ本土爆撃を強行するだけの覚悟が必要であった。勿論、彼がドイツ本土の昼間精密爆撃を行なうと決めた裏には、当面は護衛戦闘機なしでドイツ本土上空に侵入することのリスクは承知であった。一方イギリス爆撃航空団がドイツ本土の昼間爆撃に強硬に反対した裏には、当時のイギリス空軍にはドイツ本土爆撃の全行程に随伴できる航続力を持つ戦闘機がなかった、という事実の裏づけもあったためであった。

当時イギリス空軍の第一線戦闘機であったスピットファイア戦闘機の行動半径は、わずかに二五〇キロメートルから三〇〇キロメートルで、この距離はイギリスの基地を出撃しても、ドイツ国境にはとうてい届く距離ではなかった。

イーカー司令官は一九四三年一月から護衛戦闘機なしで、各爆撃機で構成する強力な防御火力網を唯一の頼りにしてドイツ本土昼間爆撃決行の意志を固めた。ただ彼としてはそれを行なう以前にイギリス空軍と意見が対立したままになっている、ドイツ本土爆撃を夜間爆撃で行なうのか昼間爆撃で行なうのか、決着をつけておく必要があった。

偶然の成り行きではあったが、この時この論争に決着をつける絶好の機会が訪れた。

一九四三年一月十四日から数日間、北アフリカのカサブランカでヨーロッパ戦線の今後の戦略とその協力関係について、イギリスのチャーチル首相とアメリカのルーズベルト大統領が直接意見交換することが決定されていた。

この会談でルーズベルト大統領に随行した陸軍航空隊ヨーロッパ派遣航空団司令官に就任していたアーノルド大将（昇進）は、会談で現場的な意見を具申するためにイーカー司令官をイギリスからカサブランカに呼び寄せた。

イーカー司令官はすでにこの事があると予想し一つの提案書を準備していた。その内容は、ドイツ本土の戦略爆撃はアメリカ爆撃機による昼間精密爆撃と、イギリス爆撃機による夜間無差別爆撃の二本立てで行なうことがベストであり、この昼夜の爆撃によってドイツ防空軍の兵力の分断を図ることが可能になり、ドイツ国民に対しても極度の疲労を与え、これらがひいてはドイツの早期降伏への重要な引き金になりかねない、というものであった。

結果的にはイーカー案はチャーチル首相の理解を得ることになり、今後のドイツ本土に対する戦略爆撃は、イギリス空軍爆撃航空団の夜間爆撃とアメリカ陸軍航空隊爆撃航空団の昼間爆撃の二本立てで実施されることに決まった。そしてこの会談では「対ドイツ戦略爆撃目標の優先順位」も決定され、イギリスとアメリカ両爆撃隊はこの目標の優先順位に従って爆撃作戦を展開することになった。

この会談で決定された「対ドイツ戦略爆撃目標の優先順位」は次のとおりであった。

優先順位第一位　㈠、潜水艦建造施設及び潜水艦基地
　　　　　　　　㈡、航空機生産施設
　　　　　　　　㈢、ボールベアリング生産施設

優先順位第二位　㈠、石炭乾溜合成石油生産施設
　　　　　　　　㈡、合成ゴム及び合成ゴムタイヤ生産施設
　　　　　　　　㈢、戦車・戦闘車両・鉄道車両生産施設

優先順位第三位　㈠、非鉄金属生産施設

㈡、鉄道車両施設
㈢、製鉄所
優先順位第四位　その他の目標

これら優先順位の決められた目標はさらに細分化され合計七六の目標に区分された。

この目標の設定についてはアメリカ陸軍航空隊では一九四二年中頃からすでに検討を開始しており、大学の研究機関を動員してドイツ工業の生産規模やその拠点、そしてそれらを破壊するための具体的な手順、さらにその破壊によって予想されるドイツに対するダメージまで研究されていた。

しかしこの優先順位の爆撃に対してイギリス空軍は一つの条件を出した。それはイギリス空軍がこれまで二年間実施してきた夜間爆撃の柱である無差別爆撃は今後も継続するものとし、優先順位の中の爆撃目標は無差別爆撃目標地域の中に包含する、ということであった。

つまり爆撃目標の優先順位に従って夜間爆撃は行なうが、周辺の地域も含めた無差別爆撃を行なうというもので、今後も大都市の無差別爆撃は行なうが、それを認めろということであり、このイギリス空軍の条件はなし崩しに認められることになった。

この決定によりアメリカ第8航空軍爆撃航空団の重爆撃機は、ドイツ降伏の時までの二年強を大編隊による昼間爆撃で押し通すことになり、迎え撃つドイツ昼間防空戦闘機隊との間で空の激闘が展開されることになった。また一方イギリス空軍爆撃航空団の重爆撃機は、大編隊による都市の夜間無差別絨毯爆撃を展開し、ここでもドイツ空軍の夜間戦闘機との間で激闘を展開することになり、アメリカ爆撃隊と共に甚大な損害を被ることになったのである。

アメリカの戦略重爆撃機

アメリカが第二次大戦に参戦したとき、アメリカ陸軍航空隊では戦略爆撃機として使用できる二機種の四発重爆撃機が用意されており実戦に投入できる段階にあった。まさに絶好のタイミングで用意された重爆撃機であった。

本来この二機種の重爆撃機はヨーロッパの大戦を意識し、特定の作戦に投入するために開発されたものとは言いがたかった。すでに述べたとおりアメリカ陸軍航空隊は一九三三年七月に「プロジェクトA」なる次期爆撃機の開発計画を提示したが、この時代はまさにヒットラー政権が樹立し、ヨーロッパ大陸に一つの嵐が発生しそうな兆しが漂いはじめていた時代であったが、遠く大西洋を隔てたアメリカへの直接の影響を予測することはできなかった。

当時のアメリカは中立主義を貫いており、他国への干渉などは国家として除外すべき事柄であった。それだけに陸軍航空隊が提示する「プロジェクトA」なる計画も、大型爆撃機が開発の対象になることは目に見えており、他国に対する攻撃力を有する爆撃機の開発などは愚考であるとする考えが支配的であった。

これに対する陸軍航空隊の反論は、従来の双発爆撃機だけでは自国の沿岸を防備するだけのもので防衛戦闘力としては弱体である。いついかなる侵略に対しても現状の二倍の防衛戦闘能力を持つ爆撃機で撃退することは将来的に考えておく必要がある、としてこの計画を進めることにした。

この「プロジェクトA」計画の中で派生し、開発が進められたのが後のボーイングB17であり、コンソリデーテッドＢ24四発重爆撃機であった。そしてこの両爆撃機が実用段階に入り、量産が開始された頃にアメリカは第二次大戦に参戦したのであった。

(1)ボーイングＢ17フライング・フォートレス四発重爆撃機

ボーイング社は「プロジェクトＡ」計画に基づいて設計を進めていたＸＢ15を基本にした、四発重爆撃機の設計を開始し、早くも一九三五年七月に試作一号機（モデル299）を完成させ試験飛行にも成功した。

この機体は爆弾一一六〇キログラムを積んで行動半径一六〇〇キロメートル、最高時速三八〇キロメートルという、陸軍が提示していた仕様を上回る性能を示した。

陸軍はこの機体の優秀性を認め、ボーイング社に対してこの機体をより実用的な爆撃機に改良する作業を命じ、試作機なしに増加試作機と位置づけられるＹＢ17の呼称の下に、一三機の製作を命じた（モデル299はＢ17の試作機ＸＢ17と位置づけられる機体である）。

ＹＢ17は一九三六年十二月に初飛行に成功し、陸軍航空隊の将来の重爆撃機となるべき機体と誰もが予測した。

その後ＹＢ17は局部的な改良が施されながら各種の試験飛行が続けられ、一九三九年八月に最初の量産型として完成したＢ17Ｃに進化した。このＢ17Ｃは合計三四機が生産され、引き続きＣ型を改良したＤ型が四二機生産された。

このＢ17ＣとＤ型は、後にヨーロッパ戦線でアメリカ陸軍爆撃航空団の主力として活躍した、Ｂ17ＥやＦあるいはＧ型とは全く別の機体と言うことができた。つまりＣ型やＤ型はまだ試作機的な要素を多分に持った機体で、聞こえてくるヨーロッパ戦線でのドイツ戦闘機の強力な攻撃力には、これらのタイプではとうてい太刀打ちできないであろうことを陸軍航空隊でも認識しており、B17CやD型の飛行直進安定性の改善と共に、徹底的な改良を施す意向を固めていた。そして最初に出現したのがE型であった。

このE型がCやD型と外観的に大きく違っていた点は次のようなことであった。

㈠、垂直尾翼を大型化し、高空での直進安定性などの操縦安定性の改良を行なった。

㈡、防護火力の飛躍的な強化。一二・七ミリ連装機銃装備の銃塔を胴体背部、腹部、尾部に新たに装備、その他にも胴体後部両側面、胴体背部後方（通信士席上部）、機首にそれぞれ一二・七ミリ機銃一梃を装備し、合計一〇梃の強力な機銃で防御を図ることにした。

このE型でその後のB17の基本型が完成したが、徹底的な改良を行なったE型でも装備面で多くの問題を抱えていた。

ボーイング社はE型が出現した時点で早くもE型の欠点を徹底的に改良したF型を開発中で、一九四二年にはF型の量産を開始した。そしてこのF型こそB17の真の基本型ということができた。E型とF型の外観的な違いは少ないが、目に見えない装備面での徹底的な改良が行なわれている。その一つは自動防漏式主燃料タンクの導入、電気系統、酸素供給系統、無線装置、爆弾投下装置、機銃弾供給装置、プロペラブレードの変更など、様々な装備品の改良が行なわれ、F型の実用性能はE型に比べて格段に向上した。

B17のエンジンは、E型ではライト・サイクロンR１８２０-65（最大出力一〇〇〇馬力）が装備されたが、FとG型ではより強力なライト・サイクロンR１８２０-97（最大出力一二〇〇馬力）が装備された。

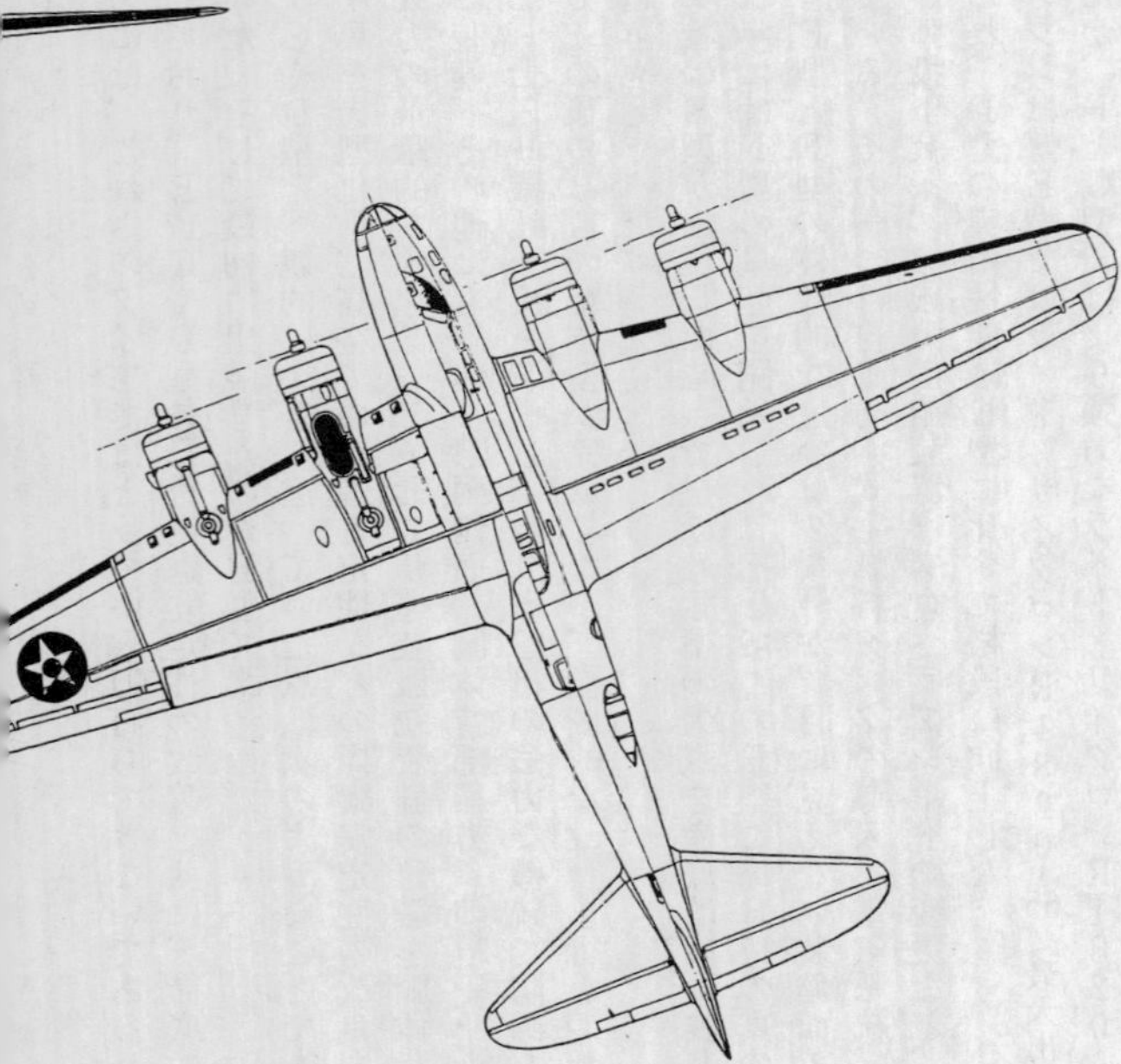

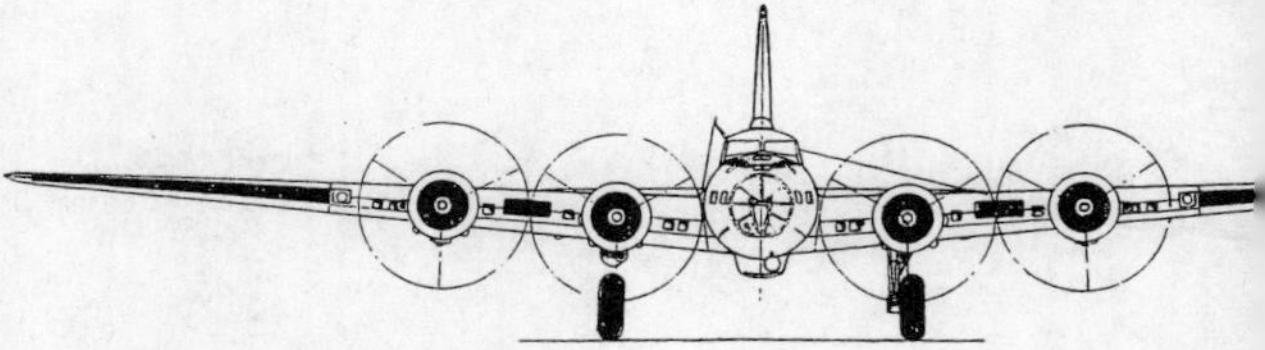

第14図　B17C

全　　幅	31.63m
全　　長	20.68m
全備重量	21546kg
エンジン	ライトサイクロンR1820-60　1200馬力×4
最高速力	520km／h
実用上昇限度	11200m
航続距離	3900km
武　　装	7.62mm×5（12.7mm×5）
爆弾搭載量	4000kg（近距離最大5440kg）

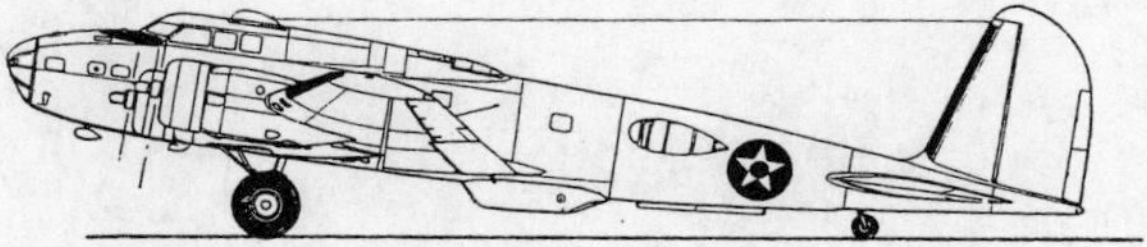

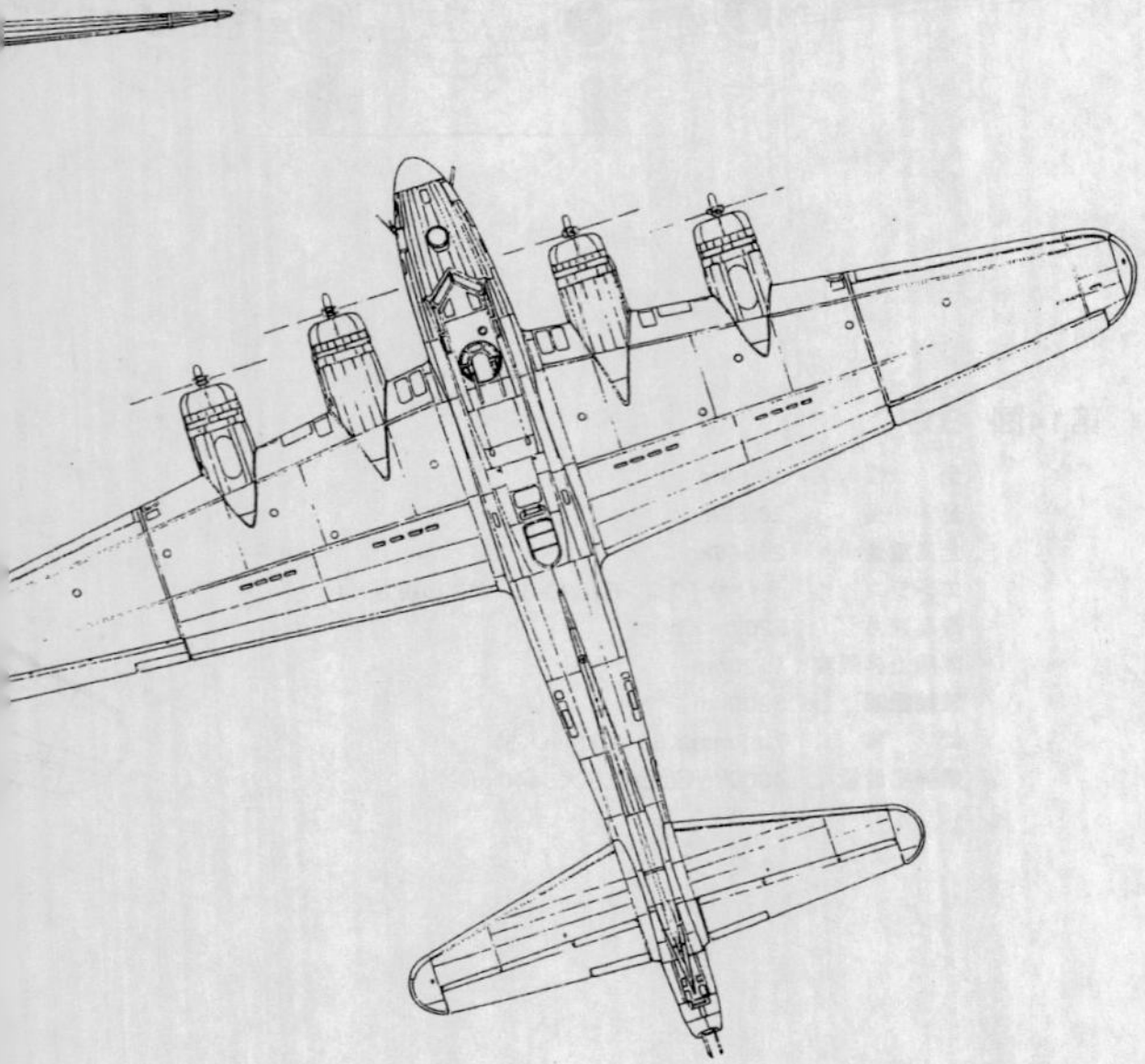

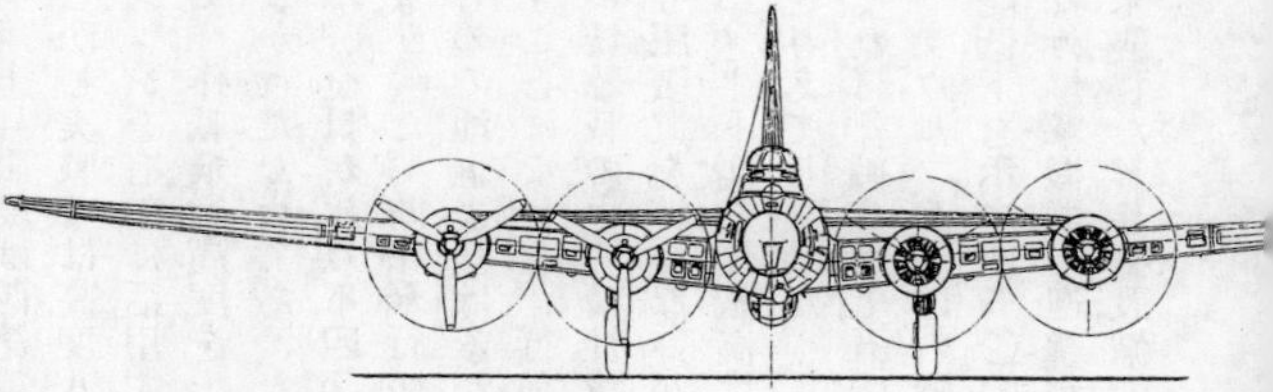

第15図　B17F

全　幅	31.63m
全　長	22.78m
全備重量	29484kg
エンジン	ライトサイクロンR1820-65　1200馬力×4
最高速力	510km／h
実用上昇限度	11200m
航続距離	3200km
武　装	12.7mm×12
爆弾搭載量	4000kg（近距離最大5440kg）

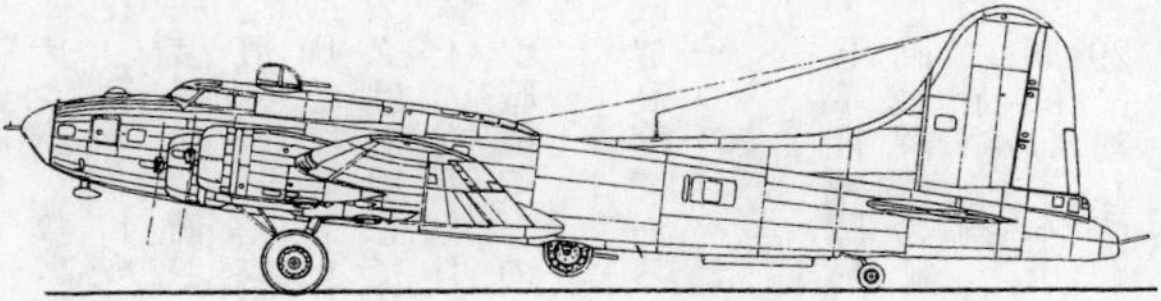

B17の特徴は排気タービン過給器付きエンジンであったために高空飛行性能に優れ、F型の実用上昇限度は四発重爆撃機でありながら実に一万一二〇〇メートルを記録した。

しかし実戦では高度八五〇〇メートル以上で作戦することは不可能で、せっかくの高空用エンジンを有効に活用することができず、常用作戦高度は七〇〇〇~七五〇〇メートルであった。作戦飛行高度を上限近くまで上げられなかった理由はB17には与圧装置が装備されていなかったためであった。そのためにドイツ本土上空で敵戦闘機と機銃で渡り合う搭乗員たちは、全員が氷点下四〇度前後の厳寒の中で防寒飛行服に酸素マスクを装備して戦わねばならなかった。防寒飛行服を着ていても長時間極低温の中で、また酸素マスクは着用してはいるものの地上よりはるかに低い気圧の中での任務は、搭乗員に様々な肉体上の支障を引き起こすことになった。行動の弛緩はもとより幻影に悩まされたり、またドイツ戦闘機との凄まじい銃撃戦の中で精神障害を引き起こす搭乗員も次々に現われた。

与圧装置を持たないがために、搭乗員の肉体が飛行作業に耐えられる限界高度である七五〇〇メートルを作戦高度にせざるを得なかったことは、アメリカ側にもう一つのマイナス要因を与えてしまった。

それは作戦高度七五〇〇メートルは、ドイツ空軍のメッサーシュミットBf109戦闘機やフォッケウルフFw190戦闘機の常用作戦高度の上限に近い値ではあったが、両戦闘機の極端な性能低下を示す八五〇〇メートルまでには余裕があり、両戦闘機は性能的に余裕を持ってアメリカ爆撃機群の迎撃が行なえたことであった。この様子は太平洋戦争末期に日本本土爆撃に来襲した、与圧設備の完備し常用作戦高度一万メートルのボーイングB29に対して、日本の戦闘機が飛行限界を超えているがために余裕を持った戦闘が行なえずに、苦杯をなめたことは条件が大きく違っていたのである。

これがためにアメリカ爆撃航空団の重爆撃機の群れは、爆撃の全行程に随伴できる護衛戦闘機が出現する一九四三年十二月までは、出撃の度に容認できないほどの多数の損害を重ねることになり、一時は爆撃航空団の昼間爆撃続行を真剣に再検討する動きすら現われた。

ボーイングB17爆撃機は、四発機でありながら極めて率直で安定した操縦性能を示していた。それがためにドイツ上空でドイツ戦闘機との戦いの中で操縦士や副操縦士が敵弾に倒れ重傷を負っても、通信士や爆撃手、あるいは航空機関士が操縦を代わり、苦しい息の下で操縦士が指示する操縦方法に従ってイギリス上空までたどり着き、おまけに基地の滑走路に無事に着陸させるという芸当は、決して珍しいことではなかった。

B17の唯一の欠点は爆弾搭載量が同じ大きさのイギリス空軍の四発重爆撃機に比べ、半分以下と少なかったことであった。B17の通常の最大爆弾搭載量は四トンで、ドイツ本土往復の長距離の飛行に際しては通常二・五トンであった。確かにF型やG型では最大爆弾搭載量は六トンに向上しているが、これはあくまでも例外的な爆弾の搭載を示すもので、このときには離陸重量を制限するために燃料の搭載量を減らさねばならず、当然行動半径は五〇〇キロメートル以下に低下し作戦に支障を来すことになった。

アメリカ爆撃航空団としてはイギリス空軍爆撃航空団並みの破壊力を得るには、作戦可能な機体の絶対数を増やすこと以外に方法がなかった。そのために一九四四年からは爆撃航空団のB17装備の爆撃グループの数は大幅に増加し、一九四四年六月現在のB17装備爆撃グループの数は二一を数え、B17の総配備定数は半年前の四グループの一四四機に対して七五六機に急増している（最終的には一九四五年四月現在で二六グループ、九一六機）。

B17の生産数はE型が五〇〇機であるが、ヨーロッパ戦線ではアメリカ爆撃航空団がイギリスを基地にして作戦を開始した当初に配属された二個グループで使われただけで、大半は太平洋戦線の緒戦において東部ニューギニアやソロモン諸島を巡る戦いで使われた。

一九四二年から四三年にかけてのヨーロッパ戦線で主力となって投入されたB17はF型であった。F型は合計三四〇〇機生産された。そしてこのF型は護衛戦闘機もなくドイツ本土爆撃に出撃していった一九四三年のアメリカ爆撃航空団のそれこそ「顔」であり、激闘に投げ込まれただけにエピソードには事欠かない。

G型はB17の最後の量産型でありF型とは基本的に変わるところはないが、外観上での唯一の違いは、機首真下に一二・七ミリ連装機銃装備の銃塔を配備していることである。

G型は一九四四年以降のB17の主力となった。G型は合計八六八五機生産され、一九四五年七月に最後の一機がボーイング工場から送り出された。B17の生産量の合計は一万二六五七機という、四発重爆撃機としてはイギリスのハリファックスやランカスターの二倍にも相当する空前絶後の生産量を記録したが、この生産量をさらに上回ったのが次に登場するコンソリデーテッドB24四発爆撃機で、アメリカの工業力の底力をまざまざと証明することになった。

B17爆撃機の構造は頑丈であることや、無類の操縦安定性を示していただけにこの爆撃機にまつわる戦闘エピソードは多い。ドイツ本土上空でドイツ戦闘機の攻撃を受け、四発のエンジンのうち三発までが敵弾に撃ち抜かれて止まってしまったが、残された一発のエンジンを最大回転にしてドーバー海峡の波頭スレスレに飛行しながら基地にたどり着いた話。肉薄してきた敵戦闘機の主翼で胴体の半分を切り裂かれながら基地にたどり着いた話。高射砲弾の直撃を受けて操縦席から前方の全てを失った機体を、重傷の操縦士が操縦し無事に基地の滑走路に着陸させた話。密集編隊のために、上方で投下された他機の爆弾が直下を飛んでいたB17の尾翼に当たってこれを粉砕、そのB17は水平尾翼の操縦索が破壊されたちまち急降下、搭載していた爆弾もろとも爆発してしまった話。等々武勇伝は数限りない。

第8航空軍爆撃航空団のB17がドイツ本土爆撃のために出撃した総機数は実に二〇万八六五二機に達している。そしてこの膨大な数のB17がドイツ本土に投下した爆弾の総量は四八万八三六六トンに達した。これはアメリカ爆撃航空団が使用した二二七キログラム標準爆弾換算で実に二一五万発に相当する量である。

これだけの出撃の陰でドイツ本土上空でドイツ戦闘機や高射砲によって撃墜されたB17は三一五四機（全出撃機数に対する損害率一・四パーセント）で、その他に激しく被弾して基地にたどり着く直前に基地付近で墜落したり、かろうじて基地にたどり着き着陸したが、機体はほとんどスクラップ同然になり、修理不能で処分されてしまった機体などが合計一五三四機に達している。

第8航空軍爆撃航空団のB17の直接戦闘による損害は実に四七〇〇機に達し、そのために命を失った搭乗員は一万名を超えたのであった。

敵地上空で失われたB17が多かっただけに、中にはドイツ国内に不時着した機体も相当数

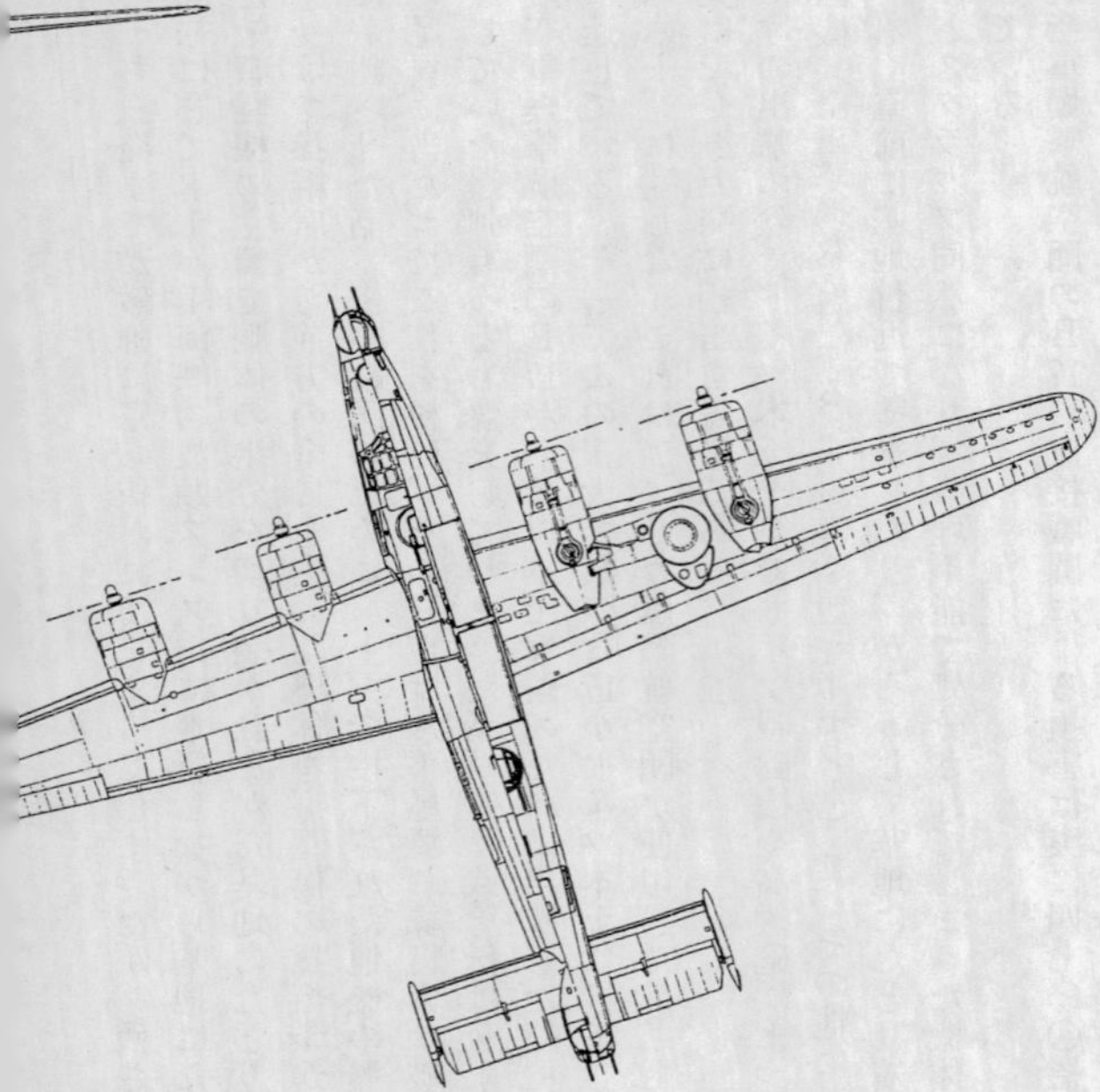

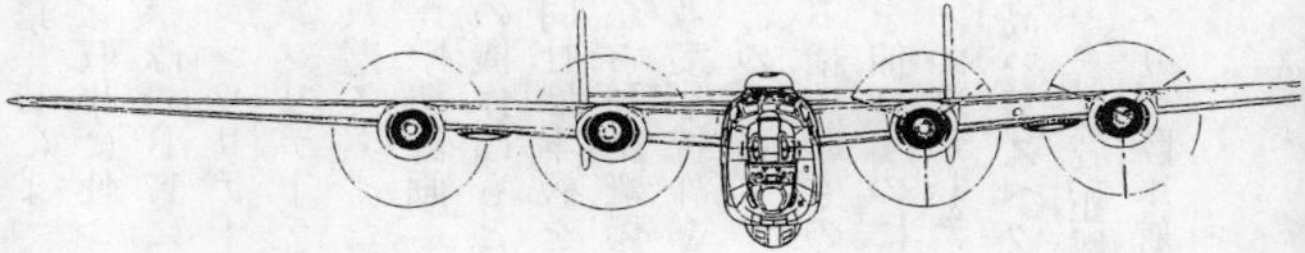

第16図　B24J

全　幅	33.00m
全　長	20.10m
全備重量	29510kg
エンジン	プラット&ホイットニーR1838-65　1200馬力×4
最高速力	464km／h
実用上昇限度	8400m
航続距離	5960km
武　装	12.7mm×10
爆弾搭載量	4000kg

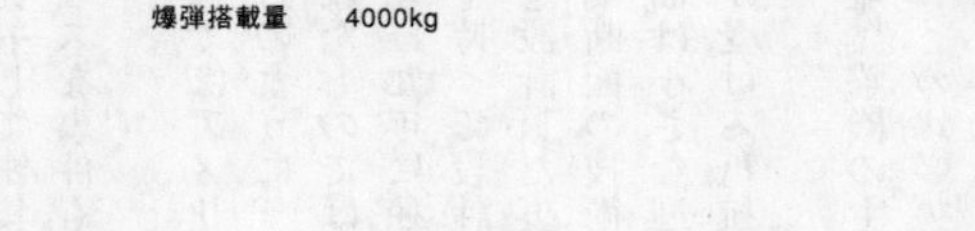

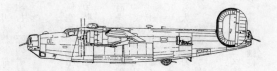

に上った。ドイツ側はこれらの機体の中から十分に再飛行に耐えられる機体を修理し、ドイツ人搭乗員によって飛行させ、来襲するB17の編隊の中に紛れ込ませてアメリカ爆撃航空団の情報収集に使ったり、突然装備された全ての機銃を発射して密集編隊を組む実際のアメリカ爆撃隊のB17に損害を与えたりという、一見ユーモラスな事件も起きていた。

(2)コンソリデーテッドB24四発重爆撃機

コンソリデーテッドB24はB17と共にヨーロッパ戦線ではアメリカ爆撃航空団の戦略爆撃機の双璧であった。しかしこの爆撃機の生い立ちはB17のように、アメリカ陸軍が提示した次期爆撃機計画「プロジェクトA」に基づいて開発されたものではない。

この機体はもともとはコンソリデーテッド社が、一九三九年に独自で設計を始めた爆撃機で、同社は本機を長距離爆撃機という明確な設計目的を持って設計を行なっている。同社が当初から長距離爆撃機という明確な目的をもって本機を設計した裏には、同社のデービス技師が考案し特許を取得した長距離大型機に適合する主翼断面の技術を持っていたからであった。この主翼はデービス翼と呼ばれるもので、主翼断面は小さな迎え角でも大きな揚力が得られる構造のもので、巡航速力で飛行するときに主翼が受ける抵抗が少なく、結果的に航続距離を伸ばすのに有効と結論づけられた。

コンソリデーテッド社は新しく設計を開始した長距離爆撃機の主翼に、このデービス翼断面と高いアスペクト比（主翼の全幅と主翼の弦長の比率。この比率が高いほど、つまり細長い主翼であるほど長距離飛行性能が勝ってくる）を持った主翼を採用した。

アメリカ陸軍航空隊はこの斬新なアイデアの長距離爆撃機に興味を示し、陸軍航空隊向け

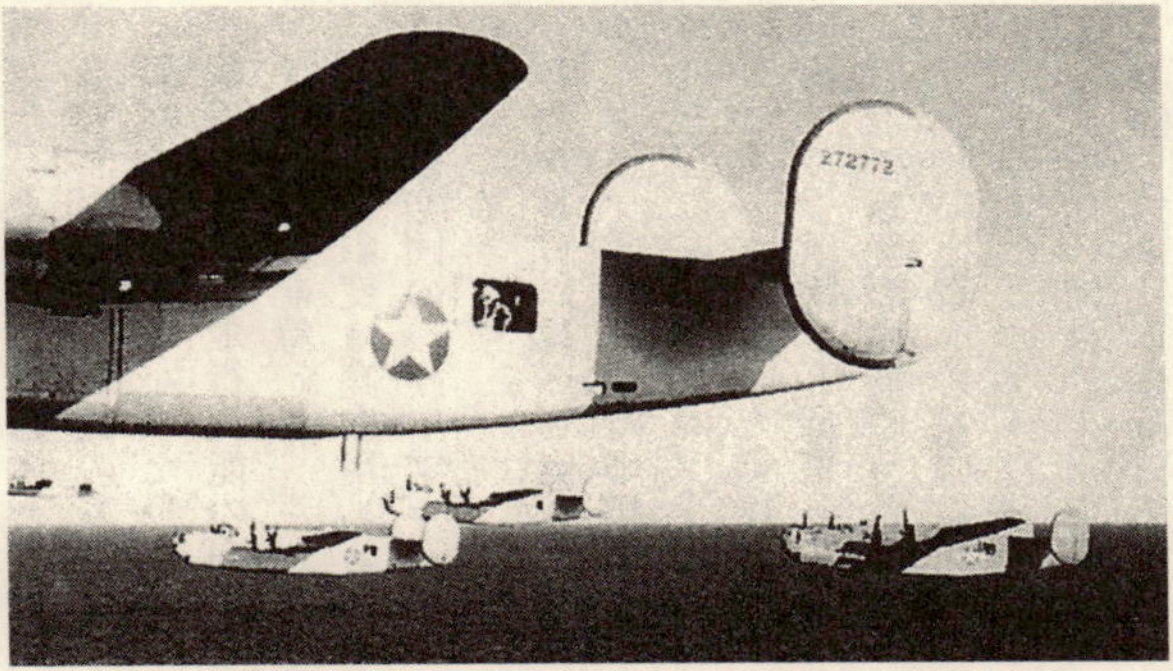

編隊で飛行中のB24

の四発重爆撃機としてコンソリデーテッド社にＸＢ24の呼称で試作機の製作を急がせた。

陸軍航空隊としては、すでに少数ではあるが生産が開始されているボーイングＢ17ＣやＤに続く第二の重爆撃機として開発を急がせたかった。

ＸＢ24の試作は順調に進み、一九三九年十二月には初飛行に成功している。ＸＢ24は外観はもとより性能面でもＢ17とはかなり違っていた。

ＸＢ24を開発したコンソリデーテッド社はもともと飛行艇メーカーとして知られていた。したがって同社は大型の陸上機を開発するのはこのＸＢ24が初めての経験であり、同機の機体設計にも必然的に飛行艇のイメージや経験が取り入れられていた。完成したＸＢ24を一見すれば、縦長の矩形の断面形状の胴体や肩翼式に配置された主翼の姿などは明らかに飛行艇の姿を彷彿させる。事実ＸＢ24の外形はこの機体より二年前に試作機が出現していた、海軍のコンソリデーテッドＸＰＢ２Ｙとよく似ており、Ｂ24のトレードマークともなった巨大な双垂直尾翼などはＸＰＢ２Ｙのものとほとんど同じ形状と寸法であった。そして深い胴体と肩翼式のスタイルのために、XB24は四発重爆撃機としては世界で最初となる前車輪式の着陸装置を採用することになった。

最初の量産型となったD型からは、エンジンにはB17と同じ排気タービン付きのエンジンが採用され高空飛行性能の向上を図ったが、D型の最高速力はB17よりも早く時速四九〇キロメートルを記録した。

実用上昇限度は高空用エンジンを装備しているために八五四〇メートルを維持し、イギリス爆撃航空団のハリファックスやランカスターよりも一五〇〇～二〇〇〇メートル高空を作戦高度にできた。

B24がB17に比べて実戦面で優れていたことは航続距離が長かったことであった。事実B24はドイツ本土爆撃時の標準爆弾搭載量であった二・四トンの爆弾を積んだときの、その行動半径は二〇〇〇キロメートルに達し、B17の一六〇〇キロメートルより長距離の爆撃行に有効であった。このためにB24はヨーロッパ戦線よりも長距離爆撃行を必要とされる太平洋戦線で多く活躍する結果となった。

B24の長距離性能の良さは明らかにデービス翼の採用の結果であったが、実戦面では細長いがために主翼への被弾に対しては、主翼が折れやすく撃墜される例が多かったとされている。ちなみにこのような状態に陥ったときには、被弾した機体は直ちに垂直キリモミ状態に入り、機体の回転による遠心力で搭乗員は機外に脱出することはほとんど不可能であった。

B24も対ドイツ爆撃行の戦訓から防御火器の強化が続き、一九四三年末頃から実戦に登場したG型からは、機首、胴体背部、機尾、胴体腹部の四ヵ所に一二・七ミリ連装動力銃塔が装備され、胴体後部両側面にはそれぞれ一二・七ミリ機銃一梃が装備されるという、B17と同じく機銃のハリネズミのような重武装爆撃機に変身している。

B24は一九四一年に最初の実戦用機体D型が量産に入って以来、一九四五年六月の生産終了までの四年間に実に一万八一八一機が量産された。これは双発以上の全ての軍用機や民間機の一機種当たりの量産記録である。

B24の多くはビルマや中国戦線を含み太平洋戦線や、北アフリカを基地とする地中海戦線で多く使われたために、第8爆撃航空団での使用実績はB17ほど多くはない、それでも一九四三年九月から戦争終結までの一年八ヵ月の間に八万五二二五機が出撃し、合計二〇万九七四トンの爆弾をドイツ本土に投下している。これはB17の四〇パーセントに相当する。

この間に撃墜されたB24の総数は一〇七一機で、この他に二五五五機のB24がB17の場合と同じく基地直前で力尽きて墜落したり、帰還はしたが損害状況が激しくスクラップ処分を受けた機体で、B24もB17に劣らずドイツ本土爆撃の主力として活躍したことが証明されるのである。

激闘の予感

カサブランカ会談の結果、アメリカ第8航空軍爆撃航空団とイギリス空軍爆撃航空団の間でくすぶり続けていたドイツ本土の爆撃に関する姿勢は、アメリカ爆撃航空団の昼間爆撃とイギリス爆撃航空団の夜間爆撃の二本立てで今後実行されることと決定し、その中に会談で決定された爆撃目標の優先順位を織り込むことになった。

しかしイギリス空軍爆撃航空団としては、爆撃目標の優先順位が決定されはしたが、従来の夜間無差別爆撃の区域の中に重点目標を加えるだけのことで、従来の爆撃方法と大きく違うことはなかった。ただイギリス空軍爆撃航空団はあくまでも自分たちがそれまで実施してきた都市広域爆撃に固守し、爆撃目標としては下位の順位に入る都市に対する無差別爆撃を一層強化し、報復手段としてドイツ人の恐怖心をあおることを優先させた。

一方アメリカ爆撃航空団は、会談の決定に忠実に爆撃目標優先順位に従って昼間精密爆撃を行なう計画であった。ただアメリカ爆撃航空団としてはドイツ本土爆撃を開始することにはやぶさかではないが、一九四三年一月現在の爆撃航空団の戦力はわずかに四個グループ、定数でも一〇八機の重爆撃機しか保有していないことが問題であった。

予想される爆撃精度から逆算しても、所定の効果を上げるためには最低限実動一五〇機の重爆撃機が必要であり、搭乗員も激戦の疲労度を考えれば一機当たり二組の搭乗員チーム、つまり三〇〇チーム、合計三〇〇〇名（B17もB24も搭乗員は一〇名）の搭乗員を至急送り込んでもらう必要があった。しかし一九四三年二月一日現在の爆撃航空団のB17の出撃可能機数は、定数一〇八機に対し八四機で、搭乗員チームは七四チームしか存在しなかった。つまり機体の補充は何とかつくものの搭乗員は搭乗機の撃墜などによって漸減し補充もままならず、爆撃航空団としての戦力は低下していたのである。

イーカー司令官の悩みはドイツ本土爆撃を決定しながら、思うように爆撃航空団の戦力が拡充されないことで、結局はこの少ない爆撃機でとりあえずのドイツ本土爆撃作戦を決行せざるを得なかった。そして爆撃航空団への新しい爆撃機グループの到着と搭乗員のある程度満足できる補充は五月中旬まで待たねばならなかった。

一九四三年五月中旬の時点でのアメリカ爆撃航空団の戦力は、B17装備の爆撃機グループが七個、B24装備の爆撃機グループが一個、合計の爆撃機戦力は二一六機に増加した。これによって爆撃航空団は本格的な戦略爆撃が行なえる二〇〇機の出撃が可能になった。

その後、第8航空軍爆撃航空団への爆撃グループの配備は急ピッチに進みだし、六月末にはB17装備のグループが一一個、B24装備のグループが二個に増え、合計戦力は三五一機に強化、十月末時点ではB17装備のグループが一四個、B24装備のグループが二個、合計戦力は四三二機に強化された。

アメリカ爆撃航空団は当面は戦力不足のまま爆撃優先目標に従ってドイツ本土の爆撃を開始せざるを得なかった。そして一九四三年一月二十七日、機数が充足されない中でB17とB24合計六四機によって、アメリカ爆撃航空団最初のドイツ本土爆撃が決行された。

この日、六四機の四発重爆撃機はドイツ本土ブレーメン市近郊に所在する潜水艦を建造するブレーマー・フルカン造船所を爆撃する予定であった。しかしこの日のブレーメン市付近の上空は厚い雲に覆われ爆撃ができず、第二目標であるヴィルヘルムスハーフェンのドイツ潜水艦基地爆撃に向かったがここも厚い雲に覆われており、結局は推定で爆弾を投下したが爆撃効果はゼロという結果に終わった。

次のドイツ本土爆撃は天候の回復と機体の充足を待ち三月十八日に決行された。この日の爆撃目標はフェゲザックの航空機工場で、B17とB24の出撃可能機の全機九七機で出撃したが、目標上空は快晴で高度七五〇〇メートルからおよそ二三〇トンの爆弾が投下され、爆弾命中精度は予想どおりの高いものとなったがドイツ戦闘機の激しい反撃を受けた。その結果多数の被弾機を出したが撃墜されたのは二機だけですんだ。

四月十七日、五個グループに増えた戦力の中から一一五機のB17とB24がブレーメン市近郊のフォッケウルフ航空機工場を襲った。

この日のドイツ戦闘機の迎撃はこれまでにないほどの激烈さであった。爆撃隊は一六機を撃墜され多数が激しく被弾しながらも基地に帰投した。この日の爆撃隊の損害率は一四パーセントに達し、第8航空軍爆撃航空団始まって以来の最悪の損害となった。

五月末までに爆撃グループが大幅に増強されたために多数出撃が可能になったが、多数出撃のメリットは爆撃の破壊力が拡大されることもあるが、護衛戦闘機なしの状態でドイツ本土に進撃する爆撃機にとっては、密集した編隊をより多く構成できるために、防御火力がより密集されることになり、攻撃してくる敵戦闘機に対してより濃密な機銃弾幕を張ることができ、爆撃機の損害をより低く押さえることができる「可能性」が増すわけであった。

六月二十二日、訓練を終了した多くの爆撃グループを含め、合計二三五機のB17とB24がウルム市に集中している合成ゴム工場群の爆撃に出撃した。

この日も爆撃機の大編隊は強力なドイツ戦闘機の待ち伏せに遭遇した。そして一六機が撃墜され多数の機体が機関砲弾に引き裂かれながらも何とか基地に帰還した。損害率六・八パーセントは許容範囲を超えていた。

アメリカ爆撃航空団のドイツ本土に対する爆撃が次第に強化されている状況に対し、ドイツ空軍も昼間爆撃に対する防空体制の強化を図った。具体的には一九四三年六月頃からドイツ国内はもとよりフランスやベルギー、オランダなどの爆撃機の侵入ルート付近には、新たに編成された昼間戦闘機部隊ばかりでなく、東部戦線から引き抜いた精鋭の戦闘機部隊までが配置され、ドイツ空軍はアメリカ爆撃機に対し常時二〇〇機以上の戦闘機で迎撃できる体制を整えた。

六月三十日のキールの潜水艦基地爆撃には一四五機のB17が出撃したが、過去最大の被害である一九機のB17が撃墜された。その後、爆撃隊の戦力の充足と共にドイツ本土爆撃の頻度も高くなっていったが、予想どおり損害の状態も尋常ではなかった。

七月十七日	爆撃目標：ハンブルグの航空機工場	出撃三三二機	損害二〇機
二十五日	爆撃目標：キールの潜水艦施設	出撃三二〇機	損害二九機
二十六日	爆撃目標：ハノーファーの航空機工場	出撃二九二機	損害一八機
二十八日	爆撃目標：カッセルの航空機工場	出撃三〇二機	損害二五機
二十九日	爆撃目標：ヴァルネミュンデ航空機工場	出撃二四九機	損害一〇機
三十日	爆撃目標：カッセルの航空機工場	出撃一八六機	損害一二機
八月十二日	爆撃目標：ドルトムントの航空機工場	出撃二四三機	損害二五機

これら七回の出撃だけでも合計一九二四機が出撃し、一三九機が撃墜されており、撃墜率は七・二パーセントと爆撃航空団の許容する損害率の限界四パーセントを大きく超えていた。しかも爆撃航空団にとって手痛い損害となったのは、訓練を積んだ搭乗員の一三一九人が失われたこと（一部は落下傘で脱出しているがドイツ側の捕虜になった）であった。

爆撃航空団にとっての痛手は機体や搭乗員の損失ばかりではなかった。与圧装置を持たないB17やB24爆撃機では高度七〇〇〇メートル以上での飛行のために気圧の急変や長時間の低気圧の中で凍傷の発生や、さらには酸素欠乏のために搭乗員への身体的な負担が重なり、搭乗困難な搭乗員も次第に数を増し始めた。また激烈なドイツ戦闘機との戦闘で恐怖と緊張で精神に異常を来す搭乗員も回を重ねるごとに増加し始めたことであった。

しかし戦争には「待った」はなかった。このような厳しい状況の中で爆撃航空団としてはスケジュールにのっとりドイツ本土爆撃を遂行しなければならず、さらに激しい爆撃作戦を続けなければならなかったのである。

第５章　イギリス空軍爆撃航空団のドイツ都市無差別爆撃

戦略重爆撃機の充足と夜間都市無差別爆撃

イギリス空軍爆撃航空団のハリス司令官はカサブランカ会談の決定事項がある中で、従来どおりのドイツ都市に対する無差別絨毯爆撃を続ける意向であった。彼にしてみれば夜間爆撃では昼間爆撃のような精密爆撃ができる訳ではなく、これまでの爆撃方法を続ける中で、目標都市の中に爆撃優先順位に含まれる目標が含まれていればそれでよかった。彼にしてみればカサブランカ会談の結果は、イギリス空軍爆撃航空団が従来どおり夜間爆撃を行なえるというお墨付きをもらっただけのことで、夜間爆撃ではできない爆撃優先順位に従った特定目標の爆撃などを忠実に実行する意志はなかった。

一九四三年一月の時点で、イギリス空軍が待ち望んでいた三機種の大型戦略爆撃機（スターリング、ハリファックス、ランカスター）も出揃い、量産も順調に進みはじめていた。

これらの三機種の重爆撃機はライバルでもあるアメリカ陸軍の重爆撃機Ｂ17やＢ24のように排気タービン付きエンジンも装備していないために高空は飛べず、作戦高度も六〇〇〇

～六五〇〇メートル程度で、おまけにライバル爆撃機のような強力な武装も施されていない。ただライバル爆撃機に比べて著しく勝っていることは、それらの爆撃機に比べ一機当たり二倍ないし三倍の大量の爆弾を搭載できることであった。

イギリス空軍爆撃航空団は、夜の闇に紛れてこの大量の爆弾を大編隊で都市にバラまき、ドイツの都市機能と住民生活を根こそぎ破壊し、その中で生産施設も破壊することに爆撃航空団の存在意義を見出していた。

イギリス空軍の爆撃機には確かにノルデン精密爆撃照準器は装備していなかった。しかし彼らは大編隊を正しく「目標地点」に誘導し爆弾を投下すれば、特定爆撃目標も含んだ正確な地域爆撃ができるとして爆撃機の誘導システムの開発に心血を注いだ。そしてその中で開発されたのが「ジー（GEE）」や「オーボエ（OBOE）」爆撃機誘導システムであった。

一九四三年三月現在、イギリス空軍爆撃航空団は七個グループ（合計六五飛行中隊で編成）に拡大されており、三月四日時点の爆撃機の戦力は一一七五機であった。その内訳は四発重爆撃機のスターリング一四一機、ハリファックス二三九機、ランカスター三二一機の合計七〇一機で、残りはウエリントン二五八機を含む双発爆撃機であった。

イギリス爆撃航空団は一九四三年三月の時点で、合計七〇〇機に達する四発重爆撃機によって、大規模なドイツ本土夜間爆撃がいつでも行なえる状態になっていた。

この他イギリス空軍爆撃航空団にとって強力な戦力になり始めたのが、高速双発爆撃機のデ・ハビランド・モスキートの爆撃航空団への配備で、すでに一月にはモスキート高速爆撃機だけで編成された三個飛行中隊が爆撃航空団に編入されていた。

デ・ハビランド・モスキート

モスキート高速爆撃機はデ・ハビランド社が独自に開発した全幅一六・五メートル、全長一二・七メートルの全木製の双発機で、液冷のマーリンエンジン（一六八〇馬力）二基を装備し最高速力時速六〇〇キロメートルという、爆撃機としては破天荒ともいえる高速の持ち主であった。

モスキートの搭乗員は操縦士と爆撃兼偵察士の二名だけで、防御用の武装は一切装備しておらず、防御武装の代わりを果たしたのが持ち前の高速力で、敵戦闘機に追跡されても高速で逃げ切る手段を選びこれが成功したのであった。

初期のモスキートの爆弾搭載量は九〇〇キログラム（後のタイプは一八〇〇キログラムに増加）であったが、この爆弾を搭載したときでも行動半径は優に八〇〇キロメートルを超えた。

爆撃航空団はモスキートをパスファインダー部隊の使用機に使う予定で、その場合は爆弾倉内に着色マーカー爆弾を多数搭載する予定になっていた。しかし爆撃航空団はこのモスキートを使って歴史に残る意表を衝く作戦を決行した。

一九四三年一月三十一日、この日はヒットラー政権が樹立されてから一〇周年の記念日に当たっていた。この日の午前中にベルリン市のブランデンブルグ広場ではヒットラー総統を含め、ゲッペルス宣伝相やゲーリング国家元帥などナチス政権の主要幹部が特別ステージの壇上の上で大群集を前にドイツの勝利に向けての演説を行なっていた。

まさにその時、イギリス空軍爆撃航空団第105飛行中隊のモスキート一六機がベルリン市上空に現われ、六四発の二二七キログラム爆弾を投下した。ドイツ空軍の戦闘機が迎撃に飛び立ったが、高速のモスキートを捕らえることはできなかった。そればかりかこの日の午後に再び第139飛行中隊のモスキート一九機が現われ、またもやベルリン市内に七六発の二二七キログラム爆弾をばら蒔き、ドイツ戦闘機の追跡を後目《しりめ》に一目散に西に向かって飛び去ってしまった。

ドイツ空軍総司令官のゲーリングは国民の前でまたもや大失態を演じてしまったのである。勝利の演説を行なったヒットラー総統の面目は丸潰れになり、彼の激怒の矛先は再びゲーリングに向けられ、ドイツ本土の防空体制の不備を彼の責任において罵った。

それにしてもこの爆撃行はいかにもイギリス人らしいユーモアに富んだ演出であったが、これもモスキートという高速爆撃機の存在があったからこそできた奇襲攻撃であった。

イギリス空軍爆撃航空団のドイツ都市に対する本格的な夜間絨毯爆撃は一九四三年三月五日から六日夜にかけてのエッセン市の爆撃でスタートした。

エッセン市はドイツ最大の製鉄会社クルップ社の本拠地であると共に、ドイツの重工業地帯が集中するルール地方の心臓に相当する都市でもあった。

この日の夜、四四〇機の重爆撃機がクルップ製鉄所を中心にした地域爆撃を決行し、合計二二〇〇トンの爆弾を投下した。結果的にはクルップ社の粗鋼と鋼鉄の生産量が一〇パーセント低下しただけで、イギリス空軍が想像するほどの被害ではなかった。しかしその後のイギリス空軍の夜間爆撃にその例が多く見られるとおり、同一目標に対する爆撃は執拗に行なわれ、エッセン市に対する爆撃も、その後六月までに合計五回の爆撃が実施された。エッセン市爆撃に対する延べ出撃爆撃機数は合計二〇二〇機で、合計一万一〇〇〇トンの爆弾が投下された。

エッセン市への爆撃をかわきりに、イギリス空軍爆撃航空団のルール地方の諸都市に対する爆撃は、三月から六月まで続き、イギリス空軍はこの一連の爆撃作戦を「ルールの戦い（Battle of Ruhr）」として、ルール地方のエッセン、デュッセルドルフ、ボッフム、メッツ、アーヘン、ヴッペルタールなど中心的な都市の全てを目標に、繰り返し合計四三回の夜間爆撃を行なった。参加延べ機数は一万八〇〇〇機に達し、投下された爆弾の総量は九万トンにも達したのである。

当然ドイツ軍側の反撃も激しく、高射砲や夜間戦闘機によって爆撃航空団機は合計八七二機を失い、二一二六機が大小の損害を受け、その多くは基地に帰投しながらスクラップ処分され、また多数の搭乗員たちが機上で戦死したり重傷を負った。

イギリス空軍は七月二十五日に再びエッセン市のクルップ社の製鉄所を爆撃した。出撃機は全て四発重爆撃機で、出撃総数六二七機によって合計三六四〇トンの爆弾が投下され、爆撃機二六機が撃墜された。しかしこの猛爆撃を受けながらもクルップ製鉄所の生産が激減することはなく、損害も直ちに修復され半年後には生産量は旧に復してしまった。

このルール爆撃の目標は当然、重工業地帯の生産施設であったが、周辺地域の一般住宅地帯や都市施設にも多大な損害が生じることになった。そしてこの一連の爆撃が次なる悲劇的な都市爆撃の予告となったのであった。

都市爆撃の序章・ハンブルグ大爆撃

ハンブルグ市はベルリンに次ぐドイツ第二の大都市で、ドイツ北部の平原の北端に位置するドイツ最大の商業都市である。ハンブルグ市は北海に注ぐエルベ河の河口からおよそ八〇キロメートル遡った位置にあるが、エルベ河の河幅も広く水深も深いために大型外洋船の航行も自由で、ハンブルグ市はドイツ最大の港湾都市でもあった。

イギリス空軍爆撃航空団はかねてよりケルン市とハンブルグ市に対する大規模な爆撃を計画していた。ケルン市については前年の五月三十日から三十一日の夜にかけての「一〇〇〇機爆撃」の標的にしたが、ハンブルグ市の爆撃はまだ行なっていなかった。

ハンブルグ市を爆撃で壊滅させることはドイツ国民に対し多大な衝撃を与えることが期待され、一九四三年六月に入るとハンブルグ市に対しこれまでにないような大規模の爆撃を実施するために、爆撃航空団内では精密な作戦計画が開始された。

ハンブルグ市の大爆撃は一九四三年七月二十四日から二十五日にかけての夜、その第一回目が決行された。この日の夜、イギリス中部に点在する二〇を超える爆撃機基地から合計七四〇機の四発重爆撃機がドイツに向けて出撃した。この日から翌日の未明にかけてハンブルグ市には二三九六トンの爆弾と焼夷弾が投下された。ここで注目すべきことは爆弾以外に大量の焼夷弾が含まれたことであった。

イギリス空軍が焼夷弾を含ませたのには、ハンブルグ市に大規模な火災を起こさせ同市を徹底的に破壊し、焼土と化させる意味が込められていたからである。

ハンブルグ市は一日おいて七月二十七日から二十八日にかけての夜間、再び大規模な爆撃を受けた。

イギリス空軍爆撃航空団はこの日の爆撃に再び四発爆撃機七三九機を出撃させ、二四一七トンの爆弾をまだ燃え続けるハンブルグ市に投下した。爆撃は翌日の二十九日から三十日の夜も続いた。ハンブルグ市は再び七二六機の重爆撃機に襲われ二三八二トンの爆弾と焼夷弾の攻撃を受けた。ハンブルグ市はすでに全市が五二〇〇トンの爆弾と焼夷弾の連日の攻撃で激しく燃え上がっていた。イギリス爆撃機の大編隊の搭乗員たちは、ドイツに向かう二〇〇キロメートルも手前の上空から、ハンブルグ市が燃え上がっている様子を見ることができた。

二日をおいて八月二日から三日の夜にかけて、イギリス空軍爆撃航空団は再び四二五機の四発爆撃機をハンブルグ市に向けて出撃させた。止めを刺す攻撃で一四二六トンの爆弾と焼夷弾がハンブルグ市に投下され、さらに止めの攻撃の仕上げがアメリカ爆撃航空団のB17による爆撃であった。八月三日の午後、未明にイギリス爆撃機の爆撃を受けたばかりのハンブルグ市に二三五機のB17が来襲し、五六四トンの爆弾が投下された。

ハンブルグ市は一一日間に五回の爆撃を受けた。来襲した爆撃機の延べ機数は二八六五機、投下された爆弾と焼夷弾の総量は九一八五トンに達した。

　連続五回の爆撃を受けたハンブルグ市の惨状は目を覆うばかりで、ハンブルグ市は中心地から周辺地域にかけてほとんど全滅状態であった。損害は各種生産施設や軍施設の壊滅五八〇ヵ所、当時ドイツ国内でも最も発達を遂げていた中層階の大規模集合住宅四万三五八戸が焼失、さらに近郊の一般戸建住宅二七万五〇〇〇戸も焼失してしまった。さらに店舗の焼失二六三二軒、公共建造物の焼失・破壊七六ヵ所、大規模病院の焼失・破壊が二四棟、各種の学校の焼失・破壊二七七棟、教会五八棟、銀行建物の焼失・破壊八三ヵ所で、市民の犠牲者で確認されたものだけでも四万二〇〇〇人を超え、爆撃後に応急に作られた救護施設で大小の治療を受けた市民の数は三万七〇〇〇人を超えた。そしてその規模と設備の充実さでは世界的に有名であったハーゲンベック動物園も壊滅してしまった。

　ハンブルグ市にはこの空襲で市の中心部から近郊にかけて二万七〇〇〇発以上の通常爆弾や時限爆弾が投下され、さらに一万発以上の焼夷弾も同時に投下された。この結果ハンブルグ市の各所には無数の火災が発生した。そして投下され続ける爆弾と焼夷弾によってこれらの火災はさらに大規模に成長し、それらの火災は次第に数ヵ所の更なる大規模な火災に成長していった。そして最終的にはこれらの数ヵ所の大規模な火災はハンブルグ市を覆う一つの巨大な火災（火柱）に成長してしまった。

　このハンブルグ市の大半を覆う火柱には燃焼のために新しい空気が周囲から供給され、その結果、巨大な火柱はさらに成長し、火柱に向かって吸い込まれる大量の空気は秒速一〇〇メートルを超える猛烈な烈風を引き起こし、燃焼は時間の経過と共に激しさを増す一方であ

爆撃後のハンブルグ市

った。

猛烈に燃え上がる火災の中心部の温度は一五〇〇度を超えたものと想像されている。ハンブルグ市の中心部から近郊にかけては巨大な溶鉱炉と化したのである。

すでに消防活動などでハンブルグ市の火災を消火できる状態ではなかった。ハンブルグ市は燃えるもの全てが燃え尽きた後にやっと火災は納まった。

第二次大戦後にこのハンブルグ爆撃によって生じた様々な火災現象について科学的なメスが加えられ、火柱の発生の過程や燃焼メカニズムなどについても研究解析が行なわれた。そしてその後この無数の火柱が次第に収束して一大火柱に成長する火災現象には「ハンブルグ効果」という現象名がつけられることになった。

太平洋戦争の末期の一九四五年三月九日から十日にかけての深夜、東京の下町一帯が二七九機のボーイングB29爆撃機による焼夷弾攻撃を受けたが、このとき投下された焼夷弾の量は一五三五トンに達し、木造建造物を中心とした下町一帯は大火災に見舞われた。

このとき東京の下町一帯にはハンブルグ効果が発生したものと推測されている。この日、爆撃が開始されてから東京下町一帯には猛烈な風が吹き荒れたこと、またその焼け跡から摂氏一三〇〇度以上でないと起こりえない変形したガラス片が多数発見されたこととあわせ、ハンブルグ市ほどではなかったが、ハンブルグ効果と同じ現象の大規模火災が発生していたことは確かであった。

このハンブルグ爆撃に際してイギリス空軍爆撃航空団は初めて「ウインドウ（Window）」という「新兵器」を使った。

「ウインドウ」は長さ三〇センチメートルほどの短冊型の紙片の両面にアルミ箔を張り付けたもので、この寸法はドイツ軍が使用するレーダー波の半波長に合わせて作られている。

爆撃機の編隊の中にウインドウの「束」を搭載した機体を組み入れ、ドイツ側のレーダー探知距離付近からこのウインドウの「束」を断続的に機外にバラ撒くのである。空中に撒き散らされた無数のアルミ箔は風や上昇気流に乗って長時間にわたって空中を漂う。

空中に撒き散らされたウインドウのアルミ箔はレーダー波を反射し、防空隊のレーダー画面は真っ白になり、防空隊は敵機の位置を全く確認できず盲目状態になり、夜間戦闘機の管制も完全に無力化してしまった。

ハンブルグの四夜にわたる爆撃でイギリス爆撃機が投下したウインドウは四〇トンに達し、その数九二〇〇万枚に達した。

この一連のハンブルグ爆撃に際し、イギリス爆撃航空団が失った爆撃機の数はわずかに八七機であった。これは損害率三パーセントで、それまでの数ヵ月間に爆撃航空団がドイツ本土爆撃のたびに被っていた被害率四〜七パーセントより大幅に減少していた。この減少の原因がウインドウの効果で、ドイツ夜間防空陣を大混乱に陥れた結果であることは紛れもない事実であった。

しかしこのウインドウ作戦もハンブルグ爆撃の最中にドイツ側が対策を講じていたことは確かであった。というのは連続四夜の爆撃のうち、最初の三夜については出撃合計二二〇五機に対する損害はわずかに二七機、損害率は二・六パーセントであったのに対し、四夜目は出撃合計四二五機に対し損害は三〇機に達し、損害率は七・一パーセントに急増していることである。

イギリス空軍爆撃航空団としてはウインドウ作戦については早急に何らかの対策を講じる必要に迫られた。また同時に爆撃作戦に対する新たな方法を考えておく必要に迫られたのであるが、当面はウインドウ作戦を継続することにした。

爆撃航空団は八月二十三日、八月三十一日、九月三日の三回にわたり実施したベルリン市の夜間爆撃に再びウインドウ作戦を行なった。しかしこのとき爆撃航空団は合計一八一七機の出撃に対し一二五機を失う結果となり、損害率は再び七パーセントに上昇してしまった。ウインドウ作戦に対しドイツ側が対策を講じていることは明らかであった。イギリス側が何らかの対策をとらねば早晩、再び深刻な損害に直面することは容易に予想された。

ここでイギリス爆撃航空団が打ち出した対策の一つが「陽動爆撃作戦」であった。これは爆撃目標を事前に探知されないために、主爆撃目標に出撃する爆撃機の大編隊とは別に、あらかじめ数ヵ所の副目標を設定し、主爆撃目標に向かうのとは別に、それらの副目標に数十機単位の爆撃機を同時に出撃させる方法である。

これら全ての爆撃機の編隊にもウインドウを搭載させ、敵のレーダー探知限界に達した時点から逐次ウインドウを蒔《ま》くのである。このためにドイツ側は防空夜間戦闘機を出撃させたくとも、あちこちにウインドウの反射が確認され、どの区域に戦闘機を出撃させるべきか迷わされ、結果的には夜間戦闘機を分散させてしまう効果が生まれ、主爆撃編隊の損害を少なくする可能性が生まれてくるのである。

この「陽動爆撃作戦」は効果を示したが、その一方で爆撃航空団としては絶対的な破壊力の増大を狙い、爆撃航空団所属の全飛行中隊の爆撃機配備定数を増加することにした。

一方爆撃機の損害を減少させるための方法として、ウインドウとは別に電波を使ったドイツ夜間戦闘機隊の指揮系統の攪乱を狙った作戦も検討しこれを実行に移した。

この電波を使った攪乱作戦は次のように展開された。

爆撃機航空団の中に新たに、爆撃作戦を様々にサポートすることを任務とする飛行中隊を編成し、その中に「ABC（Airborne Cigar）装置」を装備した爆撃機を数機配備した。この装置を装備した爆撃機の胴体背部には前後に二本の高いアンテナが装備されていたのですぐに識別できた。

さらにこの機体の内部には高性能な無線送受信装置が装備され、ドイツ語に堪能な隊員が搭乗していた。この機体と彼らの任務は次のようなものであった。

出撃する爆撃機の大編隊の中に、この特殊な装備を施し特殊な任務を帯びた隊員が搭乗した爆撃機を一機組み入れる。この特殊な爆撃機の中では特殊任務の隊員がドイツ空軍側が発信する、大編隊の迎撃に向かうドイツ戦闘機隊の管制無線を聞き耳を立てて傍受している。そして戦闘機隊のあちこちの基地で夜間戦闘機の出撃が開始される頃を見計らって、やおら搭乗しているドイツ語に堪能な特殊任務の隊員がマイクに向かい、出撃を開始した戦闘機に向かって来襲する爆撃機に関して全くデタラメな情報を次々と流すのである。

当然、戦闘機のパイロットと本物の管制官との間には悶着が起きるが、この会話の中にドイツ語に堪能な特殊任務の隊員の情報が割り込み、戦闘機と管制官との間に大混乱を起こさせ、戦闘機は全く敵機の編隊が存在しない空域に迎撃に向かってしまうのである。

ＡＢＣ装置を搭載した爆撃機から発信される電波は、ドイツ戦闘機管制に使われる電波と同一周波数で行なわれ電波出力も全く同一に設定され、爆撃機に装備されたアンテナから発信されたのである。

イギリス側はドイツ側が妨害電波に対する対策として女性管制官を使うことも予想し、この妨害電波作戦を開始するに際し、すでにドイツ語に堪能な女性隊員の養成まで完了していた。

この妨害電波作戦は一九四三年十月二十二日から開始され、かなりの効果を発揮したことが確認されている。しかしイギリス爆撃航空団が夜間爆撃のつど被る甚大な損害を、大きく減らすまでには至らなかった。

ベルリン大爆撃

ハンブルグ大爆撃後、イギリス空軍爆撃航空団のドイツ都市無差別爆撃はいよいよ勢いを増し、それまでルール地方の大都市中心であった爆撃目標は、次第にドイツ本土中央部へと広がっていった。

一九四三年八月十七日夜、五九七機の四発重爆撃機がペーネミュンデを爆撃した。ここペーネミュンデはバルト海に面した小さな町であるが、ここには大規模なドイツ航空技術開発に関わる研究施設が置かれており、まさにドイツ空軍の技術開発の中枢であった。

ここでは最新航空技術を駆使した各種のエンジンや航空兵器などがテストされていたが、その中でも際立っていたのがジェットエンジンとロケットエンジンの開発であった。

この時から一年後に実戦参加の準備に入ったメッサーシュミットＭｅ262ジェット戦闘機や、一九四五年一月から実戦参加したＭｅ163ロケット戦闘機などは、ここペーネミュンデで試験飛行が繰り返され、またこの頃には対英報復兵器であるＶ1飛行爆弾や、大陸間弾道弾の始祖でもあるＶ2ロケットの開発が盛んに行なわれていた。

イギリス空軍爆撃航空団の各飛行中隊の使用機は、一九四三年十月現在ではほとんどが四発重爆撃機に置き換えられていた。その内訳はスターリング重爆撃機装備が九個中隊、ハリファックス重爆撃機装備が一三個中隊、ランカスター重爆撃機装備が二八個中隊の合計五〇個中隊に達し、可動四発重爆撃機は一〇〇〇機を超えていた。

イギリス爆撃航空団はこの爆撃機の大軍団を使い、いよいよドイツ心臓部のベルリン爆撃を始める準備に入った。

ベルリン市とその周辺はもともと大規模な工業地帯が発達しているところではなく、イギリス空軍爆撃航空団が狙うものはナチス・ドイツの聖域であるベルリン市に、ハンブルグ市と同じような恐怖の大爆撃を加え、ドイツ国家指導者へ屈辱の圧力を加えると共に、ドイツ国民に対して厭戦気分を培養することであった。

このベルリン爆撃に対する爆撃航空団の方針は、ハンブルグ爆撃よりもはるかに規模の大きな爆撃を加えようとすることで、一九四三年十一月中旬から翌一九四四年三月末にかけて、毎回五〇〇機以上の大編隊を二〇回程度送り込み、ベルリン市内に三万トン前後の爆弾や焼夷弾を投下し、同市を壊滅させようとするものであった。

ベルリン市連続爆撃は一九四三年十一月十八日の夜に火蓋が切られた。この夜、五四〇機の重爆撃機がベルリン市上空に来襲し二二〇〇トンの爆弾と焼夷弾が投下された。

以後翌年三月二十四日までに断続的に一五回の爆撃が繰り返されたが、来襲したイギリス空軍の重爆撃機の延べ機数は九一一一機、投下された爆弾と焼夷弾の総量は三万八三〇〇トンに達した。この爆弾と焼夷弾の量は、イギリス空軍の標準爆弾である二二七キログラム爆弾に換算して実に一七万発という膨大な量であった。

このベルリン爆撃では爆撃作戦のたびに陽動出撃が行なわれ、他の都市の爆撃も同時に行なわれたが、その出撃延べ機数は二三四九機に達している。

イギリス空軍爆撃航空団が全戦力を投入して行なったベルリン爆撃の結果は、ドイツ側からみれば決定的なダメージを受けたと言えるものではなかった。

この大規模な爆撃によってベルリン市内の主要な建造物や施設は大きく破壊されたが、ハンブルグ市のように市を完全に廃墟にし、都市機能を完全に失わせることはできなかった。

当時ベルリン市の人口は四〇〇万人とされていたが、この爆撃で最も大きな被害を被ったのは一般住民の住宅で、多数の集合住宅や戸建住宅が破壊炎上してしまったが、罹災した住人たちは間借り生活や近郊への疎開で対処していた。

確かに一時的ではあるが住宅問題やインフラ、あるいは生活に必要な様々なサービス業務が一時的にマヒはしたが、救護体制や食料の配給体制など市民生活の根幹に関わるサービスは、毎回の爆撃直後から整備されていたのである。組織的な活動に徹底さを示すドイツ人なればこその対応であったと言え、結局はベルリン市は健在のままとなった。

ベルリン爆撃を決行するに先立ちハリス司令官はチャーチル首相に対して、「もしアメリカ爆撃航空団がこの作戦に共同参画してくれるのであれば、イギリス爆撃隊の損害は大幅に減らすことができ、ドイツに対して決定的な打撃を与えることができるであろう」と語っていたことが伝えられている。

しかし当時のアメリカ爆撃航空団の実態は一九四三年十月の大打撃から十分に立ち直っておらず、イギリス空軍に協力する爆撃航空団としての戦力的な余裕は全くなかったのである。

イギリス空軍爆撃航空団のベルリン爆撃の間に受けた損害の合計は四九二機であったが、爆撃作戦開始時点と終了時点では損害の状態が全く違っており、終盤期には出撃ごとの損害率は極めて危険な状態に達しており、実際には爆撃作戦の続行が危ぶまれる状態にまでなっていたのであった。

ベルリン爆撃に際して爆撃航空団としては「ＡＢＣ」や「ウインドウ」あるいは「陽動爆

撃」など、ドイツ夜間防空戦闘機の活動を阻害するための様々な工夫を凝らしたが、ドイツ側は一時的な混乱は起こしたものの次第に立ち直り、それどころか高射砲隊や夜間防空戦闘機隊の増備を行ない、イギリス爆撃隊は次第に爆撃行に危機感を覚えるようになっていった。それというのは、第一回のベルリン爆撃では出撃した五〇四機中で未帰還機の数はわずかに九機（損害率一・七パーセント）であった。そしてこの状態がしばらく続いた後に損害率は次第に増し始め、一九四四年一月に入る頃から損害率は急増を始めた。一月二十一日には出撃した六四八機中で未帰還機は五五機（損害率八・五パーセント）に達し、最後の三月二十四日の出撃では、出撃した八一一機の中で未帰還機は七二機（損害率八・九パーセント）を数えたのである。

損害の増加はこのベルリン爆撃だけではなかった。ベルリン爆撃の最中にイギリス空軍爆撃航空団はその他の大都市に対しても大編隊による爆撃を同時進行で行なっていたが、その中でも大損害が目立ち始めていた。

一九四四年二月十九日の夜、ベルリン市の南一五〇キロメートルにあるライプチヒ市の爆撃が行なわれたが、出撃した八二三機中実に七八機（損害率九・五パーセント）がドイツ夜間戦闘機と高射砲によって撃墜された。さらに三月三十日夜のドイツ南部のニュルンベルク市の爆撃では、出撃七九五機中実に九四機（損害率一一・八パーセント）が撃墜されるというイギリス空軍爆撃航空団始まって以来、最悪の損害を被った。

ニュルンベルク市周辺地域は一九四三年八月以降、アメリカ爆撃航空団が集中的に戦略爆撃を展開していた地域であり、ドイツ防空戦闘機隊は昼間や夜間を問わず、強力な戦闘機隊をニュルンベルク周辺に集中的に配置し、厳重な迎撃体制をとっていた地域であった。つまり夜間とはいえ防御火力の弱いイギリス重爆撃機隊は、まさに「ハチの巣」の中に飛び込んでしまう結果となったのであった。

イギリス爆撃航空団は一九四四年三月には、わずか一ヵ月に三二〇機の四発重爆撃機を撃墜されるという、一ヵ月間の損害としては戦争勃発以来、最悪の記録を残すことになった。これは一ヵ月間で四発爆撃機飛行中隊およそ一二個が消え去ることを意味し、二二〇〇名以上の訓練された搭乗員を失う結果となったのである。

この大損害のためにイギリス空軍爆撃航空団の大編隊による出撃回数の頻度は、しばらくの間、間遠くなった。それと同時に夜間爆撃の編隊に夜間戦闘機を適宜随伴させる方針を固め、イギリス空軍戦闘機航空団との間で作戦計画が練られた。

第6章　アメリカ爆撃航空団の激闘

爆撃目標「シュヴァインフルト」

ボールベアリングは回転運動を伴う全ての近代的機械装置には欠くことのできない部品である。大小各種のエンジンの回転軸受、車輪の回転軸受、爆撃機の動力銃座の回転部分等々、およそ回転を伴う装置にはボールベアリングが不可欠な部品である。ボールベアリングの種類は直径数ミリから直径数センチメートルまで様々で、その形状は真の球体である。そのためにこの球体の製造技術と生産施設はまさに精密工業の代表でもあった。

もしボールベアリングがなければ飛行機も戦車も装甲車も機関車も、全て動かすことはできない。つまりボールベアリング製造工業こそ軍需産業の頂点に立つ存在であった。それだけに第二次大戦が勃発した当初より、イギリスはドイツのボールベアリング産業についての実態調査には心血を注いでいた。一方アメリカも参戦直後からドイツのボールベアリング産業について集中的な調査を行なっていた。そしてカサブランカ会談の席でドイツに対する戦略爆撃の目標順位を設定したときに、ボールベアリング産業が第一番の爆撃目標に決定したのは当然の結果であった。

実はイギリスはボールベアリング製造施設に被害を受けたときの影響の重大さを、すでにバトル・オブ・ブリテンでの爆撃で身を持って経験していたのであった。

バトル・オブ・ブリテンの最中に、ドイツの爆撃機の編隊がロンドンの北東五〇キロメートルにある、チェルムスフォードのボールベアリング工場を爆撃した。

爆撃を受けたボールベアリング工場は、有名なロールスロイス社のエンジン生産部門に集中的にボールベアリングを供給していた生産施設であり、ロールスロイス社は甚大な被害を被ることになった。ロールスロイス社はここで生産されるボールベアリングを使って、イギリスの主力戦闘機であるスピットファイアやハリケーン戦闘機等に搭載するマーリン・エンジンを生産していたが、この被害によってエンジンの供給は急減し、当時供給が急がれていたスピットファイア戦闘機の生産が大きなダメージを受けるという苦い経験を持っていた。

ロールスロイス社はその後エンジンの量産体制を復興させたが、需要の増大に対処できにくくなったことと被害の経験から、ロールスロイス・エンジンの生産を、アメリカのパッカード社と協定して量産の分散体制をとることになった。

この苦い経験からも、ボールベアリング生産施設の破壊は戦略爆撃の対象として筆頭に上げられるべきものであり、カサブランカ会談でもドイツ戦略爆撃目標の第一位に掲げられたのは当然であった。

ドイツのボールベアリング産業の六五パーセントは、ドイツ南部のシュヴァインフルトという中規模な都市に集中していた。シュヴァインフルトは人口五万人ほどの街で、ボールベアリングばかりでなくその他の精密産業の各種工場も集中している静かな街であった。

シュヴァインフルトはイギリス本国の爆撃機基地からは東南に直線距離で約八五〇キロメートルの地点にあり、アメリカ陸軍航空団のB17やB24重爆撃機が、標準的な二・五トンの爆弾を搭載した場合でも十分に行動半径以内にあった。

シュヴァインフルトのボールベアリング工場群を爆撃するのはイギリス空軍爆撃航空団で行なうべきか、あるいはアメリカ爆撃航空団が行なうべきかについては議論の種となっていた。全行程が敵地でしかも途中で強力なドイツ防空戦闘機隊の反撃が予想されるこの爆撃行は、一回の爆撃行で決定的な効果が得られなければ今後味方の犠牲が増える一方であることが予想された。そのために当然の結果としてシュヴァインフルト爆撃は、アメリカ爆撃航空団による昼間精密爆撃で実施されることになった。

もちろんシュヴァインフルト爆撃については当初からイギリス空軍爆撃航空団としては消極的であった。というのはシュヴァインフルトまでの行程は、ドイツ国境を超えてからは山岳地帯上空の飛行が続き、目視飛行で行なう夜間飛行で規模の大きくないシュヴァインフルトの街を見つけだすことは、特に大編隊の爆撃機群を引き連れての飛行であれば余計に難しい、というのがイギリス空軍側の言い分であった。このことだけでもアメリカ爆撃航空団にシュヴァインフルト爆撃の任務のお鉢が回ってくるのは当然であった。

アメリカ爆撃航空団内でシュヴァインフルト爆撃計画が検討されている段階で、新たな目標をシュヴァインフルト爆撃隊とは別の隊が同時に爆撃すべき、という結論が出された。新たな爆撃目標はシュヴァインフルトのさらに東南方向一八〇キロメートルの地点にあるレーゲンスブルグ市で、情報によるとこの周辺にはドイツ戦闘機の生産施設の四八パーセントが集中していることになっており、この二つの爆撃目標はまさにドイツ戦略爆撃の最重点目標に相当したのだ。

一九四三年七月初め現在のアメリカ爆撃航空団の戦力は、B17装備の爆撃グループが一五個で出撃可能機数は三〇〇機。B24装備の爆撃グループが三個で出撃可能機数は六〇機の合計三六〇機であった。

爆撃航空団の当初からの爆撃目標はあくまでもボールベアリング生産施設の爆撃であり、戦闘機生産施設の爆撃はこの際は副次的なもので、シュヴァインフルト爆撃を何としても成功させる必要があった。そこで爆撃航空団はシュヴァインフルトの爆撃を成功させるために、レーゲンスブルグ爆撃を囮（つまり陽動作戦）として使う作戦計画を練った。

シュヴァインフルトに達するまでの八五〇キロメートルは完全にドイツ空軍の制空権下にあり、特に後半の約四〇〇キロメートルは完全にドイツ本土上空の飛行であった。

当時イギリス空軍の第一線戦闘機であったスピットファイア戦闘機の行動半径は三〇〇キロメートルにも満たず、とうていこの爆撃行の全行程を援護できる戦闘機ではありえなかった。またアメリカ第8航空軍の戦闘機航空団が一九四三年四月から使用を開始したリパブリックP47戦闘機も、初期のB型やC型であったために行動半径は三二〇キロメートルと短く、自軍の爆撃機の全行程の援護はとうてい無理であった。

つまりシュヴァインフルト爆撃に向かうB17やB24重爆撃機は、ドイツ国境付近までは戦闘機の援護を受けることはできるが、その後は護衛戦闘機の傘もなくドイツ本土内に送り込まれることになったのである。

当時アメリカ爆撃航空団が入手していた確かな情報によれば、重要産業地帯が集中するドイツ中南部方面には相当数の戦闘機部隊が配置され、アメリカとイギリスの爆撃機の侵入に対して万全の備えをしていることがわかっていた。

これらの状況からアメリカ爆撃航空団は、シュヴァインフルトの爆撃を最終的に次の手順で実施することにした。

㈠、主爆撃目標のシュヴァインフルトに向かう爆撃本隊とは別に、陽動作戦としてレーゲンスブルグに向かう爆撃隊を本隊より一時間前に発進させる。

陽動作戦の目的は本隊を襲うであろう敵防空戦闘機群を別働隊に引きつけ、その間に本隊をシュヴァインフルトに向かわせる。

これによって本隊が帰途につくときにも、敵防空戦闘機隊は基地で給油や給弾に時間がかかり、帰途の本隊の攻撃は一部の敵戦闘機が迎撃してくる程度になると予想される。

㈡、陽動作戦でレーゲンスブルグに向かった爆撃隊は帰途は反転してイギリスの基地に戻るのではなく、爆撃終了後は針路を南にとりイタリア上空から地中海に抜け、北アフリカのアルジェリアの基地に向かうことにする。そしてアルジェリアに着陸した爆撃隊は現地で再び爆装し、地中海を北上しフランス国内のドイツ軍施設を、ドイツ側の意表を突いて南から進入して爆撃し、イギリス基地に帰投する。

この作戦に期待されることは「確実なボールベアリング生産施設の破壊とドイツ戦闘機生

産施設の破壊、そして爆撃隊の最少の被害」であった。

一九四三年八月十七日午前八時、アメリカ陸軍第8航空軍爆撃航空団のB17一四六機がイギリス中部の数ヵ所の基地を離陸していった。目標はレーゲンスブルグである。レーゲンスブルグに向かう爆撃機が離陸してから一時間後に、シュヴァインフルトに向かう本隊のB17とB24合計二三〇機が離陸することになっていた。しかし予想外のことが起きてしまった。レーゲンスブルグ隊が出撃して間もなく、イギリス中部地方は広範囲にわたって突然の霧に覆われ、出撃予定の午前九時になっても霧は晴れなかった。

霧が晴れ上がり出撃が可能になったときには、レーゲンスブルグ隊が出撃してから三時間が経過していた。爆撃航空団司令部は判断に迷った。囮部隊との三時間の遅れは当初の計画が全く機能しなくなることを意味し、両爆撃隊はそれぞれ待ち構えている敵戦闘機の大軍の中に飛び込むことになるのであった。

しかし爆撃航空団はシュヴァインフルト爆撃隊を三時間遅れで予定どおり出撃させた。そして待っていたものは予想どおりの恐ろしい結果であった。

レーゲンスブルグ爆撃隊はドイツ国境付近までは味方戦闘機の援護を受けていたが、航続距離の限界で味方戦闘機が反転してイギリス基地に戻っていった直後から、待ち構えていたドイツ戦闘機の猛攻を受けた。

編隊は目標に到達する前に一五機を失った。編隊の後には被弾でエンジンが一基あるいは二基停止し、煙を吹きながらも懸命に編隊に追いつこうとしているB17が十数機。

編隊はレーゲンスブルグのメッサーシュミット戦闘機工場やその周辺の様々な施設に対し、

第17図　シュヴァインフルト爆撃の行程

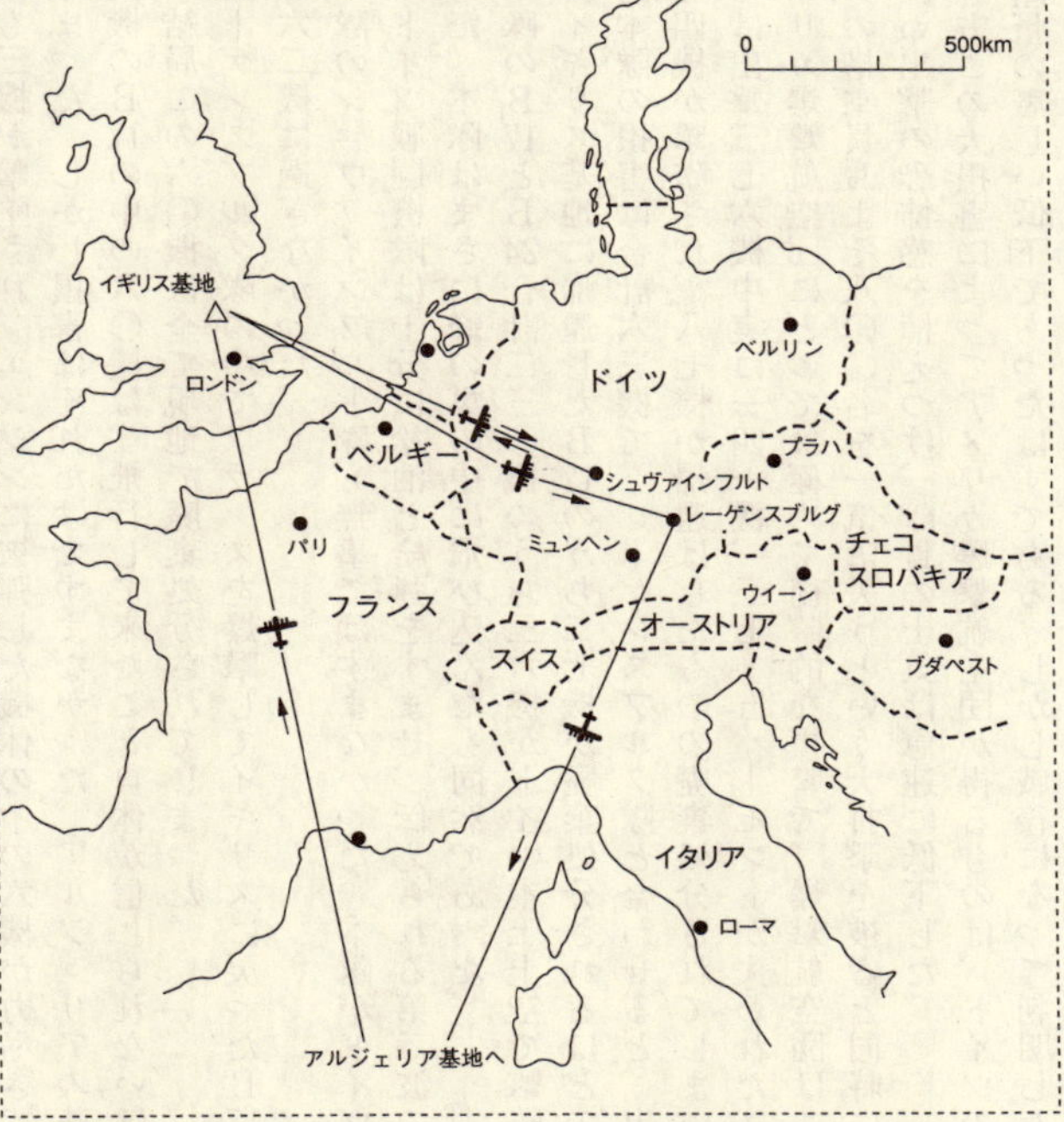

合計三〇三トンの爆弾を投下したが、爆撃精度は高くその後の偵察機の持ち帰った写真によっても、メッサーシュミット航空機工場の破壊の程度は甚大であることが予想された。

一方、爆撃が終了したレーゲンスブルグ爆撃隊は針路を南にとりオーストリア国境方面に向かい、さらにイタリア上空へと進みアフリカのアルジェリアに向かった。

しかし爆撃終了直

後にも三機が撃墜され、エンジンに被弾した機体の中の六機が力尽きて地中海に不時着水してしまった。しかし損害はそれだけですまなかった。アルジェリアの基地にたどり着いた一二二機のB17の中の六〇機は、飛行して来たこと自体が信じられないほどの破壊のされようで、結局この六〇機は全て現地で廃棄処分されてしまった。

レーゲンスブルグ隊の中でフランスを爆撃してイギリスに戻ったB17は、一四六機中わずかに六二機に過ぎなかった。

本隊のシュヴァインフルト隊も無事ではすまなかった。本隊がドイツ国境を超えたときには、ドイツ戦闘機隊は十分に給油と給弾をすませ、伝えられる第二波の大編隊の侵入に備えていた。本隊はまさに蜂の巣の中に飛び込んだも同然であった。

本隊のB17とB24合計二三〇機のうち三六機がドイツ本土上空で撃墜されてしまった。さらにイギリス基地に帰還したB17のうち二七機が廃棄処分されるほどの損害を被っていた。結局本隊の損害は合計六三機で、レーゲンスブルグ隊と合わせると、出撃した合計三七六機中五四機が撃墜され、八七機が帰還はしたものの廃棄処分されてしまい、その結果この爆撃行では出撃三七六機中実に一四一機、三七・五パーセントが失われたことになった。これはアメリカ爆撃航空団にとっては極めて衝撃的な損害で、爆撃航空団はこの一連の作戦でベテランの搭乗員およそ八〇〇名を一気に失うという大打撃を被ると同時に、搭乗員たちに言い知れぬ出撃の恐怖感を植えつけ、隊員の士気は急速に低下した。

一方この大損害によってアメリカ爆撃航空団が得るものは、ドイツのボールベアリングの生産量の著しい低下であったはずである。しかし戦後になって判明した結果では、この爆撃

損傷したB17から落下傘降下する搭乗員

と次の十月のシュヴァインフルトの爆撃によってドイツが受けた損害は、ボールベアリングの生産量が三四パーセント減少しただけで、その後のドイツ側の懸命な復旧作業と新たな生産施設の構築で、およそ半年後にはボールベアリングの生産量は旧に復してしまったという、アメリカ側が予想した戦果とは大きく異なる結果であった。

アメリカ陸軍航空隊のヨーロッパ派遣第8航空軍爆撃航空団にとっての一九四三年八月は、ヨーロッパの戦いの中でも最も苦難に満ちたときであった。爆撃航空団は大損害を受けた戦力の立て直しに多くの時間を必要としたかった。しかし戦局はそれを許さず、本国から新たに送り込まれる補充機と補充搭乗員によって、可動機数の激減した各爆撃グループの立て直しを行なうとともに、戦闘の経験のない補充搭乗員の即席の訓練も行なわねばならなかった。

爆撃航空団が出撃の経験のある搭乗員を中心にして爆撃グループを再編成し、まがりなりにも一度に二〇〇機の出撃の目処がついたのは九月初めであった。

九月六日、爆撃航空団は出撃可能なB17とB24合計二六二機によって、ドイツ本土のシュツットガルト市近郊に点在する航空機工場の爆撃を行なった。

しかしこのときも爆撃航空団は四五機を敵戦闘機の攻撃で失ってしまった。損害率一七・二パーセントはレーゲンスブルグやシュヴァインフルト爆撃時の損害率を上回った。搭乗員たちにとって今や「目標レーゲンスブルグ、シュヴァインフルト、シュツットガルト」という言葉は死刑宣告と同じ意味を持つことになり、二五回の爆撃作戦を無事に終えて故国に休暇帰還することなど全く夢物語に思え、士気は著しく低下し始めていた。

余談ではあるが、第二次大戦終了後にアメリカで封切られた映画『頭上の敵機（Twelve o'clock High)』は、アメリカ爆撃航空団のこの間の苦悩を描写した名画で、航空映画の白眉とされている。

爆撃航空団はその後の情報などから、八月に実施したシュヴァインフルトの爆撃が十分な成果を上げていないらしいことを確認した。その結果、再びシュヴァインフルトのボールベアリング生産施設の爆撃が繰り返されることになった。時期は戦力が充実した時点のできるだけ早い時期と決定され、十月半ばの天候の安定している時期に実施されることになった。

一九四三年十月十四日早朝、B17装備の一四個爆撃グループとB24装備の三個爆撃グループから、出撃可能全機二九一機が出撃準備を整え滑走路の前に並んだ。

残された当時の戦闘記録によると、搭乗員たちは出撃前のブリーフィングで爆撃目標がシュヴァインフルトと告げられたとき、一様に「自分たちの運命の終わりを悟った」とこのときの様子が記されている。

各爆撃機は爆弾倉に一二発の二二七キログラム爆弾を搭載していた。さらに各爆撃機に装備された一〇～一三梃の機銃の前には防弾チョッキに身を固めた機銃手が、いつでも配置につける態勢でそれぞれの任務に没頭していた。

防弾チョッキを着用するB17の機銃手

この日アメリカ爆撃隊の二九一機の大編隊は、往路は基地から二五〇キロメートルのベルギーとドイツ国境付近まで、イギリス空軍戦闘機航空団の五個飛行中隊のスピットファイア戦闘機六〇機の援護を受けることになっていた。さらにその先二五〇キロメートルまでは、アメリカ第8航空軍戦闘機航空団のP47戦闘機六〇機がスピットファイア戦闘機に代わって援護につくことになっていた。しかし援護はイギリスから東南に五〇〇キロメートルまでで、その先は前回と同様、爆撃機を守るのはそれぞれが装備する機銃だけであった。

ただ今回の爆撃行では防衛用の機銃を効果的に使うために、各グループの編隊の組み方に工夫が凝らされた。それは従来の平面に広がる編隊の組み方ではなく、二七機から三六機で編成される一個爆撃機グループの編隊を、立体的な箱形（コンバットボックス）を構成するような編隊の組み方に変更したことであった。このような編隊を組むと、各爆撃機は攻撃してくる戦闘機に対して防御火器の死角をなくすことが、また攻撃してくる敵戦闘機に対して集中砲火を浴びせることが可能になり、敵戦闘機も立体的な編隊から隙間なく撃ち出される機銃弾の嵐の中に飛び込まなければならず、極めて攻撃しづらいことになる。

この頃になるとドイツ防空戦闘機側も、強力な防御火力で守られた重爆撃機の大編隊を攻撃するために様々な武器を使い出した。メッサーシュミットＢｆ109やフォッケウルフＦｗ190単発戦闘機は二〇ミリ機関砲を二門または四門装備しているが、これらの何機かは主翼の下には空対空ロケット弾を装備し、爆撃機の編隊の後上方向から急降下で接近しながらこのロケット弾を発射し、まず編隊の切り崩しにかかった。また急降下爆撃機のユンカースＪｕ87が空中時限爆弾を搭載して迎撃に現われた。そして爆弾を敵編隊の上から投下、編隊の中で時限爆弾を破壊させ爆撃機に損害を与え編隊を切り崩すことも行なった。また敵側に護衛戦闘機がいないために、双発夜間戦闘機のメッサーシュミットＭｅ110やユンカースＪｕ88まで登場し、強力な機首の四門の二〇ミリ機関砲を発射しながら編隊に襲いかかってきた。そして中には奇想天外な兵器も登場した。

小型の空中爆雷を長いケーブルで引っ張った戦闘機が登場、爆撃機の編隊の中を急降下で通り抜け、この爆雷を敵機に接触させ爆発させようとする兵器である。

この第二回目のシュヴァインフルト爆撃に際しては、ドイツ空軍はありとあらゆる戦法を使って来襲する敵爆撃機の大編隊の壊滅を図ろうとした。この日ドイツ空軍が迎撃に出撃させた各種戦闘機の合計は三〇〇機を超えていた。

この激しい迎撃を受けたアメリカ爆撃航空団の損害は記録的なものであった。編隊がドイツ国境を超えてシュヴァインフルトを爆撃しドイツ国境まで戻ってくるまでの往復二時間の間に、爆撃機の大編隊はB17とB24重爆撃機を八二機失っていた。損害率は実に二八・二パーセントという驚愕すべき数字であった。

しかしアメリカ爆撃航空団が衝撃を受けたのはこれだけではなかった。イギリス基地に辛うじてたどり着いた二〇九機の重爆撃機中の六四機は二度と飛行に耐えられないほどの重大な損害を受けていた。この第二回目のシュヴァインフルト爆撃で失われたアメリカ爆撃航空団の重爆撃機は一四六機に達し、一〇〇〇名以上の搭乗員が一日で失われてしまった。

この大損害と引き換えにアメリカ爆撃航空団が得たものは、ドイツ側のボールベアリング生産量の一時的な減産だけであった。

大損害と過大な戦果報告

アメリカ陸軍第8航空軍爆撃航空団の損害は、ドイツ本土に対する爆撃が開始されると同時に急激に増え始めた。

一九四三年四月十七日のブレーメン市の航空機工場爆撃に際しては、四発重爆撃機一一五機のうち一六機が撃墜され、その損害率の大きさにアメリカ側もドイツ防空陣の強力さにただならない脅威を感じていた。しかしその後の爆撃行はこの脅威をより現実的にした。六月二十二日のウルム市の合成ゴム工場爆撃の際に一六機を失って以来、八月十二日のドルトムント市近郊の航空機工場爆撃までの二ヵ月弱の間に、アメリカ爆撃航空団は九回の大規模なドイツ本土爆撃を実施し、合計二三〇四機が出撃した。しかしそのうちの一七四機が未帰還となり、平均損害率七・五パーセントという予想外の高い損害を記録することになった。

しかし損害はその後も増加する一方であった。八月十七日のシュヴァインフルトとレーゲンスブルグ爆撃から、十月十四日の第二回シュヴァインフルト爆撃までの二ヵ月間には九回のドイツ本土大規模爆撃が行なわれ、合計二六二九機が出撃したが、そのうちの三二三機が未帰還となった。平均損害率実に一二・三パーセントという爆撃航空団の今後の存続すら危ぶまれるほどの高い損害を記録したわけである。

この大損害を少しでも減少させる方法は、ドイツ本土爆撃の全行程を援護できる長大な航続力を持ち、しかも空戦性能に秀でたドイツ空軍のメッサーシュミットBf109戦闘機やフォッケウルフFw190戦闘機と互角に戦うことができる戦闘機の出現を待つしかなかった。

それまで爆撃航空団ができることは、各爆撃機の強力な防御砲火によって、襲ってくる敵戦闘機を少しでも多く撃墜することで、そのために少しでも敵機に集中砲火を浴びせることができ、しかも死角のない緊密な編隊の組み方を編み出す以外になかった。

アメリカ爆撃航空団は当初よりB17やB24重爆撃機の防御砲火に相当の自信を持っていたことは確かで、それがあるために予想されるドイツ戦闘機の激しい迎撃の中を強引に昼間爆撃する意志を固めていたのであった。

まさにその強力さを証明するように、ドイツ本土爆撃が開始されると出撃のたびに防御火力の強力さを証明するような戦果報告が、帰還した各爆撃機の搭乗員たちからもたらされた。一九四二年十月十日、フランスのリールの製鉄所の爆撃の際にはアメリカ爆撃航空団として初めてのドイツ戦闘機による激しい迎撃戦を経験したが、このときアメリカ重爆撃機四機が撃墜されたのに対し、各爆撃機の機銃手たちの基地へ帰還後の戦果報告を集計すると、敵戦闘機の撃墜五八機、撃墜不確実二六機、撃破二〇機という大戦果であった。

この数字をアメリカ爆撃航空団首脳部としては、使用する重爆撃機の防衛火力の強力さを示すものとして素直に受け入れた。そしてこの数字は何の修正もなくそのまま第8航空軍司令部やアメリカの陸軍航空隊首脳部、さらにイギリス空軍側にも報告された。

この数字に対してイギリス空軍の反応は極めて冷淡であった。彼らにしてみれば、ドイツ本土爆撃のこれまでの数多くの経験から判断して、たとえアメリカ重爆撃機の防衛火力が優れていたとしてもこのような驚異的な数字は決して出て来ない、と判断したからである。

イギリス空軍側の反論の根拠は、アメリカ爆撃航空団が得意気に報告したドイツ戦闘機の撃墜破の合計は、当日迎撃してきたと推定されるドイツ戦闘機の総数を大きく超えるものと判断したからであった。当時イギリス空軍は一個小隊規模の戦闘機単独の編隊を随時フランスの海岸近郊地帯に出撃させ、付近に駐留するドイツ戦闘機隊と常に空中戦を展開しており、敵戦闘機のおおよその戦力を把握していたし、敵戦闘機部隊の通信も常に傍受しているために、フランス国内に駐留するドイツ戦闘機隊の戦力をかなり正確に把握していた。

これらの経験からしても少なくともフランス国内では一度に一〇〇機以上の戦闘機が迎撃してくる可能性は有り得ないとイギリス空軍は分析していた。さらにイギリス空軍爆撃機の爆撃行の経験からも、たとえアメリカ重爆撃機が装備している機銃が強力で優れた性能を持っていたとしても、爆撃機に装備された機銃でそれほど多数の敵機を撃墜することは至難である、ということを知り尽くしていたためであった。そしてその後もアメリカ側からは出撃のたびに信じられない撃墜戦果の数字が報告され続けた。イギリス空軍側はアメリカ爆撃航空団が発表する撃墜戦果の数字に対し懐疑的というよりもむしろ不信感を抱き始めていた。

アメリカ爆撃航空団自体も報告される撃墜戦果の数のあまりの多さに疑問を持ち始めていたことは確かであった。

一九四三年一月二十七日のフェゲザック爆撃において、アメリカ爆撃航空団はB17三機を撃墜された代わりにドイツ戦闘機二二機撃墜が報告された。

しかしこのときのドイツ側の損害については、希有な例ではあるが諜報機関によってその実態がアメリカ側に報告されていた。それによるとこの日撃墜されたドイツ戦闘機はわずか七機であった。

アメリカ爆撃航空団が報告する敵戦闘機の撃墜戦果の多さにはそれなりの理由があった。爆撃航空団は出撃する爆撃機のあまりにも多い損害を少しでも減少させる対策として、各爆撃機に装備されている防御火器によって、編隊全体を死角のない強力な弾幕で包み込めるようにコンバットボックス編隊を採用した。

アメリカ爆撃航空団のB17やB24が編隊を組む場合には、通常一個中隊（九〜一二機編成）は、三機単位（一個小隊）で三つまたは四つの密集した編隊を平面的に組むことで構成され、一個グループの編隊はこの三個中隊が平面的に近接して構成される。しかしコンバットボッ

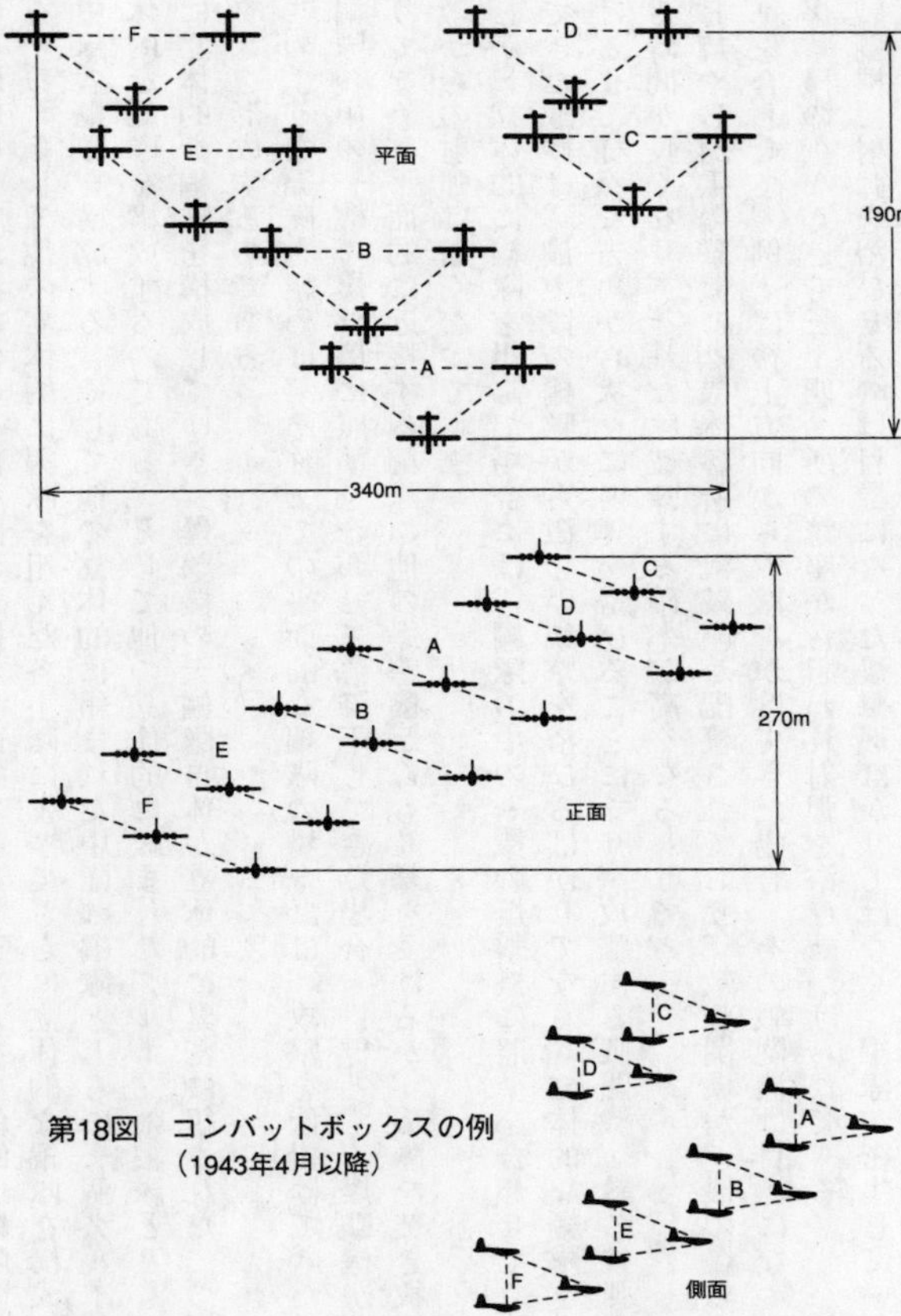

第18図　コンバットボックスの例
（1943年4月以降）

クス編隊ではまず最小単位の一個小隊の三機が平面的ではなく三次元な立体的な編隊の組み方をする。そして他の立体的に編隊を組んだ各小隊によってさらに立体的な編隊を構成し一個中隊の編隊を構成する。そして他の立体的に組まれた中隊の編隊とともに一個グループの立体的な編隊を構成するのである。そして他の立体的に組まれたグループの編隊とともにさらに立体的な編隊を構成してゆき、爆撃機の大編隊自体が立体的に緊密に組まれた一つのボックスを形成するのである。

このような編隊を組めば、それまでの平面的な編隊の場合には、攻撃を仕掛けてきた敵機は編隊の中の一機の爆撃機に照準を合わせて急降下してきた場合、目標とする爆撃機からばかりでなく、平面的に近接する編隊の他の爆撃機からも銃撃を受けるが、編隊を突き抜ければ敵からの射弾はなくなってしまう。

しかし立体的に編隊を組んだ場合には、編隊の中の一機の爆撃機に照準を合わせて急降下してきた敵機は、最上段の編隊から激しい銃撃を浴びるばかりでなく、立体的な編隊を突き抜けるまで様々な方角から次々に射弾を浴びることになり、攻撃する戦闘機が敵の銃弾を浴びる時間が長くなり、それだけ被弾する確率が高くなるわけである。

B17やB24重爆撃機には機体各所に機銃座が配置されており、敵戦闘機が一機の爆撃機に照準を合わせて、例えば後上方向から攻撃をかけてきた場合、その戦闘機は目標になっている爆撃機の少なくとも三～四ヵ所の銃座から狙われ射弾を浴びせかけられてくる。しかしこの戦闘機に射弾を浴びせるのは目標になった爆撃機ばかりではなく、編隊が密集していればしているほど近接する多くの爆撃機の銃座からも狙われることになり、猛烈な射撃を受けることになる。

もしこの戦闘機がガソリンタンク等に被弾し瞬時にして爆発し撃墜されれば、目標になった爆撃機の各銃座の射手ばかりでなく近接する他の爆撃機の銃座の射手たちも、自分の射撃によってその戦闘機は撃墜されたと主張するであろう。編隊のどの爆撃機のどの銃座の射弾が敵戦闘機を撃墜したかは「神のみぞ知る」なのである。

死と直面する中、鉄のような強固な意志で射撃を続けるそれぞれの銃手が、自分の撃墜として戦果を主張するのは当然の成りゆきで、一機の敵機の撃墜が一〇機と報告されても仕方がないのである。

アメリカ爆撃航空団が報告する敵戦闘機の撃墜数のあまりの多さが、イギリス空軍に対して不信感を抱かせ始めていることに気づいたアメリカ側は、一九四三年一月のフェゲザック爆撃時の実例を参考に、撃墜数については各銃手から報告される撃墜数の集計の三分の一を公式撃墜数として発表することにした。しかしそれでも発表される撃墜数のあまりの多さに不信感はつのる一方であった。

この数字の問題は十月十四日の第二次シュヴァインフルト爆撃において頂点に達した。この日、恐怖の爆撃行から帰還した爆撃機の各銃手が報告した敵機撃墜の総数は実に二九七機に達した。

この日、ドイツ空軍がアメリカ重爆撃機の大編隊の迎撃に実際に出撃させていた戦闘機の合計は三一二機であった。つまり撃墜戦果の数は当日爆撃機の迎撃に向かったドイツ空軍のほぼ全戦闘機を撃墜してしまったことを意味している。しかしこの日実際に撃墜されたドイツ戦闘機の総数は三五機だけであった。

第二次シュヴァインフルト爆撃に際しての、アメリカ爆撃航空団の敵機撃墜戦果の公式報告数字は「九九機」である。そしてこの爆撃航空団が発表する撃墜戦果と実際の撃墜の数字の乖離は埋まらないまま戦争の終結を迎えることになった。

渇望される長距離援護戦闘機

アメリカ第8航空軍爆撃航空団がヨーロッパ戦線に登場して以来の最大の悩みは、自分たちの編隊を全行程援護してくれる護衛戦闘機が皆無であったことである。その後、爆撃航空団の爆撃機の編隊をドイツ本土まで援護するための戦闘機が派遣されたが、それとて爆撃行の全行程を援護できる能力はなく、せいぜい全行程の半分強の援護がせいぜいであった。

結局ドイツ本土に侵入した編隊は、待ち構えていたドイツ戦闘機にそれこそ「なぶり殺し」の目に会う結果となったのである。

ヨーロッパ派遣の第8航空軍は本来爆撃機航空団と戦闘機航空団で構成されるはずであったが、第8航空軍設立当初の戦闘機航空団は、優秀なドイツ戦闘機と互角に戦える性能を持つ一機の戦闘機も持っていなかった。

爆撃航空団がフランス国内の目標を爆撃していた一九四二年十月当時の戦闘機航空団の戦力は、双発双胴のロッキードP38戦闘機装備の戦闘機大隊四個（定数一四四機）と、イギリス空軍のスピットファイア戦闘機で装備された戦闘機大隊三個（定数七二機）、そしてベルP39単発戦闘機で装備された飛行大隊一個だけであった。しかしP38戦闘機は最も初期のF型

リパブリックP47Cサンダーボルト

で、最高速力や空戦性能はとうていドイツ空軍のフォッケウルフFw190戦闘機やメッサーシュミットBf109に太刀打ちできるものではなかった。またP39に至っては単発戦闘機ではあるがP38と同じく、単発戦闘機という類似点以外はドイツ戦闘機の敵ではなかった。ただイギリス空軍から借り受けて使用していたスピットファイア戦闘機だけが、唯一ドイツ戦闘機と互角の空戦を交える性能を持っていたが、最大の欠点は航続力の短さであった。

戦闘機航空団の最大の任務であった爆撃機のドイツ本土爆撃行の護衛も満足に行なえない、P38やP39戦闘機の部隊さらにはスピットファイア戦闘機部隊までが、一九四二年末までには地中海方面派遣の第12航空軍の戦闘機戦力として移動してしまった。

第8航空軍戦闘機航空団が待ち望んでいた空戦性能に勝りしかも航続距離の長い戦闘機が、やっと戦闘機航空団に配属されたのは一九四二年十二月のことであった。到着した機体はリパブリックP47戦闘機であった。

この戦闘機は七〇〇〇メートル以上での航空性能を高めるために、排気タービン付きの強力なエンジンが装備

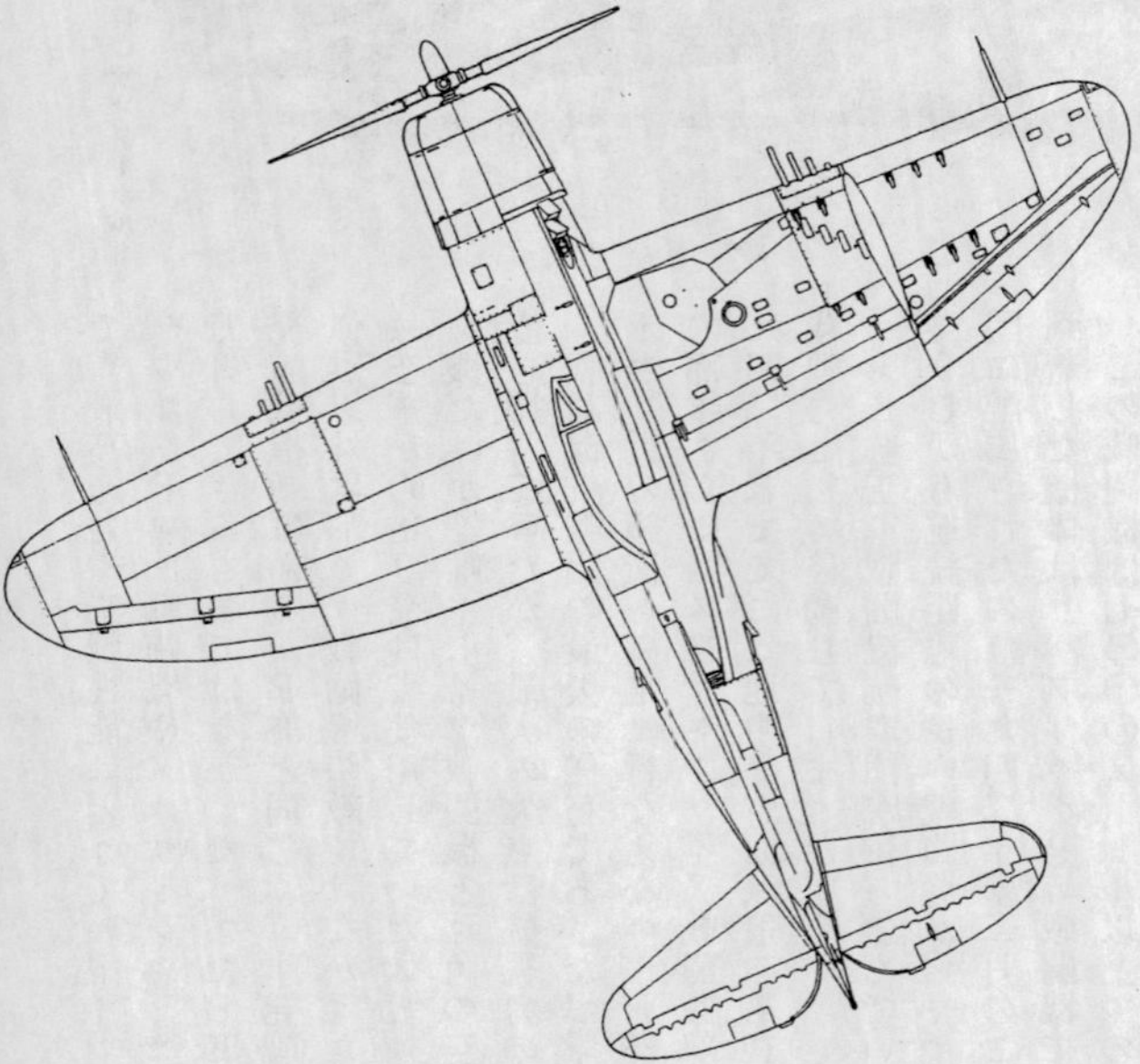

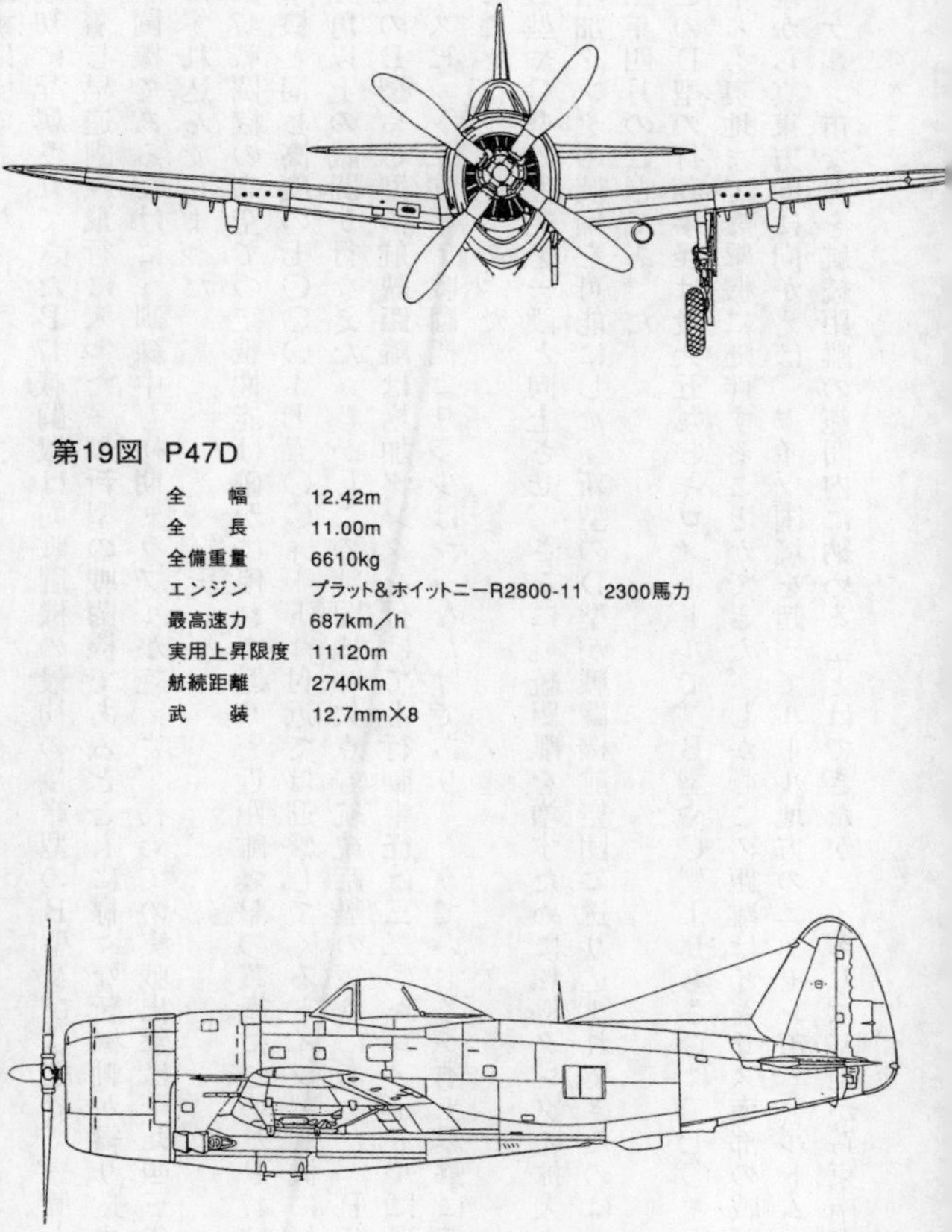

第19図　P47D

全　幅	12.42m
全　長	11.00m
全備重量	6610kg
エンジン	プラット&ホイットニーR2800-11　2300馬力
最高速力	687km／h
実用上昇限度	11120m
航続距離	2740km
武　装	12.7mm×8

されており、カタログ上では同じ高度以上での空戦ではドイツ戦闘機に対して圧倒的な強さを示すはずであった。

最初に配属されてきたP47戦闘機は同戦闘機の最初の量産型のB型及びC型で、一個大隊が到着し早速訓練飛行に入った。最新型の戦闘機であるとともに様々な新機軸が織り込まれた戦闘機であるだけに、訓練中も初期トラブルが絶えず、初めての実戦出撃は一九四三年四月にずれ込んでしまった。

P47戦闘機の高空での空戦性能は確かに優れており、近距離爆撃の護衛についたP47は、爆撃機と同じ高度の七〇〇〇～七五〇〇メートル付近では迎撃してくるドイツ戦闘機に対して互角以上の戦闘が行なえた。しかしこの戦闘機の欠点も航続距離の短さにあった。P47戦闘機のB型やC型の航続距離は増加タンクを付けても行動半径は三二〇キロメートルに過ぎず、スピットファイア戦闘機より多少はマシなだけであり、とうていドイツ本土爆撃に随伴することは不可能であった。

B型やC型の性能を一段と向上させ、さらに航続距離を増すために燃料タンクの拡大や大型増加タンクの装備を可能にした、新型のD型が戦闘機航空団に送り込まれてきたのは一九四三年四月のことであった。

このD型の行動半径は最大五九〇キロメートルで、B型やC型よりもさらに二七〇キロメートルも奥地まで爆撃機に随伴することができた。しかしこの距離はイギリス南部の戦闘機基地から真東方向に向かえば、ドイツ国境を超えてルール地方のエッセン市、ドルトムント市、ケルン市などを航続距離の範囲内に納めることはできたが、イギリス基地から東南方向

ノースアメリカンP51C

に出撃する場合には、フランス国土上空を飛行しドイツ国境に達する付近で航続距離の限界に達してしまうのである。その結果ドイツ南部に所在するレーゲンスブルグやシュヴァインフルトなどに向かう爆撃機の全行程の援護は不可能であった。

つまり一九四三年四月以降も、アメリカ爆撃航空団のドイツ本土爆撃の大半は護衛戦闘機の傘なしで行なわれたことになり、大損害が生まれたのも当然の結果であった。

アメリカ第8航空軍が待ち望んでいた最終的な護衛戦闘機がイギリス基地に到着したのは一九四三年十二月だった。到着した戦闘機はノースアメリカンP51戦闘機であった。この戦闘機はすでに一九四〇年十月に試験飛行に成功しており、優れた機体設計であるために将来はアメリカを代表する高性能戦闘機としての大きな期待がかけられていた。しかし装備されたアメリカの液冷アリソン・エンジンの不調によって、その後は全く存在感のない戦闘機として半ば忘れ去られようとしていた。しかし一九四二年四月に試験的にエンジンをイギリスの液冷ロ

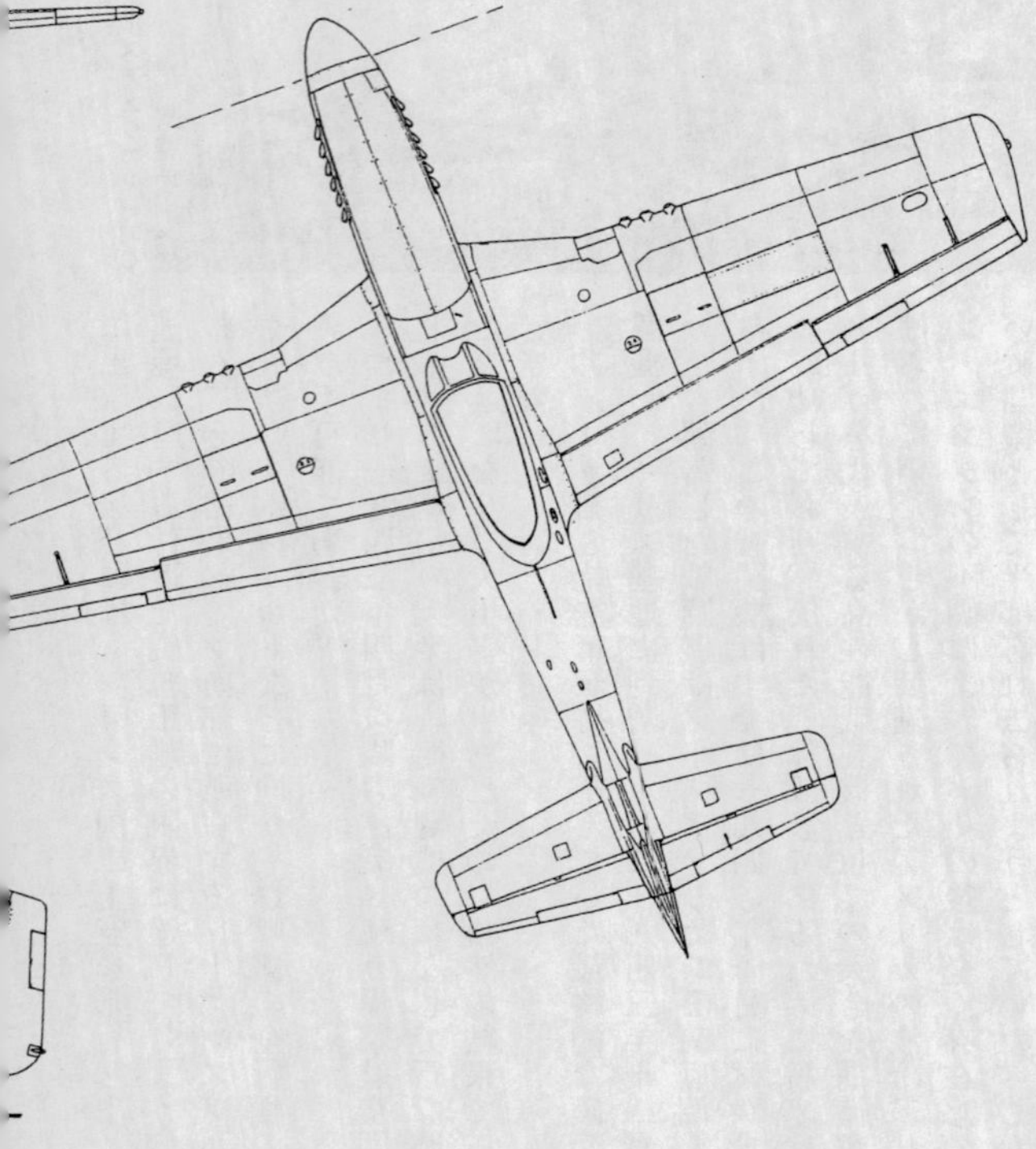

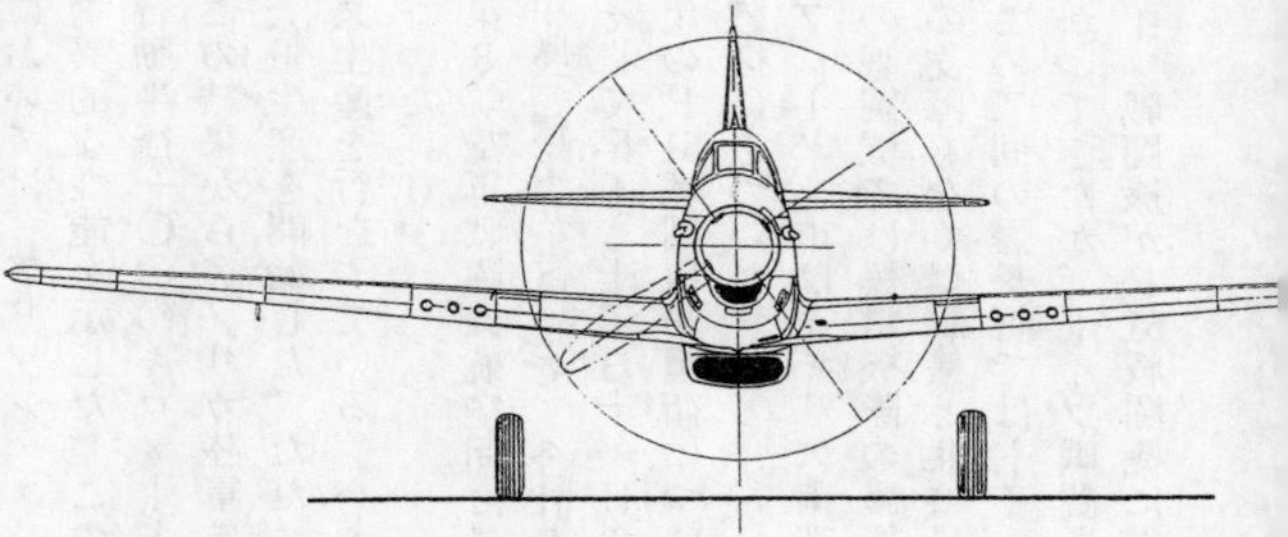

第20図　P51D

全　幅	11.28m
全　長	9.82m
全備重量	4170kg
エンジン	パッカード・マーリンV1650-7　1680馬力
最高速力	704km／h
実用上昇限度	12960m
航続距離	3700km
武　装	712.7mm×6

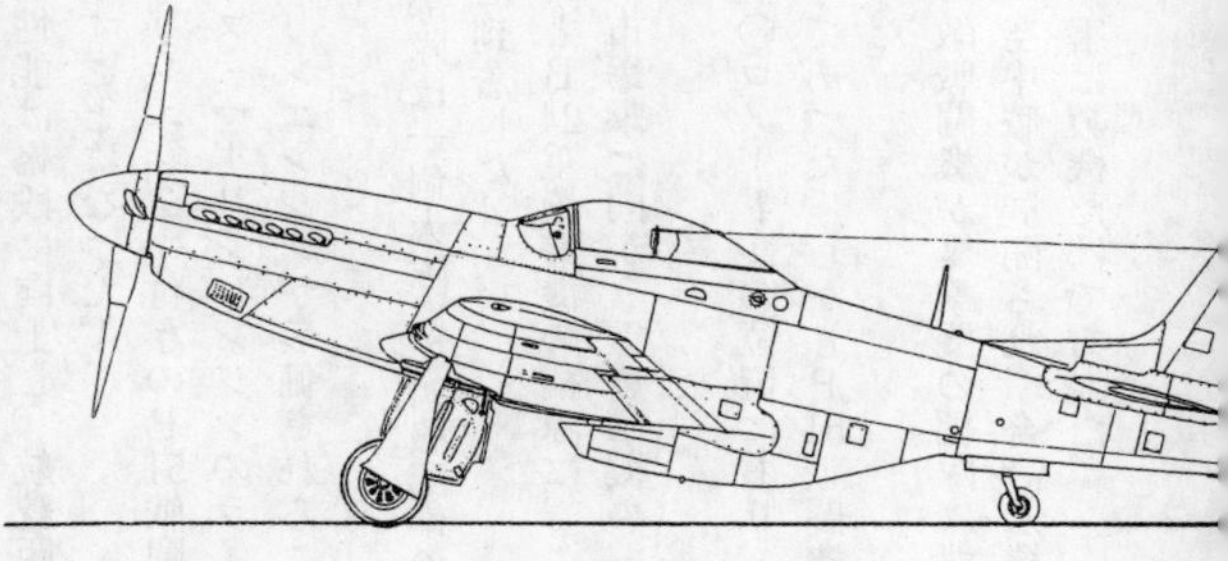

ールスロイス・マーリンに交換したところ、驚くべき性能向上を示したのであった。最高速力においては、アリソン・エンジン装備の機体より時速一〇〇キロメートルも向上するという驚異的な性能を示した。このエンジンの交換のために操縦性能は格段に向上し、航続距離も行動半径一〇〇〇キロメートルという信じられない値を示すことになった。

この結果からアメリカ陸軍航空隊はロールスロイス・マーリンエンジン付きのP51戦闘機の大量生産を開始した。ただエンジンはすでにロールスロイス・マーリンエンジンのライセンス生産を行なっている、パッカード社のパッカード・マーリンエンジンが装備されることになった。

第8航空軍戦闘機航空団に最初に配備されたP51戦闘機部隊は一個大隊（二四機配備の飛行中隊三個より編成）で、合計七二機がイギリス南部の基地に到着した。

そして早くも十二月十一日のエムデン市爆撃に向かうB17とB24重爆撃機の編隊に、この新鋭のP51戦闘機が護衛についた。また十六日のブレーメン市爆撃に向かう重爆撃機の編隊の護衛にもついた。

ブレーメン市はイギリス南部の戦闘機基地からは片道六五〇ロメートルの位置にあり、従来の戦闘機では爆撃機隊の護衛につくことが不可能なところであった。しかしP51戦闘機は何の支障もなく爆撃機と共に目標地を往復してきたのであった。

この二回の爆撃行ではドイツ本土内に侵入と同時に無数の敵戦闘機が爆撃機の編隊に襲いかかってきたが、ドイツ戦闘機とP51戦闘機の間に凄まじい空中戦が展開され、合計八機のドイツ戦闘機がP51戦闘機によって撃墜され、重爆撃機の損害は数機だけであった。

長距離護衛戦闘機の出現にドイツ空軍側も驚愕したが、その一方でアメリカ爆撃航空団は待望の護衛戦闘機が現われたことに安堵したのである。

しかしいかに優れた戦闘機が現われたからといって爆撃航空団が安泰であり続けるわけではない。ドイツ空軍はドイツ本土の昼間爆撃に来襲する重爆撃機の大軍に強打を与えるために、次々と新しい戦力を投入してきた。

まず際立った戦闘能力を発揮する護衛戦闘機のＰ51を撃破するために、最新型のメッサーシュミットＢｆ109のＫ型を投入してきた。さらに空冷エンジン付きのフォッケウルフＦｗ190のＡ型のエンジンを強力な液冷エンジンに換装したフォッケウルフＦｗ190のＤ型を投入してきた。しかもこの両新鋭戦闘機のプロペラシャフト内には強力な三〇ミリ機関砲を装備し、Ｂ17やＢ24重爆撃機を一撃で撃墜できる能力を持たせ、対爆撃機攻撃用としても投入してきたのである。そして一九四四年九月にはさらに強力な戦闘機が投入されてきた。ジェット戦闘機の登場である。

一九四四年九月二十六日に七三九機のＢ17とＢ24重爆撃機によりオスナブリュックの鉄道施設を爆撃した際、ドイツ空軍は双発のジェット戦闘機メッサーシュミットＭｅ262を初めて実戦に投入した。

この日、一二機のＭｅ262はそれぞれ主翼の下に空対空ロケット弾を搭載し、爆撃機の防御機銃の射程外から一斉にロケット弾を発射しながら爆撃機の編隊に攻撃を仕掛けてきた。ロケット弾を発射し終わった各ジェット戦闘機は、次には機首に装備された四門の三〇ミリ機関砲を発射しながら爆撃機の編隊に飛び込んできた。

メッサーシュミットBf109K（上）、フォッケウルフFw190A

この攻撃によって重爆撃機三〇機が空から消え去った。しかしアメリカ爆撃航空団にとって幸運であったのは、この頃のジェット機の航続距離は極めて短く、爆撃機の迎撃に使える時間はわずか数分程度であったことである。

　その一ヵ月後にはさらなる脅威の防空戦闘機が出現した。一九四四年十月十八日のカッセル市の車両工場群の爆撃の際、六四一機のB17とB24の編隊の前に世界最初のロケット戦闘機メッサーシュミットMe163が現われた。

　この日メッサーシュミットBf109やフォッケウルフFw190戦闘機とロケット戦闘機の迎撃に

メッサーシュミットMe262(上)、メッサーシュミットMe163

よって爆撃機三〇機が撃墜された。優れた空戦性能とスピードを誇るP51戦闘機も、さすがにジェット戦闘機やロケット戦闘機の前には手も足も出せなかった。

しかし一九四四年十月頃を境に昼間爆撃隊に対するドイツ戦闘機の迎撃回数と出撃機数が急速に減少を始めた。もちろん強力で大編隊の護衛戦闘機の傘に守られていることもあるが、ベルギーやオランダあるいはフランスの奥まで侵攻してきた連合軍陸上部隊の攻撃によって、それまでそれらの地域に多数存在していたドイツ戦闘機部隊の基地が次々と占領され、さらに連合軍航空部隊の戦闘爆撃機によ

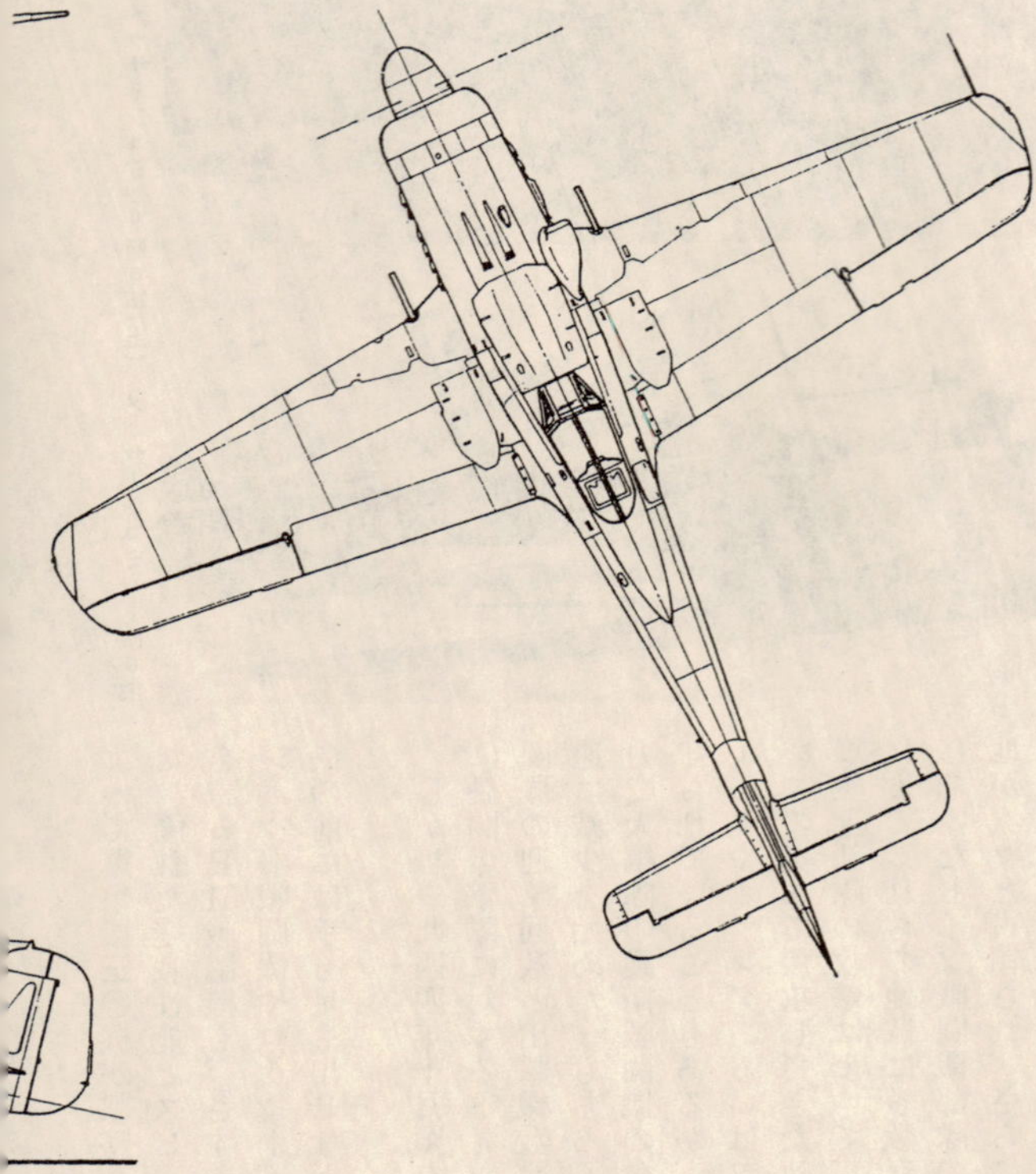

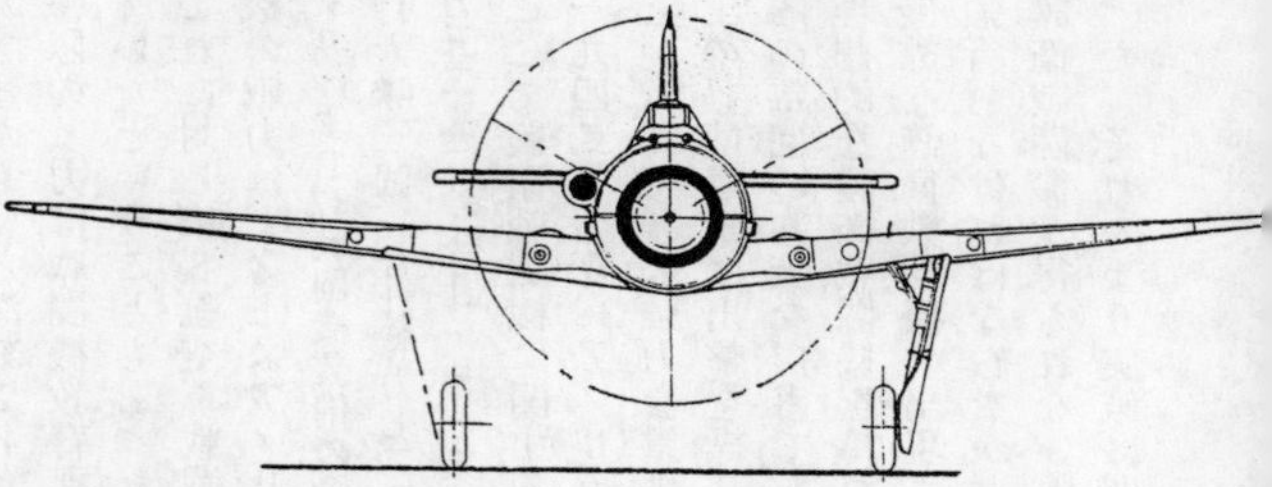

第21図　Fw190D

全　　幅	10.50m
全　　長	10.24m
全備重量	4309kg
エンジン	ユンカース・ユモ213A1　1776馬力
最高速力	680km／h
実用上昇限度	11700m
航続距離	780km
武　　装	30mm×1.20mm×2.13mm×2

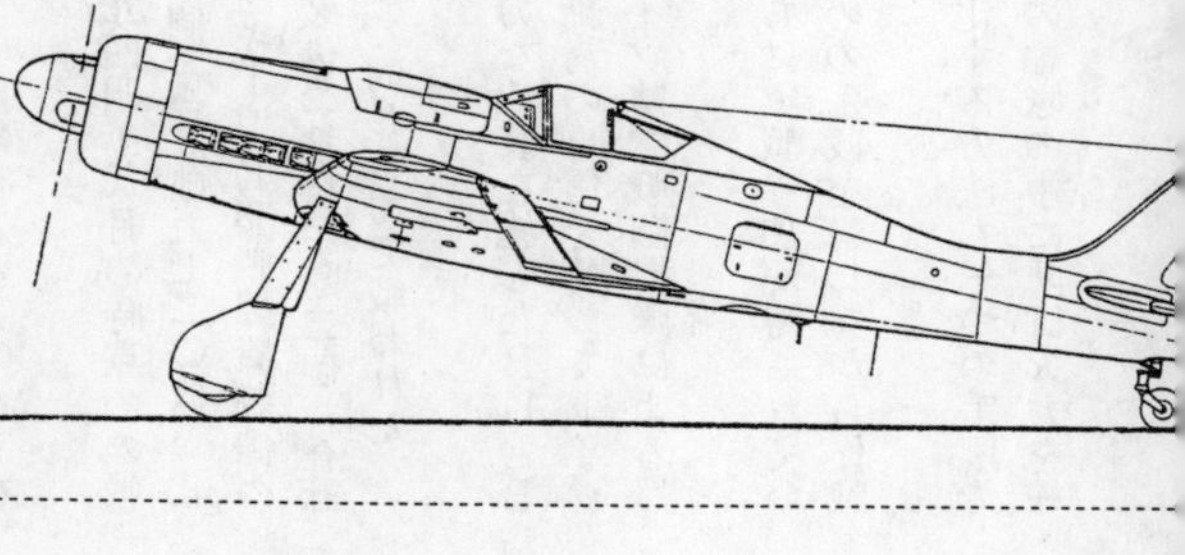

る執拗なドイツ空軍戦闘機基地に対する攻撃などによって、可動戦闘機の数が激減を始めていた。またもっと深刻であったことはベテランの戦闘機パイロットの多数が戦死し、防空戦闘機隊の戦力は戦闘機教育課程を卒業したばかりの未経験パイロットに頼らざるを得なくなっていたということもあったのである。

これに対し第8航空軍戦闘機航空団の戦力は強化の一途で、一九四四年八月の時点での戦闘機の戦力は、ノースアメリカンP51戦闘機装備の飛行大隊一〇個（合計戦力七二〇機）、リパブリックP47戦闘機装備の飛行大隊四個（合計戦力二八八機）、ロッキードP38戦闘機装備の飛行大隊三個（合計戦力七二機）、夜間戦闘機のノースロップP61装備の飛行中隊二個（合計戦力三二機）の合計一一一二機という一大戦力であり、戦争終結まで同じ戦力で戦われた。

ここで護衛戦闘機に関するエピソードを一つ紹介しよう。

一九四二年の夏、アメリカ爆撃航空団はハリネズミのように強力な武装を施したB17とB24という二機種の強力な重爆撃機をヨーロッパ戦線に持ち込み、絶対の自信を持ってドイツ本土の昼間爆撃に出撃を繰り返した。しかしその結果は強力なドイツ防空戦闘機隊による爆撃隊の毎回の甚大な損害であった。

理想的な護衛戦闘機を持たないアメリカ爆撃航空団は、近いうちに実戦参加が噂されている優秀な護衛戦闘機の出現までは、少しでも損害を増やさないための手段を講じながら作戦を強行しなければならなかった。

護衛戦闘機が得られない限り爆撃機自らの防御火力をさらに強化する方法も一つの手段であった。それをより実戦に即した方法で実現させるには、爆撃機の編隊の中に防御火力を一層強化した爆撃機を混在させ、敵戦闘機の攻撃に対してこの「爆撃機擬《もど》き重戦闘機」が編隊の中で強力な防空砲台の役割を果たす方法も考えられた。そしてこのアイデアは直ちに実行に移されることになった。そして生まれたのがＢ17重爆撃機を母体にした「重戦闘機」の試作であった。

母体になる機体はＢ17重爆撃機のＦ型であるが、この機体には爆弾は搭載せず、Ｆ型に装備されている各銃座の他にさらに新しい銃座を追加し、爆弾倉は各銃座の機銃に装塡する大量の予備弾倉や予備弾帯の倉庫にされた。

機体の外観もＦ型に比べてかなり異なった。まず機首の下部に新しく一二・七ミリ連装機銃を装備した動力銃座が装備された。さらに機首のガラス部分の直後の両側に大型の窓が取り付けられ、ここに左右それぞれ一梃の一二・七ミリ機銃が装備された。次に胴体背部の通信士席付近に新しく一二・七ミリ連装機銃を装備した動力銃座が取り付けられた。また胴体後部両側面の銃座に装備された各一梃の手動の一二・七ミリ機銃は、それぞれ手動の一二・七ミリ連装機銃に取り替えられた。

胴体背部前方と胴体腹部及び尾部の一二・七ミリ銃座はそのまま残されたが、これによって「重戦闘機」に改造を受けたＢ17Ｆは、合計一六梃の一二・七ミリ機銃を装備することになり、さらにエンジン周囲のカウリングや各銃座の周囲には防弾用の装甲板が取り付けられ、機銃手の安全とエンジンへの被弾対策とした。

爆弾倉に積み込まれた予備の機銃弾と各機銃に装塡されている機銃弾は合計一万七〇〇〇発に達し、機銃一梃あたり六〇〇発以上の銃弾を発射することができた。しかし新しい銃座を

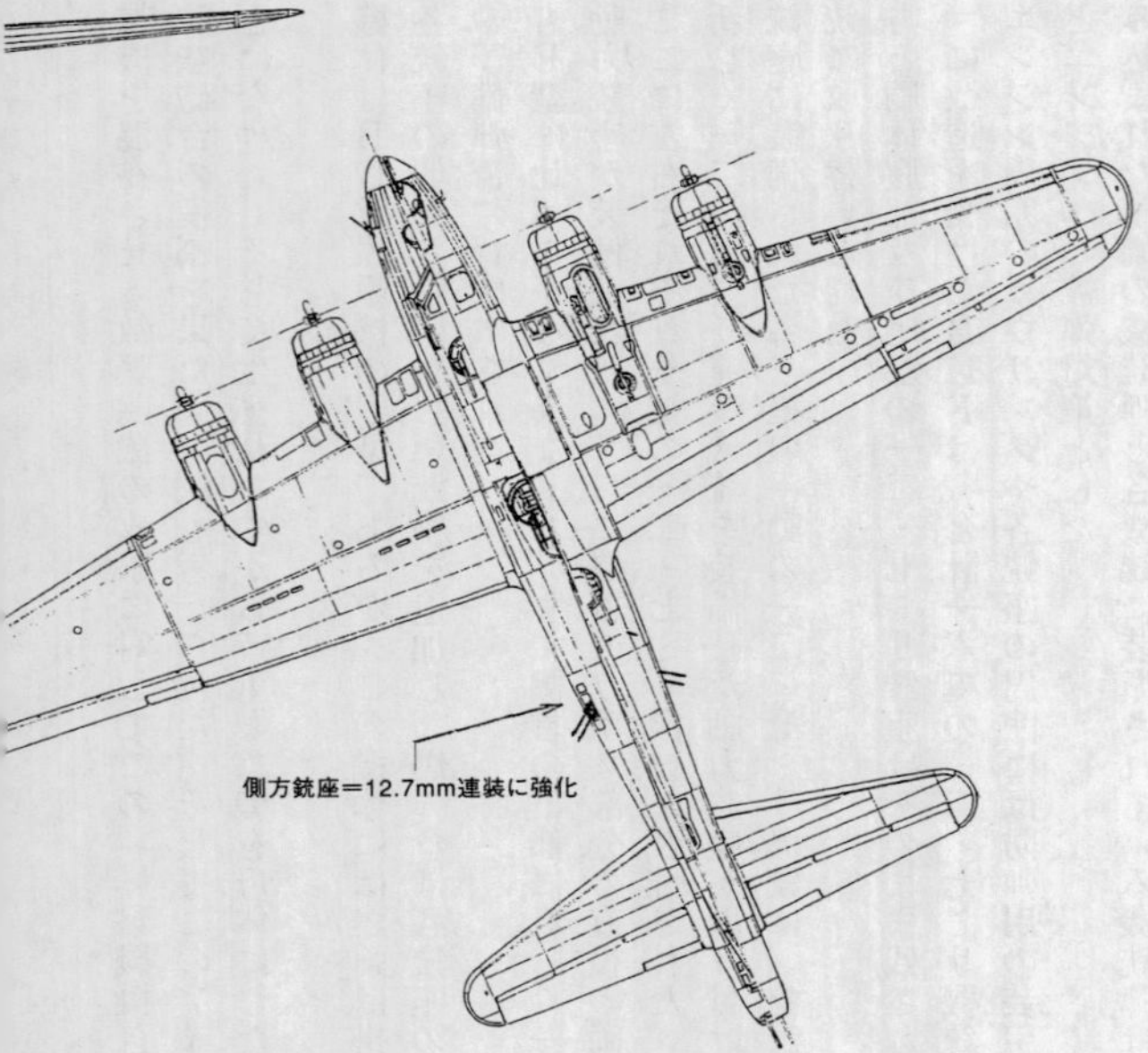
側方銃座＝12.7mm連装に強化

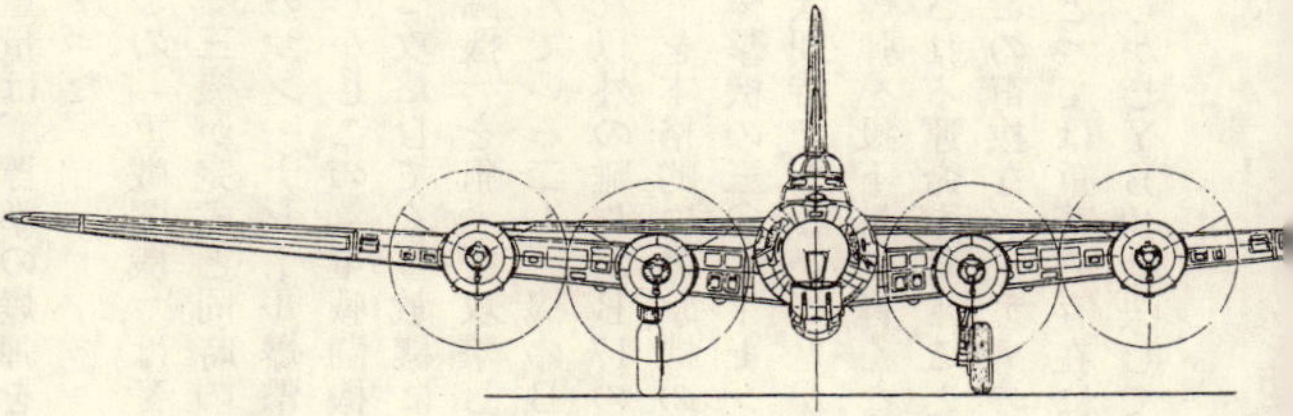

第22図　YB40

全　幅	31.63m
全　長	22.35m
全備重量	29874kg
エンジン	ライトサイクロンR1820-97　1200馬力×4
最高速力	498km／h
実用上昇限度	10700m
航続距離	3200km
武　装	12.7mm×16
爆弾搭載量	ナシ（機銃16梃分の弾薬1万発を搭載）

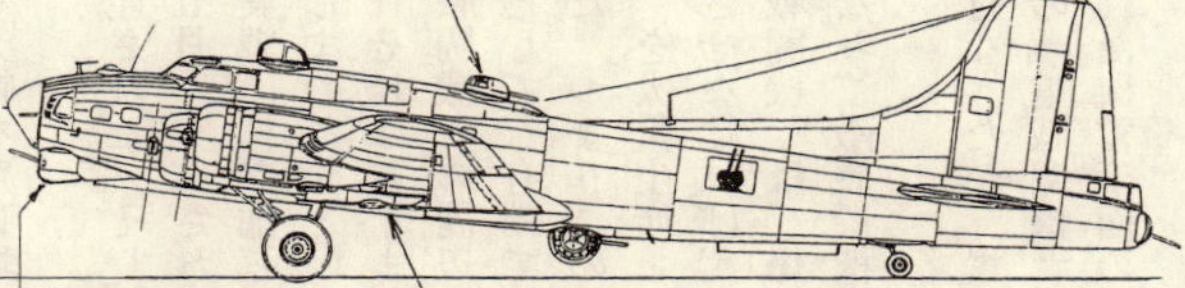

装備し、機銃を増やし、装甲板を取り付け、大量の予備機銃弾を搭載したこの「重戦闘機」の重量は、標準の爆弾を搭載し、標準の機銃弾を搭載したB17Fより大幅な重量増となってしまった。

この「重戦闘機」はYB40と呼ばれ、合計二三機がとりあえず生産された。そしてその中の一三機が完成と同時の一九四三年四月にイギリスに送り込まれ、五月に実施されたフランスのサン・ナゼール爆撃に出撃するB17の編隊の中に組み入れられ実戦に初参加した。

しかしこの「重戦闘機」の使用結果は期待を裏切ることとなってしまった。というのは確かに攻撃してくる敵機に対しては猛烈な弾幕を張ることができるが、それはあくまでも「重戦闘機」を狙って攻撃してきた敵機に対して有効であり、また「重戦闘機」の周辺で編隊を組んでいる二〜三機のB17に攻撃を仕掛けてくる敵機に対する弾幕としても有効ではあるが、それ以外の離れたB17の援護射撃の効果は薄くならざるを得なかった。つまりこの「重戦闘機」を本格的に爆撃機の護衛機として使うのであれば、「重戦闘機」を大量生産し、出撃する爆撃機の三〇パーセント前後の多数の「重戦闘機」を同時に出撃させなければ、大きな効果は期待できないことがわかったのである。ただでさえ重たい「重戦闘機」は、爆撃終了後は爆弾を投下して軽くなった爆撃機の編隊に追いつくことが困難になり、敵戦闘機に袋叩きにされる運命を負うことになった。

この奇抜なアイデアのYB40はその後七月までに一七回の出撃を行なったが、爆撃航空団にとっては重荷の存在になり、すぐに本国に送り返されてしまいこの「重戦闘機」は消えた。

しかしYB40は決して無駄な存在ではなかった。YB40に装備された機首下面の一二・七ミリ連装機銃装備の銃座はその有効性が認められ、B17のF型には早速この機首下面銃座（その形状からアゴ型銃座＝Chin Turret＝と呼ばれた）が装備されることになり、この銃座を装備し、機体内部装備に改良を加えたF型はその後G型と呼ばれ、一九四四年以降のB17重爆撃機の決定版として八六八〇機という大量生産が行なわれることになった。

ちなみにYB40の試作と同時に、B24重爆撃機についても同じく銃座を増設した「重戦闘機」が試作されXB41と呼ばれたが、飛行特性がB17よりも格段にデリケートなB24が母体であるために、新しく装備した銃座が飛行安定性を著しく阻害し、結局B24の重戦闘機型は実戦に使われることはなかった。

第７章　ドイツ防空戦闘機隊の反撃

カムフーバーラインとドイツ本土の防空体制

一九四〇年五月十五日の夜、イギリス空軍爆撃航空団の九九機の爆撃機がエッセン、ドルトムント、デュッセルドルフを含むいわゆるルール地方の都市に対して合計一八〇トンの爆弾を投下した。そしてこの爆撃こそがイギリス航空団のドイツ本土に対する本格的な爆撃の第一弾となった。

この日の爆撃に最も当惑したのがドイツ国家元帥であり、ドイツ空軍最高司令官のゲーリングであった。彼は開戦前の一九三八年八月にルール地方の防空施設を視察した際に「ルール地方には一発の爆弾たりとも落とさせない」と演説し大見得を切った。五月十五日のイギリス爆撃航空団のルール地方への爆撃は、ゲーリング国家元帥の大見得を打ち壊し、ゲーリングの面目は丸潰れとなった。

開戦前のドイツでは、本国の夜間防空体制は高射砲と探照灯だけで防ぐことができるという考え方で固まっていた。そして戦闘機はあくまでも侵攻攻撃の手段として使うことが本筋で、夜間防空に戦闘機を使うという考えは希薄であった。

しかし夜間の防空を高射砲と探照灯に頼るという考えは基本的に無理があり、十分に機能するものとは考えられない。高射砲も敵機の飛行高度や速力、高射砲弾の初速や限界到達射高あるいは風速、さらには弾丸の爆発の時限信管の調整など、刻々と変わる射撃諸元の調整は煩雑を極め、高射砲の命中（弾丸が機体に命中しなくとも、機体の至近距離で爆発すれば飛散する弾片で機体を破壊できる）の確立は一パーセント以下であるのが当たり前ということを考えれば、ドイツ軍の防空体制の考え方には基本的な甘さがあったと言わざるを得ない。

しかしこの問題点に対しドイツ軍の反応は極めて素早かった。一九四〇年六月には二個飛行隊（定数四〇機）から成るドイツ空軍最初の夜間戦闘機隊が組織され、初代の指揮官にヨーゼフ・カムフーバー大佐が任命された。

彼が考え出した防空体制は次のようなものであった。もちろんその基本となるものはレーダー（Radio Detecting and Ranging ＝ RADAR ＝電波探信儀）の活用であった。ドイツもイギリスと同じく早くからレーダーの開発を進めていた。しかし実用的なレーダーの開発はイギリスが一歩先んじており、一九三九年にはイギリス本土防空体制を構築する基本装置として配備が始まっていた。そして翌年夏から始まったバトル・オブ・ブリテンに際しては、イギリス本島の東南部地域に張り巡らされたレーダーは、イギリス攻撃に向かってくるドイツ戦闘機や爆撃機の編隊の早期発見に多大な貢献をすることになり、イギリスのバトル・オブ・ブリテン勝利の陰の立て役者としての機能を十分に果たした。

一方のドイツは一九四〇年に入り探知能力一二〇キロメートルのフライアと呼ばれるレー

ダーの実用化に成功した。ただこのレーダーは目標物の方向を探知する能力は持っていたが、目標物の高度を探知する能力は持っていなかった。

フライアに続いて開発されたレーダーがビュルツブルクと呼ばれるもので、有効探知能力は四〇キロメートル程度であるが目標物のある程度の高度を判定できる性能を持っていた。

カムフーバーはフライアとビュルツブルクの二形式のレーダー隊と探照灯隊そして高射砲隊で一組の捕捉隊を編成し、この捕捉隊を多数編成した。各隊は敵機の侵入に対してまずフライア・レーダーで遠方から敵機を探知しこれを追跡する。そして敵機がビュルツブルク・レーダーの探知能力圏内に入るとビュルツブルク・レーダーが侵入して来る敵機の追跡を開始する。さらに敵機が探照灯の照射圏内に入ると後は探照灯隊が敵機を捕捉し続ける。それと同時に高射砲の射撃が開始され同時に防空戦闘機隊が出撃を開始し、探照灯に照らし出された敵機の攻撃にかかるのである。

カムフーバーはこのような捕捉隊を多数編成させ、ルール地方の西側に三二キロメートル間隔で南北に長い、敵機の捕捉・攻撃の帯を構築した。この帯はイギリス空軍では「カムフーバーライン」と呼んだが、ドイツ側はルール地方西部のライン河の西に南北に長く形成される探照灯の帯を称し、「ヒンメルベット(Himmel Bett)＝天空の寝床」と呼んだ。この捕捉隊の編成と同時にメッサーシュミットMe110双発戦闘機による夜間防空戦闘機隊が二個飛行隊編成された。

ルール地方へのイギリス空軍爆撃航空団の空襲に対し、一九四二年一月まではドイツ夜間戦闘機はカムフーバーラインの探照灯隊に照らし出された敵機を攻撃していたが、二月頃か

第23図　カムフーバーライン概念図

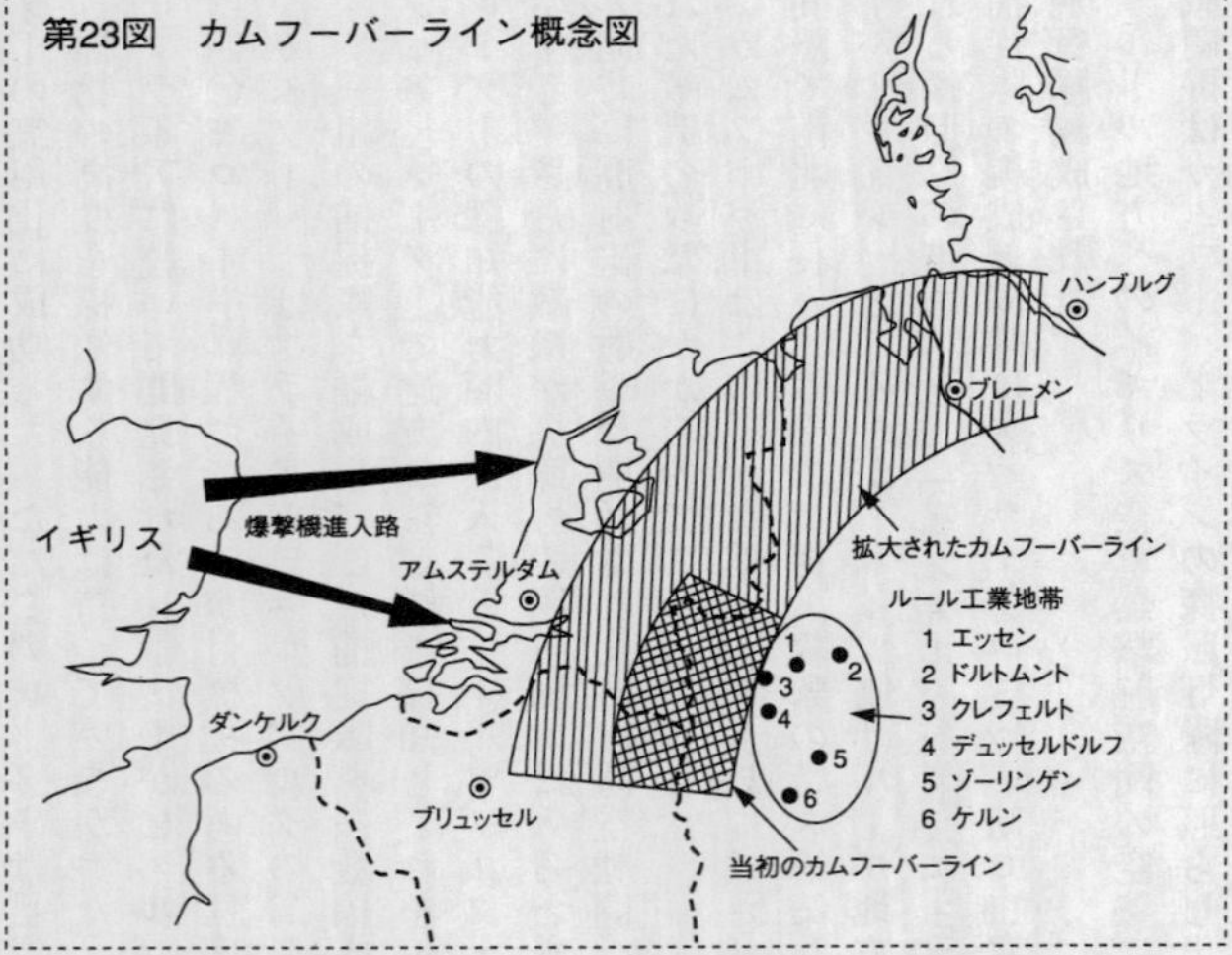

らは新たに開発された機上搭載が可能な小型のリヒテンシュタイン・レーダーを装備したメッサーシュミットMe110が登場、捕捉隊の探照灯の圏外に出た敵機の捕捉が可能になった。

このリヒテンシュタイン・レーダーはその後も改良が続けられ、一九四三年末頃からは有効探知能力が四〇〇メートルから数キロメートルに向上したSN2型が標準装備となった。

このSN2型リヒテンシュタイン・レーダーはドイツ夜間戦闘機の主力レーダーとして最後まで使われたが、このレーダーを装備したドイツの双発夜間戦闘機の機首には、鹿の角のように四本のレーダーアンテナが長く突き出していたので一見して区別することができた。

ドイツ空軍の夜間戦闘機には当初から双発戦闘機のメッサーシュミットMe110

レーダー装備のメッサーシュミットMe110

が使われていたが、その後双発爆撃機のドルニエＤｏ217やユンカースＪｕ88なども夜間戦闘機に改造され、大量に使われ出した。

　そして一九四三年六月頃からはドイツ空軍最初の純粋な夜間戦闘機として開発されたハインケルＨｅ219も戦列に加わったが、この夜間戦闘機は二〇ミリ機関砲四門を装備した全幅一八メートル、全長一五メートルという大型の双発戦闘機で、最高速力は時速六九〇キロメートルを記録する優秀な戦闘機としてドイツ空軍を代表する夜間戦闘機となったが、なぜか大量生産するまでには至らず、わずか二六八機の生産で終わってしまった。その裏にはドイツ空軍首脳部とハインケル社との間に長く燻っていた軋轢が禍したとの噂がもっぱらで、ドイツ夜間戦闘機隊にとっては実に大きな無意味なマイナスであった。

　ドイツ空軍の西部戦線における防空戦闘機（対爆撃機用ばかりでなく対戦闘機用としても活動）は、イギリス空軍爆撃航空団による夜間爆撃が激化の一途をたどり、しかもアメリカ爆撃航空団がドイツ本土の昼間爆撃に加わり始めた一九四三年一月現在では、単発戦闘機六三五機、

第3表　ドイツ軍の高射砲と探照灯の装備数の年度別推移

年　　度	重高射砲(門)	探照灯(基)
1939年	2925	3008
1940年	3110	3536
1941年	4310	3840
1942年	5170	4512
1943年	9080	6596
1944年	11950	7520
1945年	12269	不明

注：重高射砲とは、88ミリ、105ミリ、128ミリ高射砲を指す

双発戦闘機（一部は夜間戦闘機）四一〇機の合計一〇四五機という戦力を誇っていた。しかしその一年後の一九四四年一月現在では、単発戦闘機八七〇機、双発戦闘機七八〇機の合計一六五〇機と、一・五倍に強化されていた。

　強化されたのは戦闘機ばかりではなく、カムフーバーラインとドイツ各主要都市周辺への高射砲と探照灯の増備も第3表に示すように急速であった。参考までに空襲が激化した一九四五年四月現在の日本本土の高射砲の配備状況は、関東地方、名阪地方、北九州地方など日本で最も防空体制が強化されていた地域に配備されていた数は、わずかに八二〇門に過ぎず、ドイツ本国が東西から侵攻を受けていた一九四五年一月現在の、ドイツ国内の高射砲の配備総数一万二二六九門と比較すると、あまりの弱体ぶりに驚くばかりである。さらに驚くことは日本のこの八二〇門の高射砲の大半は最大射高が九〇〇〇メートル程度で、一万メートルの高度で来襲するボーイングB29爆撃機の編隊には届かなかったのである。

　第4表にドイツ高射砲隊について、一九四四年十月一ヵ月間の重高射砲（口径八八ミリ、一〇五ミリ、一二八ミリ）の消費砲弾量を示すが、合計実に三二〇万発が発射されていること

第4表　ドイツ軍の重高射砲の砲弾消費数（1944年10月1ヵ月間）

高射砲の種類	消費砲弾数（発）	有効射高（m）
88ミリ高射砲	2948800	8000
105ミリ高射砲	254360	9000
128ミリ高射砲	102430	11000

になり、イギリスおよびアメリカ爆撃機が昼夜に限らず防空戦闘機ばかりでなく、激しい高射砲の弾幕に晒され多くの損害を出していたことがわかるのである。

ドイツ側はカムフーバーラインが構築された当初は、探照灯の助けを借りて照射される敵機のみを攻撃していたが、レーダーを装備した夜間戦闘機が登場すると、探照灯で照射される敵機ばかりでなく探照灯に照射されていない敵機も単独で捕捉することが可能になり、捕捉隊の探照灯有効照射範囲を多少外れた空域での戦闘も行なっていた。しかしこれらの夜間戦闘機隊は特定のレーダー基地の管制下にあり、活動も特定のレーダー基地の管制範囲内で終わり、管制範囲を出た敵機の攻撃は他の管制圏内の夜間戦闘機隊に任されていた。

しかしこれは攻撃としては中途半端になりかねなかった。例えばせっかく捕捉した敵機も管制圏外に出た場合には攻撃を断念せざるを得なかったのである。

この欠点を改善し敵機攻撃を連続的に行なう方法として一九四三年六月頃から採用された夜間攻撃方法が「ツアーメザウ（Zame Sau）」戦法で、この攻撃方法によってイギリス爆撃隊の損害は急増することになった。

ツアーメザウ戦法とは、特定のレーダー基地の誘導で敵機に向かった夜間戦闘機は、その後はレーダー基地の管制圏外に出ても自機のレーダーを使い、燃料と弾薬が続く限り爆撃機の編隊の流れに乗って攻撃を続けるものであった。

この「爆撃機の流れに乗る」ということは次のことを意味していた。

イギリス空軍爆撃航空団が大編隊でドイツ本土を爆撃する場合、イギリス国内の数十の基地から一度に爆撃機が出撃して巨大な一群の編隊を組んでドイツに向かう方法はとらない。

爆撃機が編隊を組んで出撃する場合には、滑走路を離陸した爆撃機は高度を上げながら基地周辺の上空を旋回しながら次々に離陸してくる僚機を待ち、全機が基地上空で編隊を組んでから目的地に向かう。しかし夜間出撃の場合には順次離陸した爆撃機から、全機の離陸が終了するまで基地上空で旋回しながら編隊を組むために待機することは極めて危険である。

そのために夜間出撃の場合には、離陸した各爆撃機は離陸次第そのまま高度を上げながら目的地に向かって飛行して行く。四発爆撃機の離陸の場合でもその間隔は二〇秒程度で離陸が続く。同じ時間にイギリス中の数十の基地から同時に離陸が始まるので、爆撃機はそれぞれは単機で飛行しているようであるが、いつしか蟻の行列のようにドイツへ向かう空はドイツに向かう無数の爆撃機の流れができてしまう。この流れは高度六〇〇〇メートル前後、幅十数キロメートル、長さ二〇〇キロメートル以上にわたって続く。流れの中には六〇〇〇～一〇〇〇機程度の四発爆撃機が点在しているのである。つまりドイツ夜間戦闘機はイギリス爆撃機の流れに乗れば、次々と獲物を捜し出し攻撃をしかけることができるのである。

夜間爆撃を行なうイギリス爆撃隊の損害は、ツアーメザウ戦法がとられるようになってから従来以上に増加した。しかしこの増加の裏にはドイツ夜間戦闘機の武装の強化も大きく原因していた。

最も多数使用されたメッサーシュミットMe110夜間双発戦闘機の中でも、最も広く使われたG型の武装は、二〇ミリと三〇ミリ機関砲各二門を装備。ユンカースJu88爆撃機の夜間戦闘機型は二〇ミリ機関砲五門、同じくドルニエDo217爆撃機の夜間戦闘機型も二〇ミリ機関砲四門、ハインケルHe219夜間戦闘機に至っては三〇ミリ機関砲四門を装備していたが、一九四三年九月頃からはこれらの夜間戦闘機の多くが、胴体背部に二〇ミリまたは三〇ミリ機関砲二門を上向きに装備し、敵機の下方の至近距離に忍び寄ってこの強力な機関砲弾を集中的に命中させ、一撃でイギリス空軍の四発爆撃機を撃墜する戦法を採用していた。

この戦法は一九四三年五月に日本海軍が双発の二式陸上偵察機の胴体背部に二門の二〇ミリ機関砲を装備し、ラバウル基地の夜間爆撃に現われるボーイングB17爆撃機を撃墜した戦法と全く同じであるが、ドイツ空軍はこの胴体背部に機関砲を搭載して爆撃機を攻撃する方法について、一九四二年以来様々に研究を続けており、日本海軍の「斜め銃」と時期を同じくして採用されたのは単なる偶然の一致で、戦後世間で広く伝えられるようになった、日本海軍の「斜め銃」のアイデアがドイツに伝わりこれがドイツ空軍でも採用されたという話はまったくの作り話である。時期を同じくして遠く離れたところで同じアイデアが実用化されるということは、武器の世界ではしばしば起きることであるが、この「上向き機関砲」について両国で違うのは、日本の場合は機関砲を胴体に対して三〇度の浅い角度をつけて装備したことに対し、ドイツでは六〇度という大きな迎角をつけて装備したことであった。つまりドイツ夜間戦闘機は敵機の下方ほぼ直下まで接近し確実に命中弾を与えたことになるが、これはイギリスの三機種の四発重爆撃機が、いずれも初期のタイプを除いてなぜか胴体下面に機銃を装備していなかったということと無関係ではなさそうであった。

ドイツ空軍夜間戦闘機

ドイツ空軍が本格的に夜間戦闘機を実戦に配備したのは一九四〇年五月からであった。当初夜間戦闘機として配備された機種は単発戦闘機のメッサーシュミットBf109と双発戦闘機のメッサーシュミットMe110であった。

双発戦闘機の場合は夜間航法や地上基地との交信などは同乗する通信士が行ない、操縦士は機体の操縦や敵機の発見あるいは敵機の攻撃に専念できるので、双発戦闘機は夜間戦闘機としては理想的な機種といえた。

しかし単発戦闘の場合にはただでさえ神経をすり減らす夜間飛行で、航法、通信、見張りなどを同時に一人で行なうことは操縦士に対して極度の負担を強いることになり、単発戦闘機のメッサーシュミットBf109は短期間就役しただけで夜間戦闘機の配置から外され、以後ドイツの夜間戦闘機は戦争の終結まで、五七六二機も生産された双発戦闘機のメッサーシュミットMe110が主力の座を占めることになった。

その後ドイツ夜間戦闘機に機上搭載型のレーダーが装備され始めると、レーダー操作員を含めた三座の夜間戦闘機が要求され出し、大型機ではありながら操縦性に優れたユンカースJu88双発爆撃機やドルニエDo217双発爆撃機が夜間戦闘機として使われるようになった。

次にドイツ空軍の夜間戦闘機として活躍した機種についてそれぞれ紹介する。

(1)メッサーシュミットMe110双発戦闘機

「戦闘機の速力と爆撃機並みの航続距離を持った長距離双発戦闘機」のコンセプトの下に誕生したのが、ドイツ空軍を代表する双発戦闘機メッサーシュミットMe110であった。

ドイツ空軍はメッサーシュミットMe110双発戦闘機に「駆逐戦闘機」という摩訶不思議な機種名を与えたが、つまりはメッサーシュミットBf109単発戦闘機では航続距離が短くて不可能な爆撃機の長距離援護を、本機に行なわせようとするものであった。爆撃機を襲ってくる敵機を追い払うことが任務で、まさに戦艦や巡洋艦を護衛する駆逐艦の役割をイメージさせたものであったが、バトル・オブ・ブリテンでは爆撃機を護衛するはずであった重量級のMe110は、イギリス空軍の繰り出すホーカー・ハリケーンやスピットファイア単発戦闘機にとうてい立ち向かう術もなく、爆撃機を守るべきはずの「駆逐戦闘機」を守るための単発戦闘機がさらに必要になってしまった。これはドイツ空軍にとってはまったくの誤算であった。

敵の単発戦闘機と戦うことができないMe110の存在意義はなくなり、生産も終了する準備に入っていたが、この戦闘機に最適な任務として期待されたのが夜間戦闘機であった。

イギリス爆撃航空団がドイツに対する本格的な夜間爆撃を開始するころになると、メッサーシュミットMe110は有能な夜間戦闘機としての評価が高まりにわかに需要が増してきた。とくに一九四三年中頃からは改良されたリヒテンシュタイン・レーダーを搭載することによって、本機の夜間戦闘機としての機動性は一層増すことになり量産に次ぐ量産が行なわれ、最終的には五七六二機が生産された。

本機の最高速力は時速五五〇キロメートルと平凡な速力であったが、イギリス空軍が繰り出す四発爆撃機の最高速力はせいぜい時速四五〇キロメートルそこそこであるために、操縦

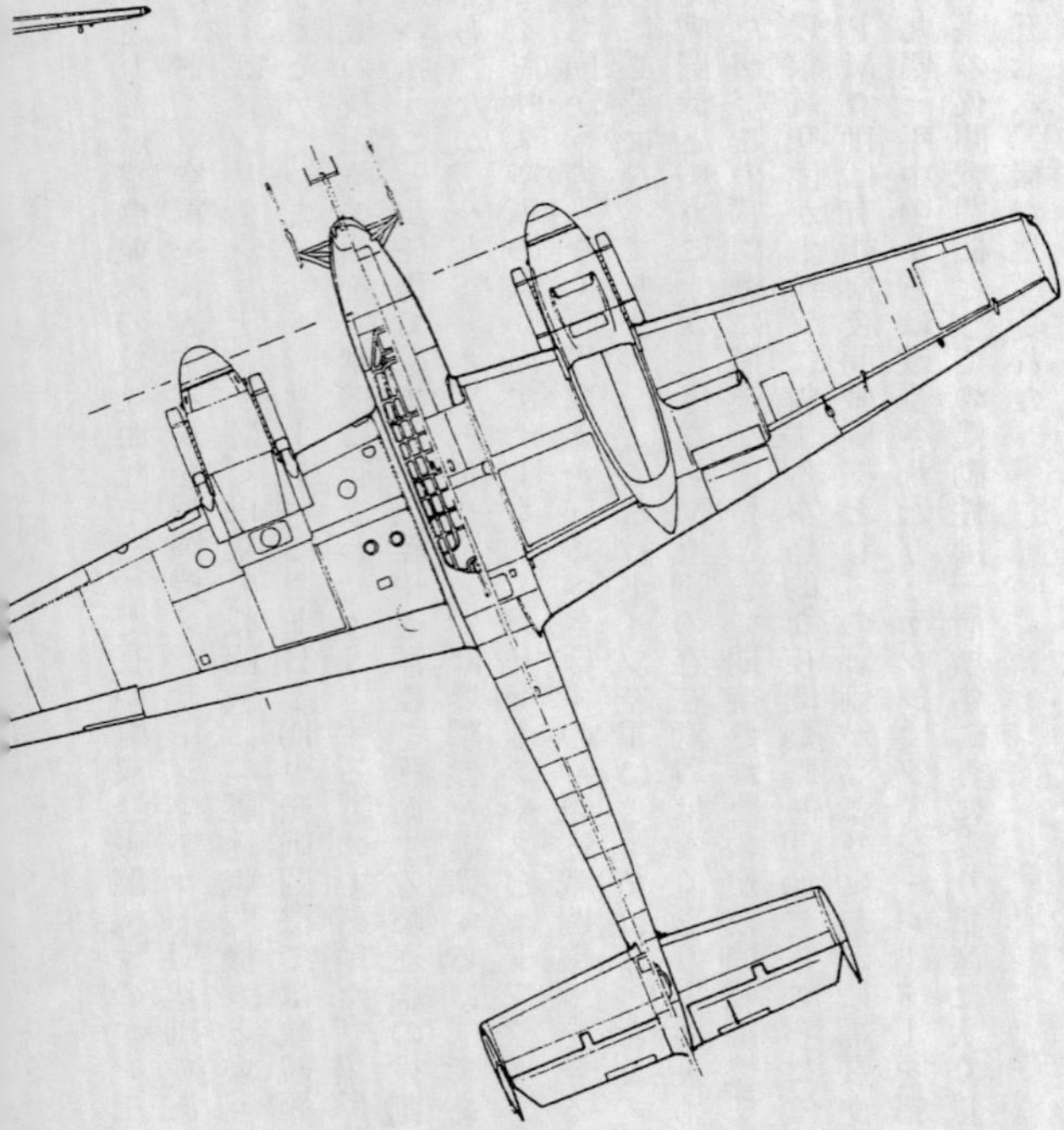

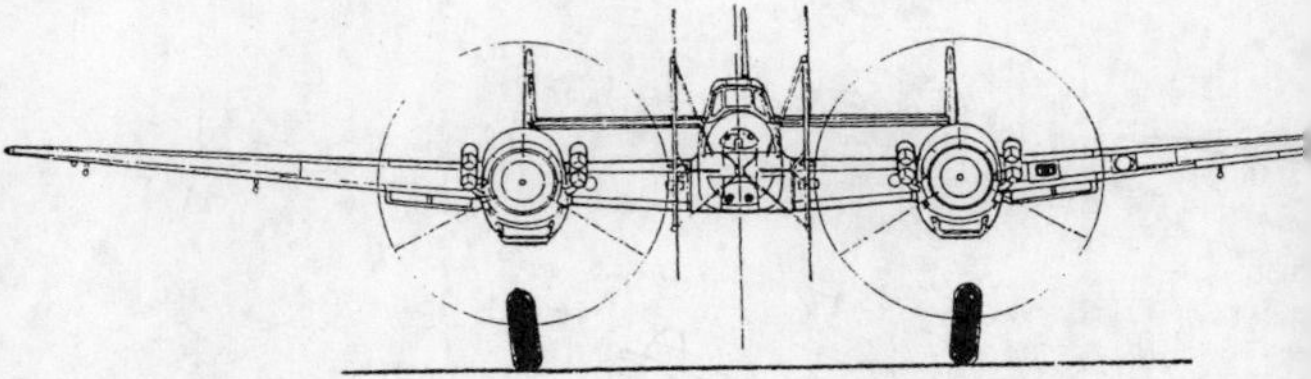

第24図　Me110G

全　　幅	16.27m
全　　長	12.67m
全備重量	9900kg
エンジン	ダイムラー・ベンツDB605B　1475馬力×2
最高速力	550km／h
実用上昇限度	7940m
航続距離	2100km
武　　装	30mm×2、20mm×2、7.9mm×7

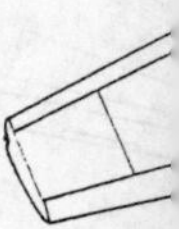

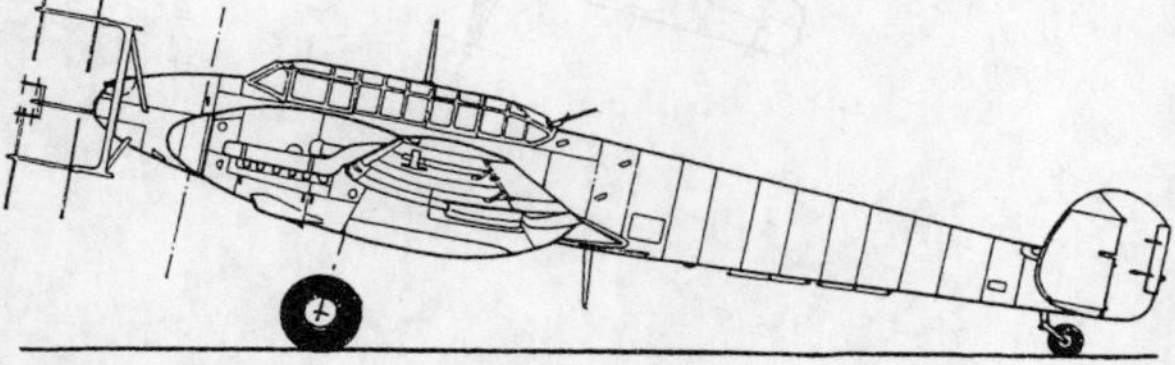

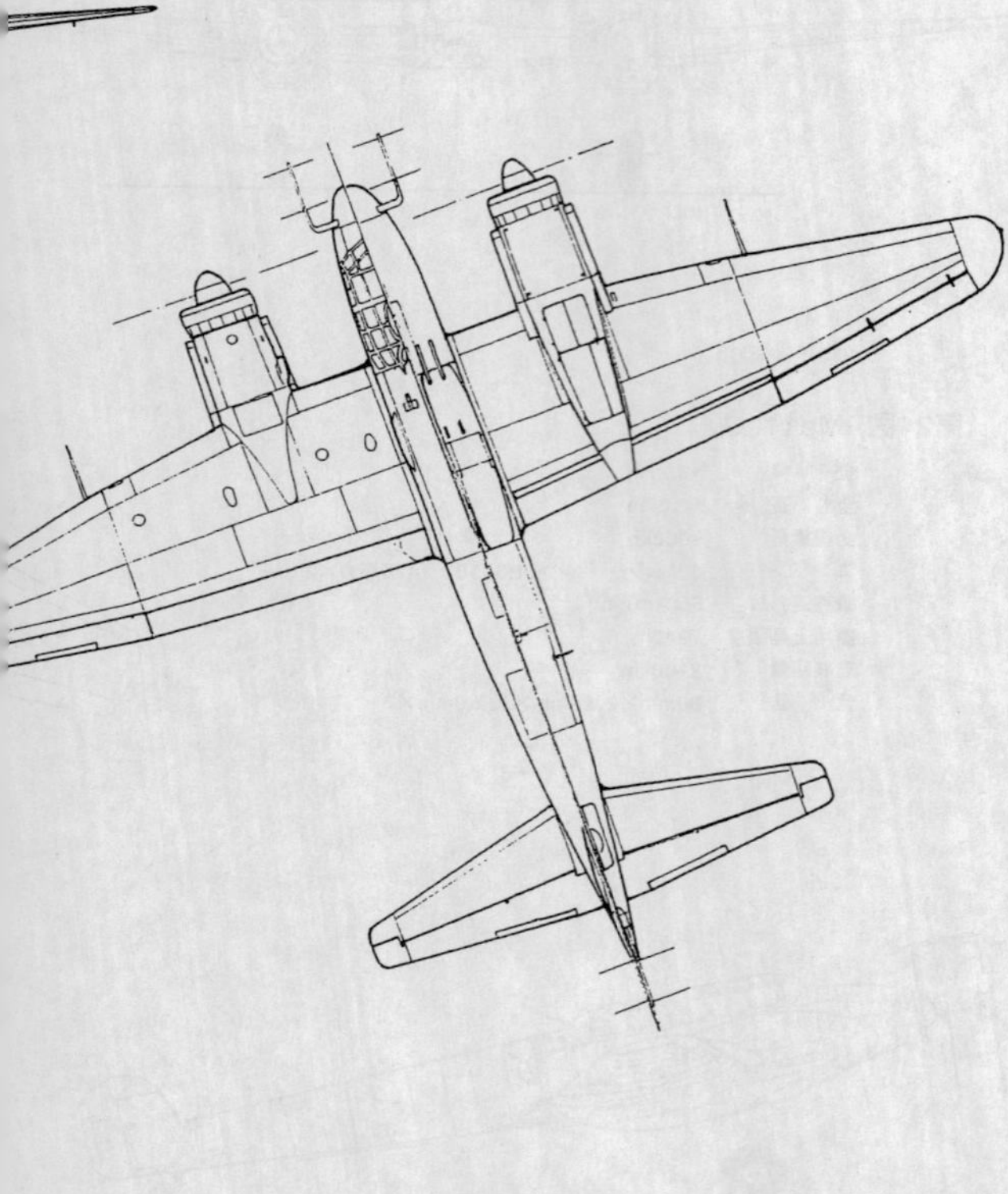

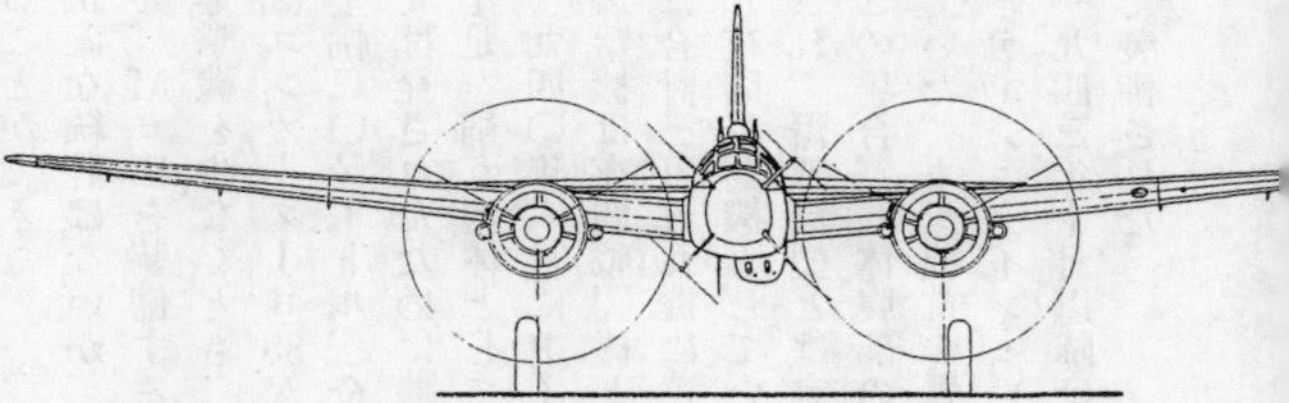

第25図　Ju88G

全　　幅	20.00m
全　　長	14.35m
全備重量	11820kg
エンジン	ユンカース・ユモ211J　1410馬力×2
最高速力	500km／h
実用上昇限度	9900m
航続距離	3430km
武　　装	30mm×2.20mm×2（上向き銃）、13mm×1

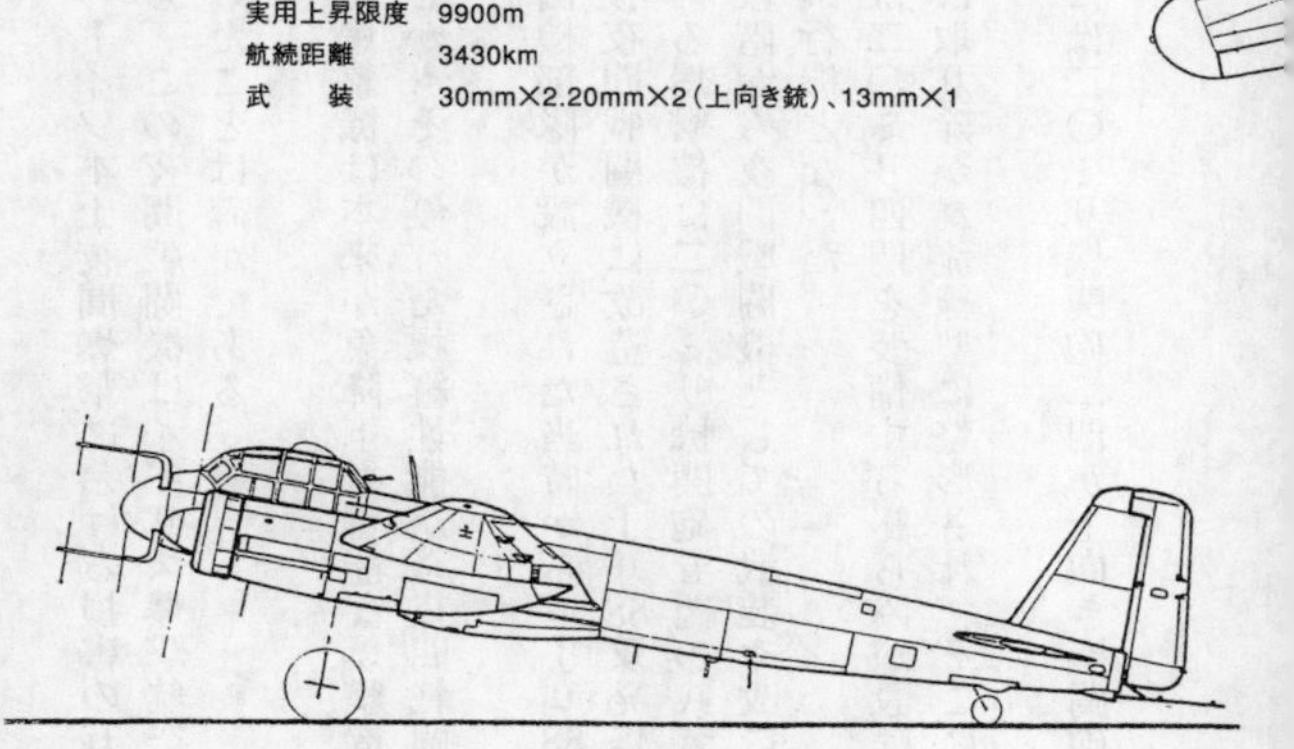

性に多少の難があるメッサーシュミットＭｅ110でも、夜間戦闘機としては十分に機能を発揮することができた。

正確な統計はないが、イギリス空軍爆撃航空団のドイツ本土夜間爆撃における損害の有り様と、Ｍｅ110を装備する夜間戦闘機部隊の多さから、この夜間戦闘機はイギリス爆撃航空団の爆撃機を少なくとも二〇〇〇機以上は撃墜していたことは確かである。

(2)ユンカースＪｕ88双発爆撃機

全幅二〇メートル、全長一五メートルのこの双発爆撃機は本来が急降下も可能な爆撃機として開発されたために機体の強度は十分にあり、しかもその優れた操縦性能から夜間戦闘機の不足を補う機体としては理想的な機体であった。

一九四〇年六月にドイツ空軍で初めての夜間戦闘機部隊が設立された当時から、Ｊｕ88双発爆撃機は夜間戦闘機として白羽の矢が立ち、以後夜間戦闘機に改造されたＪｕ88双発爆撃機は合計三五五九機に達した。勿論、当初は純然たる爆撃機に二〇ミリ機関砲五門の武装を施し夜間戦闘機としていたが、途中からは生産の段階から夜間戦闘機としての武装や改造が施され、爆撃機型とは完全に一線を画した存在の飛行機となった。

この場合、機体腹部の爆弾倉は塞がれ、そこには二〇ミリ四門を装備する膨らみが設けられていた。また機首の爆撃手席の角張ったガラスは取り除かれ流線型に整形され、そこにはリヒテンシュタイン・レーダーが内蔵された。

一九四三年十月以降は、一部の機体の胴体背部には二〇ミリ機関砲二門が上向き機関砲として装備された。

ドイツ空軍が最大数の夜間戦闘機を装備していた戦争末期の一九四五年一月現在、Ｊｕ88夜間戦闘機の保有数は四五六機で、本機で装備された夜間戦闘機部隊は一六個、また本機とメッサーシュミットＭｅ110夜間戦闘機と併用配備されていた夜間戦闘機部隊は六個に達していた。

(3)ドルニエＤｏ217双発爆撃機

メッサーシュミットＭｅ110の量産が再開され軌道に乗り出す前の一九四二年のドイツ空軍は、双発夜間戦闘機の不足に悩んでいたときで、操縦性能が良くしかも急降下も可能、機体強度も頑丈であったドルニエＤｏ217爆撃機は、夜間戦闘機として打ってつけであった。

夜間戦闘機として使われるＤｏ217爆撃機はユンカースＪｕ88と同じような改造が行なわれた。機首が流線型に整形され内部にリヒテンシュタイン・レーダーを装備したこと、機腹の爆弾倉を閉鎖し、そこに二〇ミリ機関砲四門を装備する膨らみを設けたこともＪｕ88とまったく同じであった。ただ爆撃機として生産されたＤｏ217の生産量が一七三〇機と少なかったために、夜間戦闘機として改造されたＤｏ217は三六四機に過ぎなかった。

(4)ハインケルＨｅ219夜間戦闘機

本機はドイツ空軍で最初から夜間戦闘機として開発された初めての戦闘機であった。初めて実戦部隊に配備されたのは一九四三年六月であったが、最初の六回の出撃で早くも二〇機のイギリス空軍の四発重爆撃機を撃墜破するという好成績を上げた。

この高性能ぶりは、本機が初めから夜間戦闘機として十分な機体強度と優れた操縦性を持つように設計されていたからで、比較的大型の機体ではあるものの、他の爆撃機改造の夜間

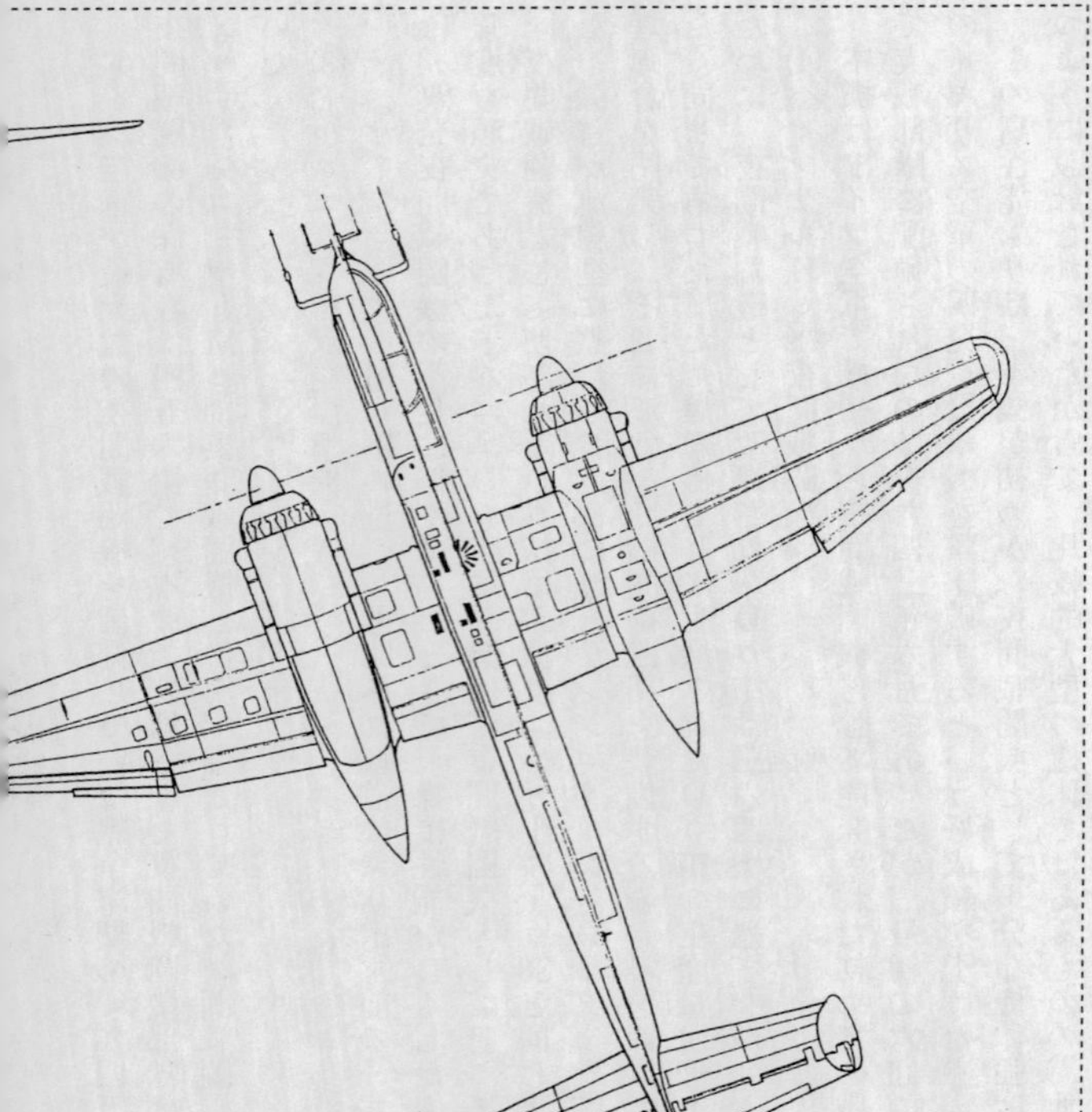

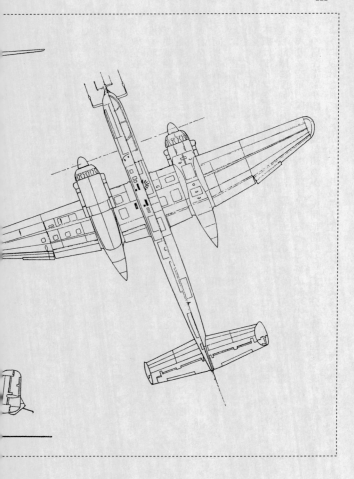

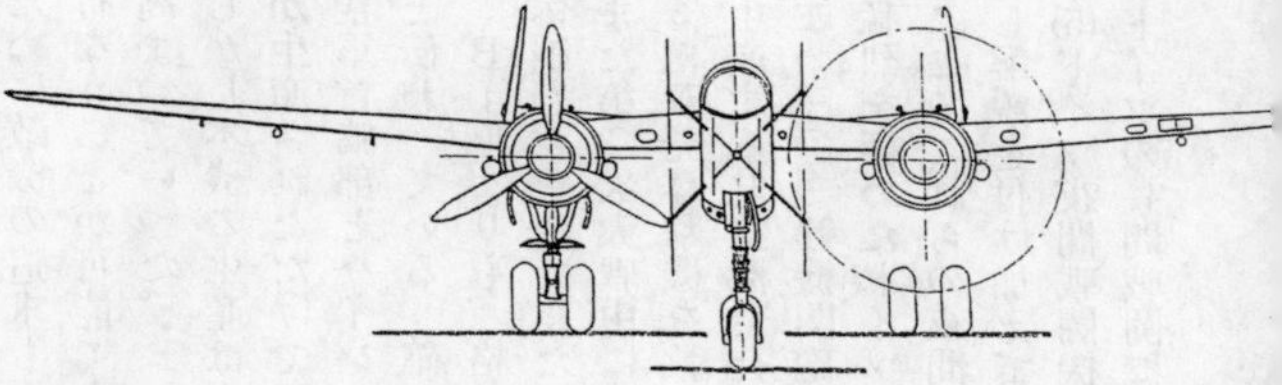

第26図　He219

全　幅	18.5m
全　長	16.3m
全備重量	14245kg
エンジン	ダイムラー・ベンツDB603G　1900馬力×2
最高速力	600km／h
実用上昇限度	10570m
航続距離	2800km
武　装	30mm×4、30mm×2（上向き銃）、20mm×2

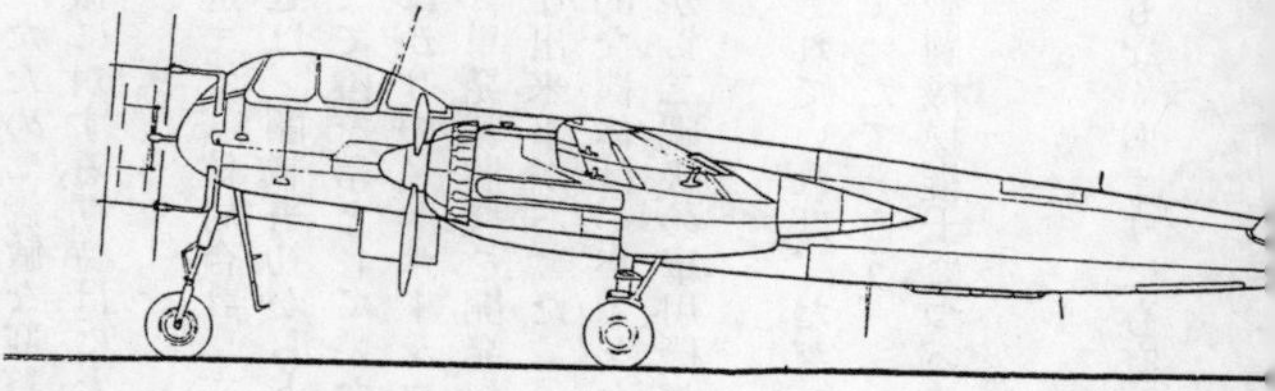

戦闘機のように急旋回ができないとか急上昇ができない、急反転ができないという制限がないために敵機の追求も迅速に行なえた。その上高速力の持ち主であったために俊敏な迎撃戦を行なうことが可能であり、この新鋭のハインケルHe219夜間戦闘機に対する期待はにわかに高まっていった。

しかし本機の生産は実戦部隊からの催促にも関わらず遅々として進まず、結局合計二六八機が生産されただけで戦争の終結を迎えてしまった。この生産の遅延は、開戦当初からドイツ空軍首脳部とハインケル社幹部との間に存在していた軋轢が最後まで陰を落としていたためと伝わっている。確かにハインケル社は大戦前に当時開発されたばかりのメッサーシュミットBf109よりも、格段に性能の優れていたハインケルHe100という単発戦闘機を開発し量産体制もとられていたが、なぜかBf109が採用されるという不可解な出来事があった。

また第二次大戦中に第一線機として活躍したハインケル社の代表的な機体は、ハインケルHe111双発爆撃機を数えるくらいで、ハインケル社は実力がありながら二戦級の軍用機だけを生産する航空機会社の地位に甘んじていた。

この三〇ミリ機関砲四門を装備する優秀な夜間戦闘機が大量生産されていれば、ただでさえ猛烈を極めたドイツ夜間戦闘機の活躍は、一層面白いものになっていたであろう。

ここでこれらの夜間戦闘機に搭乗して活躍したドイツ空軍の夜間戦闘機操縦士について、少し解説を付け加えておきたい。

(5)ドイツ夜間戦闘機隊のエース

ドイツの昼間戦闘機のエースについては、ここで説明をするまでもなくあまりにも有名である。敵機を一〇〇機以上撃墜したドイツ空軍の操縦士は戦争の終結までに一〇三名も誕生している。そればかりでなくその中には二〇〇機以上の撃墜記録を持つ者が一三名、さらに三〇〇機以上の撃墜記録を持つ操縦士が二名も存在するから驚きである。

ドイツ空軍のこれらのスーパーエースまたはウルトラエースの記録については、第二次大戦後様々に論議の種になったが、この大量撃墜記録の裏にはそれを裏づける事実があり、またドイツ空軍の撃墜戦果の判定基準の厳格さからも、これらの記録はほぼ真実と信じられるようになっている。

まずこの大量撃墜記録を持つ操縦士のほとんどは、一九四一年六月のドイツ軍のソ連侵攻当時、ドイツ空軍のソ連侵攻作戦に参加した者であった。

この侵攻はソ連のまったくの油断を突いた大規模な攻撃で、航空攻撃ではソ連空軍がソ連国境地帯に大量に配備していたすでに旧式化していた数千機の戦闘機や爆撃機を、優秀なドイツ空軍戦闘機はまるで赤子の手を捻るように次々と撃墜していったのであった。操縦士の中には一日に一〇機以上のソ連戦闘機（主力はすでにBf109の敵ではないポリカルポフI-16や複葉のI-15）を撃墜する者が何人も現われた。たちまち撃墜記録は五〇機を超え一〇〇機を超え、超エースが続々と現われることになったのである。しかし彼らも西部戦線の航空戦に配置換えになって参加すると、戦いの様子はとてもソ連戦闘機に対するような一方的な戦いにはならなかった。

練度の高い操縦士に操縦されたイギリス空軍戦闘機は、たちまち「経験豊か」と思われていた東部戦線帰りの操縦士が操縦するドイツ戦闘機を空から葬ってしまった。

東部戦線で多数の撃墜記録を残した操縦士の多くが、イギリスやアメリカ戦闘機との空戦で撃墜され戦死していった。

ソ連空軍機がドイツ本土を空襲してきたのは一部の例外を除きほとんどが一九四五年一月以降の戦争末期でありその数も少なかった。そのためにドイツ夜間戦闘機の操縦士が当初から戦った相手は、夜間にドイツ本土爆撃に現われるイギリス空軍爆撃機に限られていた。

ドイツの夜間戦闘機は、当初はカムフーバーラインの探照灯隊によって照らし出されたイギリス空軍爆撃機を攻撃することに限定されていたが、一九四三年に入り優秀な機上搭載型のレーダーがすると攻撃方法に自由度が開け、夜間戦闘機の活躍は激しさを増すようになった。しかもツアーメザウ戦法が採用されるようになると、夜間戦闘機操縦士の撃墜記録は急速に増え始め、中には夜間攻撃というハンディを持ちながらも八〇機以上の撃墜記録を持つ夜間戦闘機の超エースも現われ始めた。

ドイツ空軍の夜間戦闘機の操縦者で五〇機以上の撃墜記録を持つエースは二五名を数えるが、この二五名が撃墜したイギリス爆撃機の総数は一三六三機に達している。

イギリス空軍爆撃航空団に所属する爆撃機で、第二次大戦中のドイツ本土爆撃行で未帰還になった機体の総数は合計六四四〇機に達している。この中の相当数は高射砲によって撃墜されているが、残りの機体は夜間戦闘機によって撃墜されるか、高射砲や夜間戦闘機の攻撃で撃破され、イギリス基地への帰還の途中に力尽きて敵地やドーバー海峡に墜落した機体である。

ドイツ夜間戦闘機隊の活躍も、これらのスーパーエースの働きがあったために、イギリス爆撃航空団に対して多大な脅威を与えていたことは確かであった。
ドイツ夜間戦闘機スーパーエースのトップ七名とその撃墜記録は次のとおりである。

1　ハインツ・シュナウファー少佐　一二一機
2　ヘルムート・レント大佐　一〇三機（戦死）
3　プリンツ・ツー・ザイン＝ヴィットゲンシュタイン少佐　八三機（戦死）
4　ヴェルナー・シュトライプ少佐　六六機
5　マンフレート・モイラー大尉　六五機（戦死）
6　ルドルフ・シェーネルト少佐　六四機
6　ルドルフ・ラーデュシュ大佐　六四機

この中でレント大佐は一九四四年十月七日に作戦行動中に乗機の故障で墜落、事故死した。ヴィットゲンシュタイン少佐は一九四五年一月二十一日のベルリン空襲に際して出撃、一機のランカスター爆撃機を撃墜後、彼の乗機であるＪｕ88が至近距離で被弾し急に横転してきた別のランカスターと接触、他の二名の搭乗員は脱出したが彼は脱出できず機体と共に地上に激突してしまった。モイラー大尉は同じ二十一日のベルリン爆撃に際して出撃、ランカスターとハリファックス爆撃機を合計五機撃墜後、乗機のハインケルＨｅ219が爆撃機に随伴していたイギリス空軍のモスキート長距離夜間戦闘機の攻撃を受け、彼は脱出できず撃墜されてしまった。

これら夜間戦闘機のスーパーエースたちは、探照灯に照らし出されたり自機のレーダーで捕捉した敵爆撃機の背後や下面に忍びより、胴体背面に装備された斜め機関砲や胴体下面や機首の機関砲を使い分け、一瞬の集中砲火によって敵機を撃墜していた。

ここでドイツ空軍の昼間戦闘機の爆撃機攻撃についても少し説明を加えておきたい。

(6)ドイツ昼間戦闘機の対爆撃機戦闘

ソ連空軍相手の東部戦線のドイツ戦闘機隊にとって、イギリス空軍やアメリカ第8航空軍戦闘機隊相手の戦闘は極めて厳しいものとなった。

西部戦線のドイツ昼間戦闘機隊は、一九四二年初め頃から次第にイギリス空軍の戦闘機を相手にした戦闘が増え始めた。また一九四二年六月以降はアメリカ爆撃航空団の双発爆撃機や四発重爆撃機の攻撃に対する迎撃戦闘が急増してきた。

ドイツ空軍はフランスやベルギーあるいはオランダ国内に多数の戦闘機や爆撃機基地を配置し、イギリス空軍やアメリカ陸軍航空隊の航空勢力の侵攻に備えていた。

イギリス空軍は爆撃行動とは別に、主にフランスに駐留するドイツ空軍戦闘機を対象にした積極的な攻撃行動を戦闘機航空団主体に展開していた。この行動は戦闘機一個飛行中隊または二個飛行中隊から一二機あるいは二四機、時にはそれに倍する戦闘機をフランス国内に侵攻させ、迎撃に出てくるドイツ戦闘機との間で激しい空中戦を展開するものであった。

この戦闘機単独による侵攻をイギリス空軍では「スウイープ（Sweep =押しかけ掃除)」と称し、かなりの頻度で決行しドイツ戦闘機隊の撃滅を狙っていた。特に一九四二年六月以降、アメリカ爆撃航空団の爆撃機がフランス国内などのドイツ軍拠点の爆撃を開始すると、ドイツ空軍の昼間迎撃戦闘機をあらかじめ撃滅しておくためにも、スウイープの頻度は増すようになった。また時を同じくしてイギリス空軍戦闘機航空団のホーカー・タイフーン戦闘爆撃機の編隊がドイツ軍の兵站施設や鉄道施設、列車、飛行場などに対してゲリラ的な攻撃作戦を開始すると、攻撃に先立ちその空域からドイツ戦闘機をあらかじめ排除しておく必要があるために、スウィープの頻度は一層頻繁になりその規模も大きくなり、イギリス南部の数ヵ所の戦闘機基地から四個飛行中隊程度から四八機程度のスピットファイア戦闘機が発進し、それこそ徒党を組んでフランス上空に進入して行った。これに対してフランス沿岸付近の数ヵ所のドイツ空軍戦闘機隊の基地からも、同数程度のメッサーシュミットBf109戦闘機やフォッケウルフFw190戦闘機が迎撃に飛び立ち、盛大な空中戦が頻繁に展開されていた。

これらのドイツ空軍の単発戦闘機部隊は戦闘機同士の空中戦も行なう傍ら、フランスやベルギーあるいはそのままドイツ本土の爆撃に向かうアメリカ爆撃航空団の爆撃機の迎撃も行なったのである。

西部戦線のドイツ戦闘機部隊は逐次増強されていったが、最大勢力を誇った一九四四年一月現在では、八七〇機の単発戦闘機がフランス、ベルギー、オランダそしてドイツ国内の各基地に配備されており、夜間戦闘機の勢力は七八〇機に達し大半がドイツ本土の基地に配備され、ドイツ本土の夜間爆撃に来襲するイギリス爆撃航空団の爆撃機に備えていた。

ただ一九四三年十二月にアメリカの長距離援護戦闘機ノースアメリカンP51戦闘機が現われるまでは、ドイツ本土の大半の地域の昼間爆撃に来襲するアメリカ陸軍航空団の重爆撃機には、護衛戦闘機が随伴していなかったために、これらの双発の夜間戦闘機も自由に爆撃機攻撃ができ、また国内の昼間防空戦闘機隊にはメッサーシュミットMe110やMe410双発戦闘機も組み入れられていた。

しかし一九四三年十二月にノースアメリカンP51戦闘機が護衛戦闘機として爆撃機の編隊に随伴してくるようになると、事態は一変してしまった。

この戦闘機は長距離を飛行できるということばかりでなく、速力や空戦性能などがそれまでのフォッケウルフFw190-Aやメッサーシュミット Bf109-Gを上回り、ドイツ戦闘機の苦難の時代が始まることになった。特にドイツ昼間戦闘機隊の単発戦闘機は対爆撃機戦闘と対戦闘機戦闘を同時にこなさなければならず、ましてや難敵のP51の出現は昼間単発戦闘機の操縦士に対する負担をいやが上にも増すことになった。

これらの昼間単発戦闘機の武装も対爆撃機攻撃用を考慮しておく必要があり、重量増加をまねき対戦闘機戦闘での空戦性能が多少犠牲になっても、三〇ミリ機関砲という強力な破壊力を持つ機関砲を装備する機体も現われ、そしてそれが一般的になっていった。

一九四四年半ば以降のドイツ昼間戦闘機の武装の例としては、メッサーシュミットBf109-Gの場合では、プロペラシャフト内に三〇ミリ機関砲一門を装備し、両主翼の下にはそれぞれ二〇ミリ機関砲を装備、機首のエンジンカウリング上には一三ミリ機銃二梃を標準装備するものが増えてきた。またフォッケウルフFw190-Aの場合は両主翼にそれぞれ二〇ミリ機関砲二門を装備し、その上に一三ミリ機銃二梃を装備するのが一般的になっていた。

アメリカおよびイギリスの爆撃機の搭乗員にとってドイツ戦闘機の三〇ミリ機関砲は恐怖の的であった。もし三〇ミリ機関砲弾が爆撃機の主翼のメインスパー（主桁）にでも命中すれば、その爆撃機の巨大な主翼はたちまち折れ曲がり、機体はキリモミ状態になって墜落していった。当然その機体の搭乗員は誰一人脱出することはできない。

ドイツ空軍は一九四四年八月から西部戦線に最新鋭の単発戦闘機フォッケウルフFw190－Dを投入してきた。この戦闘機はそれまでのドイツ空軍第一線機のフォッケウルフFw190－A戦闘機の空冷エンジンを強力な液冷エンジンに換装した機体で、中高度での飛行性能が大幅に改善され、最高速力もそれまでの時速六五〇キロメートルから七〇〇キロメートルに向上していた。これによってドイツ空軍は、難敵の戦闘機であったノースアメリカンP51に対等に戦うことができる戦闘機を得ることができたのである。また対爆撃機戦闘では、本機のプロペラシャフトに装備された三〇ミリ機関砲を使うことによって、有利な戦闘ができるはずであった。しかしこのドイツ空軍最優秀の単発戦闘機の生産は度重なる空襲の打撃で伸びず、戦争終結までに合計八〇〇機強が生産されただけで終わってしまった。

また一九四四年末のドイツ空軍の戦闘機操縦士の大半を占めていたのは、戦闘機教習過程を卒業してきたばかりの戦闘未経験者が多数を占めるようになっており、経験豊かな優秀な操縦士たちは次々に戦死しており、戦闘機戦力も極度に弱体化しつつある時期でもあった。

しかしこの時期、ドイツ空軍の単発昼間戦闘機部隊は連日にわたって押し寄せるアメリカ爆撃航空団の重爆撃機の群れに決して手をこまねいていたわけではない。

ドイツ昼間戦闘機部隊は一九四四年四月頃から四発重爆撃機攻撃を専門とする単発戦闘機部隊を組織した。この隊の攻撃方法はそれまでの四機単位の編隊を一隊とする各編隊がバラバラで行なう攻撃方法ではなく、一個中隊二〇機または一個大隊六〇機の戦闘機の集団が、一群となって一個中隊（一二〜一六機）の爆撃機のコンバットボックスに繰り返し攻撃をかけ、コンバットボックスを切り崩す戦法に切り替え始めた。しかもこの攻撃方法に使われる単発戦闘機には二〇ミリ機関砲四門装備や、二〇ミリ機関砲二門と三〇ミリ機関砲一門装備の重武装機を使うばかりでなく、それらの戦闘機の要所には装甲板まで装備し簡単には撃墜されにくい装備が施されていた。

一九四四年七月七日のライプチヒ市爆撃に飛来した一一一九機のB17とB24重爆撃機の大軍に対し、六〇機単位のこの重爆撃機攻撃専門編隊が二個編隊（合計一二〇機）で迎撃してきた。

護衛のP51戦闘機の群れを急降下で突破してきたこの攻撃部隊は、二三機の重爆撃機を撃墜したが、攻撃隊も無数の爆撃機から撃ち出される機銃弾を受け、三〇機以上の損害を出し撃退されてしまった。しかしドイツ空軍昼間戦闘機部隊は、四発重爆撃機の攻撃に対する唯一の有利な攻撃方法としてこの集団編隊攻撃戦法を続けた。

しかし重爆撃機に対する単発戦闘機の攻撃戦法として、ドイツ空軍昼間戦闘機部隊が最後の最後に編み出した戦法は、日本の陸軍戦闘機部隊と同じ「体当たり」戦法であった。

一九四五年三月にドイツ本国防空戦闘機隊で、このドイツ式「体当たり」専門戦闘機隊への入隊志願者が募られた。その結果、三〇〇名の単発戦闘機操縦士が採用になり、徹底的な精神教育を受けた後にさらに適任者を選抜し実戦部隊に配属した。

最終的には一八〇名の操縦士が「体当たり戦闘機隊」の隊員となったが、この特別攻撃隊は「エルベ特別攻撃隊（Sonder Commando Elbe）」と呼ばれ編成が行なわれた。この攻撃隊は一五機で一個中隊を編成し合計一二個中隊で組織された。

使用される機体はメッサーシュミットBf109のG型及びK型で、各機の武装は三〇ミリ機関砲一門、二〇ミリ機関砲二門、一三ミリ機銃二梃で、攻撃に際しては各機全砲門を発射しながら敵のコンバットボックスに一団となって急降下で迫り、各機目標の爆撃機に激突するのである。

一九四五年四月七日、「エルベ特別攻撃隊」の最初にして最後の攻撃が行なわれた。この日、オラニエンブルク市の爆撃にB17とB24合計一二〇〇機の大編隊が現われた。この大編隊の上空には二〇〇機のP51戦闘機の護衛が随伴していた。

この一二〇〇機の爆撃機の撃滅が、この日の「エルベ特別攻撃隊」の任務であった。しかし攻撃隊の戦闘結果はあまりにも悲惨であった。

ほとんどが十分な戦闘経験を持たない操縦士で編成されていた特別攻撃隊の大編隊は、爆撃機の編隊に接近する前に護衛の曲者戦闘機P51に発見され次々に撃墜されてしまった。P51戦闘機との戦闘を逃れたわずかのメッサーシュミットMe109が果敢に爆撃機に向かっていった。

この日「エルベ特別攻撃隊」は一気に一三三機を失ってしまった。そして四七機が攻撃に失敗するか敵戦闘機の攻撃を逃れて基地に帰還した。その引き換えの戦果はB17撃墜六機、B24撃墜二機だけであった。乾坤一擲の勝負を行なった「エルベ特別攻撃隊」の戦果は、準備した戦力とはかけ離れたわびしいもので、日常の昼間戦闘機部隊による爆撃機迎撃戦にはるかに劣るものであった。

(7)夜間戦闘機同士の戦い

イギリス爆撃航空団の夜間爆撃時の損害は、ドイツ本土の本格的な爆撃を開始した一九四〇年八月以来、しばらくの間は対空砲火によるものばかりであった。しかしドイツ側がカムフーバーラインを構築し夜間戦闘機を配備し始めると、イギリス爆撃機の夜間戦闘機による損害が徐々に増え始めた。そして夜間戦闘機の配備が本格化する一九四一年後半頃から損害は加速し始めた。そしてカムフーバーラインの探照灯に照射されたイギリス爆撃機にはドイツ夜間戦闘機が群がり、一方のイギリス側にはこの夜間戦闘機を撃退する手段は、各機が装備する防御機銃を撃ちまくる以外に手立てはなかった。

しかし一九四二年五月からイギリス空軍戦闘機航空団の中に、機上レーダーを装備し、しかも長距離飛行が可能なデ・ハビランド・モスキート戦闘機を装備する飛行中隊が編成されると、事情は少し変わり出した。このイギリスの夜間戦闘機の少数が爆撃機の編隊に随伴し、ドイツ夜間戦闘機の出撃に備えたのである。ただその出撃の頻度は一九四三年に入る頃までは極めて少なかった。

一九四三年一月にモスキート夜間戦闘機部隊が五個飛行中隊（一個飛行中隊のモスキート夜間戦闘機の標準配備数一六機）になったとき、戦闘機航空団は爆撃機航空団のドイツ夜間爆撃行に協同して、これら飛行中隊の中から適宜十数機単位のモスキートを出撃させ、爆撃機の編隊に随伴させたり爆撃目標周辺上空に出撃させてドイツ側の夜間戦闘機の迎撃に備えることにした。

しかしこの場合、夜間戦闘機の出撃のタイミングや行動は全て戦闘機航空団独自で判断して行なうために、爆撃航空団の爆撃機が目標上空に到達したときにはまだモスキート夜間戦闘機が目標地域上空に到達していなかったり、離れた空域に在空していたりと必ずしも爆撃機側の役には立たない場合が散見された。

このために爆撃機隊と夜間戦闘機隊が確実に協同作戦が展開できるために、何らかの対策を講じる必要に迫られた。

最終的な対策が打ち出されるまでには時間がかかったが、一九四四年四月に最終的な対策が早速実行に移されることになった。それは爆撃航空団の組織の中にドイツ本土上空への侵攻を任務とする夜間戦闘機隊を組み入れ、しかもこれら夜間戦闘機隊に対する出撃などの命令系統を全て爆撃航空団の命令系統の中に包含してしまう、というものであった。

爆撃航空団はこの命令系統を徹底させ、しかも夜間戦闘機隊を重要な戦力と位置づけるために、爆撃航空団の中に新たに爆撃支援連隊（第100連隊＝グループ）を編成した。そしてこの連隊にはモスキート夜間戦闘機を装備した七個の飛行中隊が組み入れられた。

これによって爆撃航空団がドイツ本土の爆撃作戦を行なうたびに、その全行程にモスキート夜間戦闘機が爆撃機の編隊に護衛任務で適宜随伴することが可能になったのである。

一九四四年五月現在の第100連隊のモスキート夜間戦闘機の総数は一二六機に達していた。そしてこれらの少なくとも半数が爆撃作戦のたびに爆撃機の長大な川の流れの中あるいは周辺に随伴し、爆撃機の迎撃のために襲いかかってくるドイツ夜間戦闘機の撃墜に活躍したのであった。

モスキート夜間戦闘機がドイツ本土上空で撃墜したドイツ夜間戦闘機の数については、明確な数字について筆者は現在のところ見出していないが、ドイツ空軍側の記録などを総合すると少なくとも一〇〇機以上の各種ドイツ夜間戦闘機を撃墜しているようである。

第8章　特殊爆撃行

イギリス爆撃航空団とアメリカ爆撃航空団の爆撃機部隊はドイツに対する本格的な戦略爆撃を展開する中で、様々な特殊で興味あふれる爆撃作戦を決行した。しかしこれらの作戦はいずれも結果的には戦術上記録に残されるもので、戦局に大きな影響を与えるようなものにはならなかったが、それぞれの局面で考え出された、最も有効な戦術として興味が持たれるものばかりである。そのいくつかを次に紹介したい。

ルールダムを破壊せよ（イギリス爆撃航空団）

イギリス空軍爆撃航空団が一九四三年五月に発動した「ルールの戦い」の一環として、爆撃航空団は極めて奇抜な発想の攻撃を決行することにした。

エッセン、ドルトムント、デュッセルドルフ、ケルン、デュイスブルグなど、ドイツのルール地方を代表する大工業地帯の中心都市が集中する位置から東南に約一〇〇キロメートルの地点には、平均標高五〇〇メートルほどのなだらかなロタール山脈が広がっている。そしてこのロタール山脈の谷間にはメーネ、エーデル、ゾルペ、リスターなど幾つかの大小のダムが点在している。中でも最大のダムは貯水量二億一二〇〇万トンのエーデルダムで、その次に大きなダムは貯水量一億三四〇〇万トンのメーネダムであった。

東京都の水ガメである利根川水系最大の八木沢ダムの貯水量は二億四〇〇万トン、同じく多摩川水系の小河内ダムの貯水量は一億四五〇〇万トンであるから、このエーデル、メーネ両ダムの規模はおおよそ推定されるのである。

これらのダムはルール地方の重工業用の重要な水ガメで、エッセンを中心とする大規模な製鉄工業地帯ではこれらのダムの水は不可欠な存在であった。

一トンの鉄を生産するには約八トンの水を必要とするとされ、このダムの水がなくなることはルール地方の重工業の生死に関わることであった。さらにこれらのダムは、この工業地帯の内陸輸送に活用されているドルトムント・エムス運河など幾本も存在する運河の水位とルール河の水位を調整するためにも重要な存在であった。

このダムの重要性についてイギリス空軍は早くから知っており、戦争が勃発した後に指定されていた爆撃重要目標の一つとしてもこのダムはリストアップされていた。
つまりこのダムの破壊は、ドイツの戦略物資としての鉄鋼の生産量を激減させる方法と

第27図　攻撃対象のルールダム群の位置

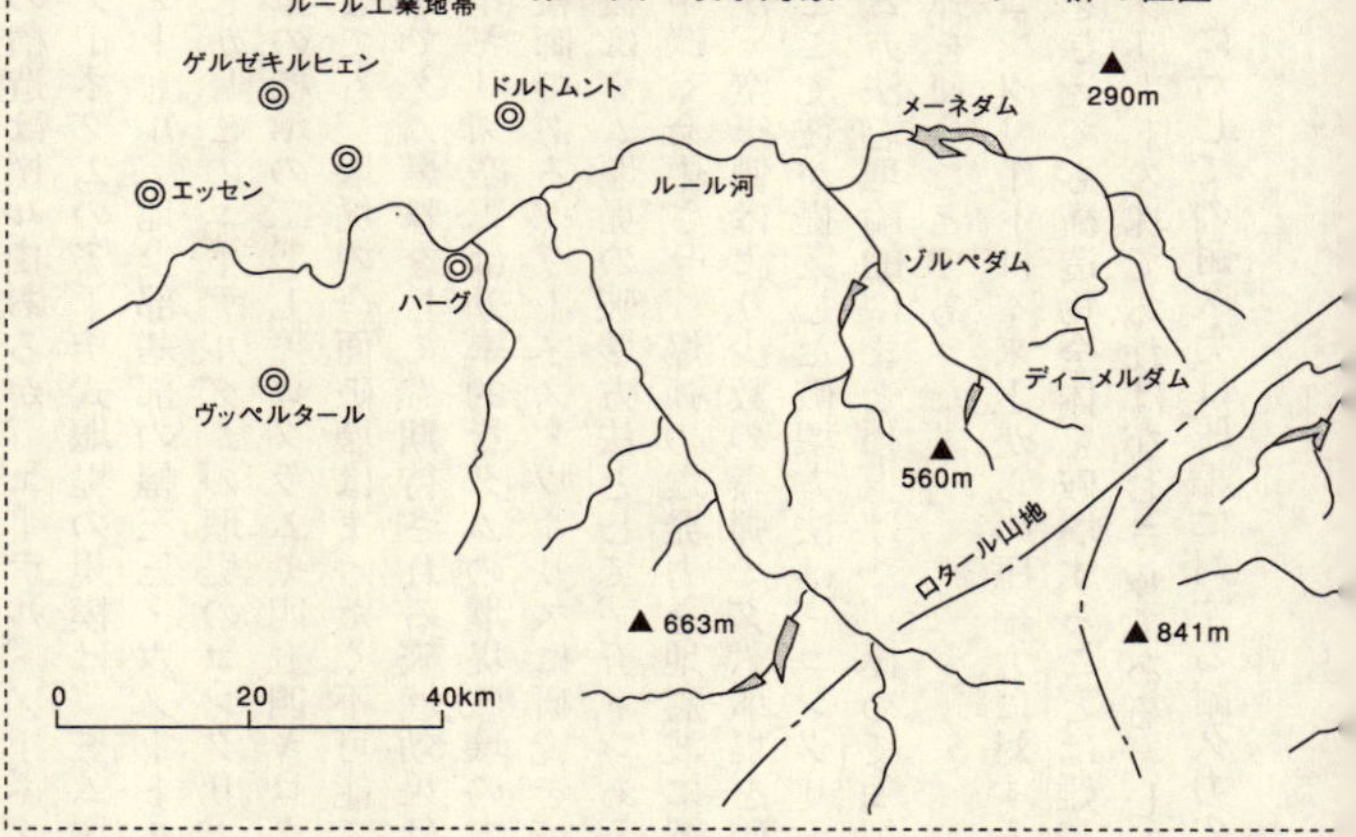

して、直接製鉄工場を爆撃すると同じだけ価値のある攻撃目標と考えられていたのであった。

ただ問題は巨大なコンクリートの塊であるダムの堰堤の破壊は容易なことではない、ということであった。勿論ダムの堰堤には様々な構造があり、最も巨大なコンクリートの塊は重力式ダムというタイプで、ダムの規模にもよるが、例えば全長二〇〇メートル、高さ五〇メートルの重力式ダムの堰堤では、ダムの頂部の幅は一〇メートルでも、地上面に出ている基部の幅は六〇メートルにも達し、尋常一様の方法では容易に破壊できるものではない。

ダム堰堤周辺の岩盤が極めて強度の高い岩盤で形成されている場合には、堰堤の構造はアーチ式ダムというコンクリート量を最低限に押さえた堰堤で貯水を支える場合がある。このロタール山脈の中に構築されたダムの堰堤の構造は様々であるが、エーデル、メーネダムなどはアーチ式堰堤構造のダムであった。メーネダムのアーチ式堰堤の規模は、ダム堰堤の長さ二〇〇メートル、堰堤頂部の幅七・五メートル、地上部基部の幅三三・六メートル、堰堤の高さ三九メートルであった。

しかしこのエーデルダムの堰堤のコンクリートを全面的に破壊するとした場合、イギリス空軍の標準の二二七キログラムや四五四キログラム爆弾を数百トン堰堤に直撃で命中させたとしても、堰堤の全面破壊はまったく不可能であると考えられた。つまり数千機の爆撃機の編隊でダム爆撃をしても期待される破壊効果は限りなくゼロに近いものと考えられた。

イギリス空軍は効率的なダムの堰堤破壊の方法について、かねてよりヴィッカース社の主任技師であるヴァーネス・ウオリスに研究を依頼していた。

彼はダム堰堤の破壊方法として、五トンあるいは一〇トン爆弾をダム堰堤の至近の位置に地中深く命中させ、爆弾の爆発力を地震波に置き換えてダム堰堤を崩壊させる方法を提案したが、空軍側はより少数の爆弾でダム堰堤を破壊する方法について再度の検討を依頼した。

ここで彼が提案した破壊方法は、コンクリート構造物の特性を知り抜いた上でこれを破壊する方法を理論的にまとめ上げた、極めて独創的なアイデアに基づいたダム堰堤破壊用特殊爆弾を使うことであった。

コンクリートは本来上からの圧縮力に対する耐久力が強靭であるために、いくら爆弾の直撃を与えても構造物全体を破壊することは難しい。特にそのコンクリート構造物が巨大なコンクリートの塊であればなおさらである。しかしその反面、横からの強い圧力（曲げ作用の力）に対しての耐久力は圧縮に対する耐久力の八分の一から一〇分の一程度に弱まってしまう（鉄筋コンクリートはこのコンクリートの弱点を補強するための手段）。つまりエーデルダムのような堰堤のコンクリート厚さが比較的薄いダムであれば、横方向から強力な爆発力を加えればダム堰堤の破壊が可能だ、とするものである。しかもこの横からの爆発力を水中で発生させれば、対象物のコンクリートの反対側に広がる爆発のエネルギーも無限な厚さの水の壁で反発され、この反発力エネルギーも加わり目標のコンクリート面に集中され破壊力は強大になる。つまりこの理論にのっとり、堰堤に近接し、しかも水面下深くで爆発する特殊な爆弾を開発すればこのダムの破壊は可能になるのである。ウオリス技師はこの理論に則った特殊な爆弾を造らせ、イギリス国内の使われていない実際のダムで堰堤の破壊テストを実施した。

結果は理論どおりの成果を表わし、ダム堰堤は完全に破壊されることが確認された。

しかしこの特殊な爆弾を使って求められる成果を挙げるには、よほどに緻密な攻撃方法を駆使しなければならなかった。このダム破壊用の特殊な爆弾の使い方と破壊メカニズムを第28図によって説明する。

爆弾の形状は直径一・三メートル、長さ一・五メートルの寸づまりのドラム缶状をしている。爆弾の重量は四・二トンで、中には三トンの高性能爆薬が詰まっている。

このドラム缶型の爆弾を爆撃機に搭載するが、搭載方法は爆弾の軸方向を爆撃機の胴体の軸に対して直角に行なわれ、爆撃コースに入った時にこの爆弾に一分間五〇〇回転の回転運動を行なわせる（この爆弾を搭載する爆撃機の爆弾倉はあらかじめ改造され、爆弾倉扉は撤去されている。そして爆弾に回転運動を行なわせる機能を持った爆弾取り付け装置も装備されている。そ

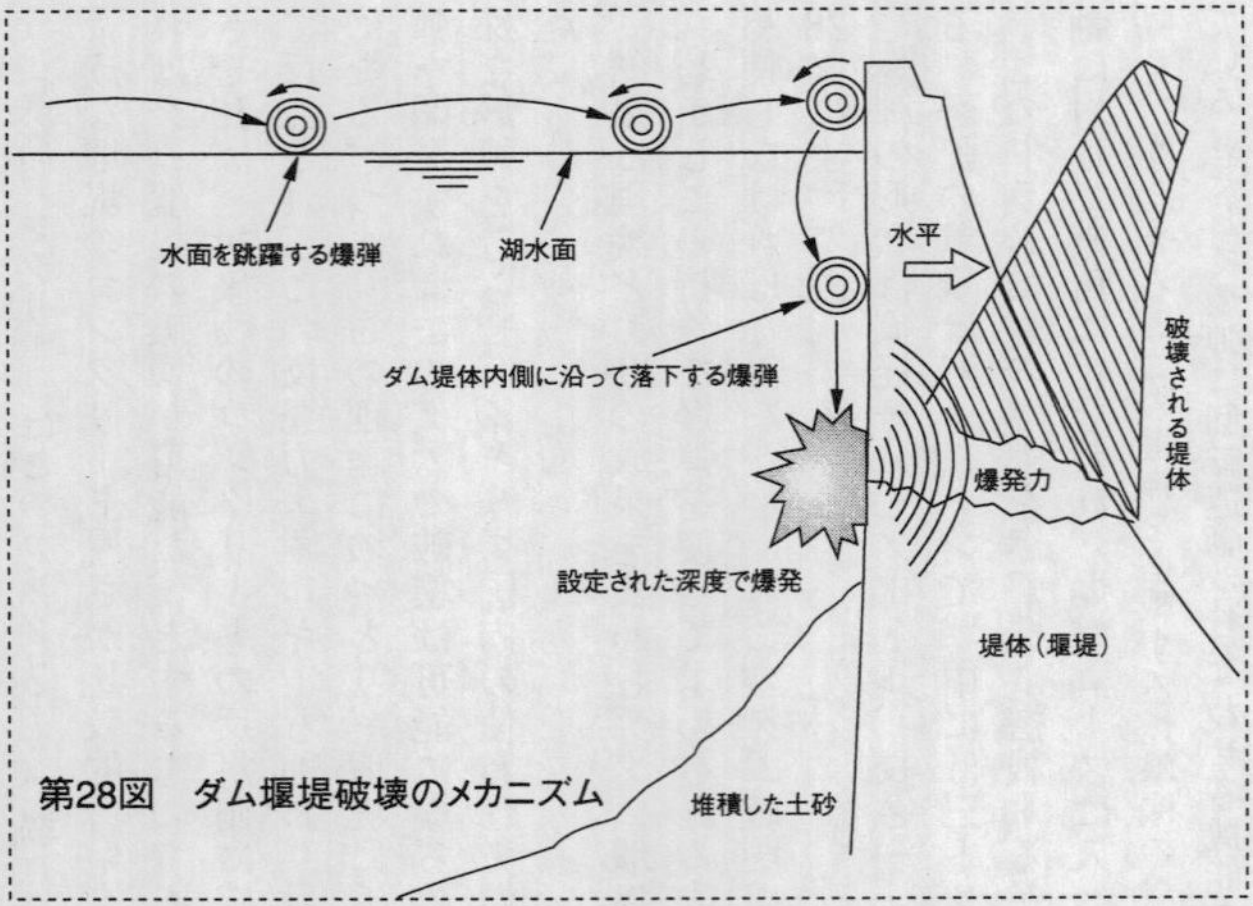

第28図　ダム堰堤破壊のメカニズム

して爆弾の回転は爆弾取り付け装置をモーターで回転させることによって行なわれる)。

爆弾の回転は、爆弾が投下され水面上に投下された後に爆弾にバックスピンがかかるように逆方向の回転とするのである。

爆撃機はダムの湖水面上一八メートルの高度と、時速三八四キロメートルの速力を維持しながらダム水面上を超低空で飛行し、ダム堰堤の手前三六〇〜四〇〇メートルで爆弾を投下する。

投下された回転する爆弾はまるで水切り遊びで小石が水面上を跳ねるようにダム堰堤に向かって進み、爆弾がダム堰堤のコンクリート面にぶつかると、あらかじめ逆回転がかけられバックスピンのかかっている爆弾は、ダム堰堤の内側伝いに湖底に沈み水深九・一メートルで爆発する仕組みになっている。

計算上では一発の爆弾の爆発によって巨大な堰堤を局部的に破壊することは可能なはず

第29図　ダム破壊用爆弾の搭載方法

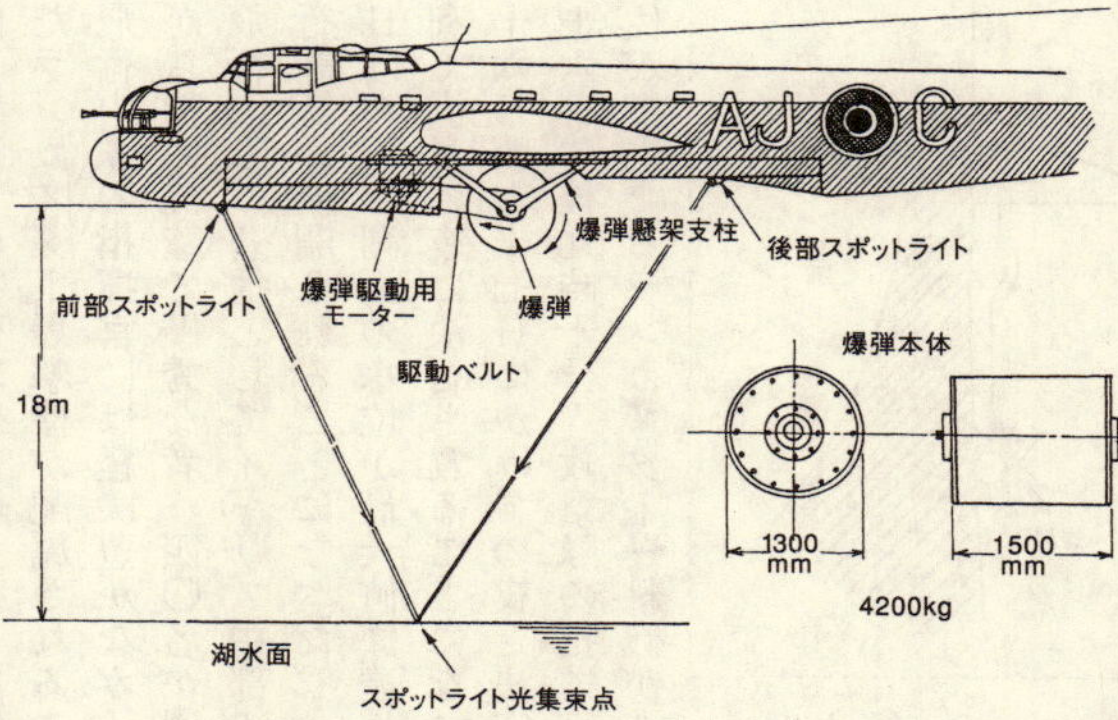

であるが、複数の爆弾が爆発した場合には堰堤の大部分の破壊も可能なはずであった。一発のこの特殊爆弾が水深九・一メートルで爆発した場合、理論上では堰堤は幅九〇メートル前後、高さ三〇メートルの範囲で破壊されるはずである。

もし理想どおりにダムが破壊されれば総貯水量の九〇パーセント近くが一気に下流に流れ出してしまう。たとえばエーデルダムの場合であれば約一億八〇〇〇万トンの大量の水がエーデル河に噴き出し、堤防は決壊し、下流の広範囲にわたる各種の産業が大打撃を受けることになる。そしてダムの機能は失われ、ルール地方工業地帯にも甚大な損害を及ぼすはずであった。

イギリス爆撃航空団はこの特殊爆弾の完成を見て直ちにルールダム攻撃計画を練り、この特殊な攻撃任務を行なうための専門の飛行隊が編成されることになった。

一九四三年三月に特殊攻撃部隊である第617飛行中隊が新しく編成され、二〇機の特別に改造されたランカスター爆撃機が配属されることになった。

第617飛行中隊の指揮官には経験豊かなガイ・ギブソン飛行中佐が就任し、隊員も各飛行中隊の中から特に沈着で優秀な者一四〇名が選抜されてギブソン中隊長の指揮下に入った。

第617飛行中隊の基地としてイギリス中部のスキャンプトン基地が選ばれ、以後連日の夜間低空飛行訓練が展開されることになった。

攻撃日はダムの湖面の水位が最大値に達し、しかも夜間の超低空攻撃が条件となるために視界が利く満月の夜に決行されることになった。この条件に合う日として攻撃日は一九四三年五月十六日から十七日にかけての夜と決定された。

五月十六日午後九時十分、攻撃隊の指揮官であり第617飛行中隊の中隊長でもあるギブソン飛行中佐が搭乗するランカスター爆撃機がスキャンプトン基地の滑走路を離陸した。

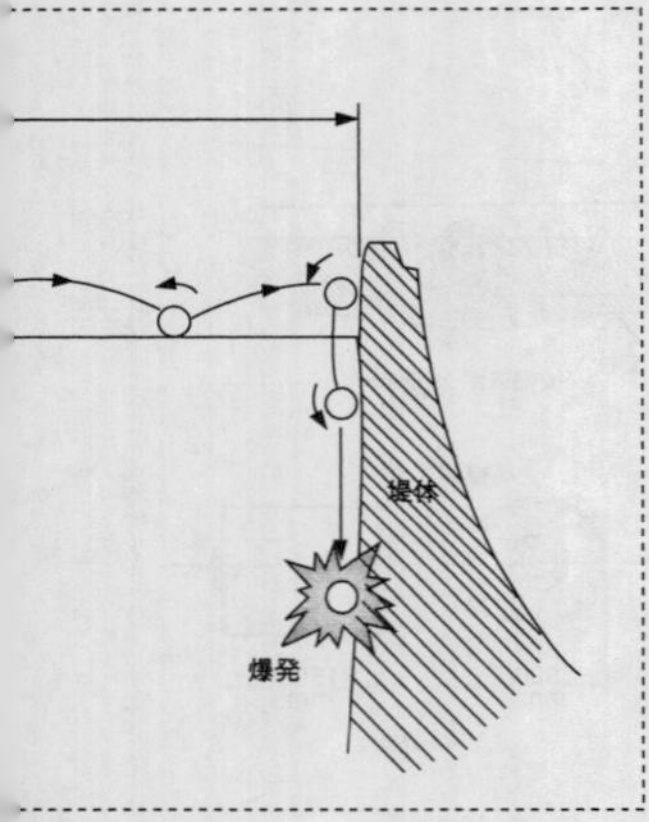

攻撃隊は三個の編隊に分かれていた。第一編隊は九機で編成され目標はメーネダム。そしてもしメーネダムが早い段階で破壊された場合には、第一編隊の残りはエーデルダムに向かう手筈になっていた。また第二編隊は五機で編成され目標はゾルペダムであった。そして第三編隊は予備編隊で、第一編隊と第二編隊が出撃してから二時間後にスキャンプトン基地を発進し、第一編隊と第二編隊

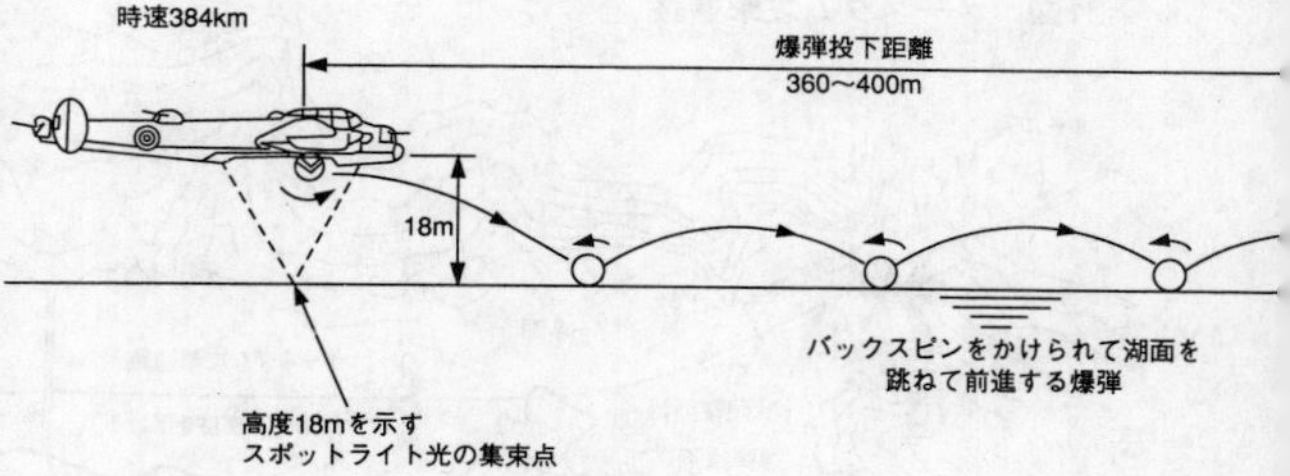

第30図　ダム攻撃方法（爆弾投下方法と爆弾の進み方）

の攻撃状況を無線で傍受し、もしどちらかのダムの攻撃が失敗した場合には直ちにそのダムの攻撃に向かう手筈になっていた。

第一編隊は敵のレーダー網に発見されないように超低空でイギリス海峡を飛び越え、オランダの海岸に達するとその後は高度三〇メートルの低空飛行でロタール山脈に向かう。そしてそのまま多少高度を上げながら目標のメーネダムに向かった。

満月の月光に照らし出されたメーネダムに到達した第一編隊の八機（一機は途中で対空砲火により損傷、基地に引き換えす）のランカスター爆撃機は、長く距離を開けた単縦陣の隊形でダム湖面に降下し攻撃を開始した。

一機が爆弾投下のタイミングを失って爆弾をダム堰堤を飛び越えさせて爆発させてしまったが、他の四機は手順に従って爆弾を投下、見事にダム堰堤背後の湖面深くで爆発させた。そして四発目の爆弾が堰堤背後の湖底で爆発したとき、突然、メーネダムの堰堤の中央部が大きく崩れ落ち、猛

第31図　メーネダム攻撃進路

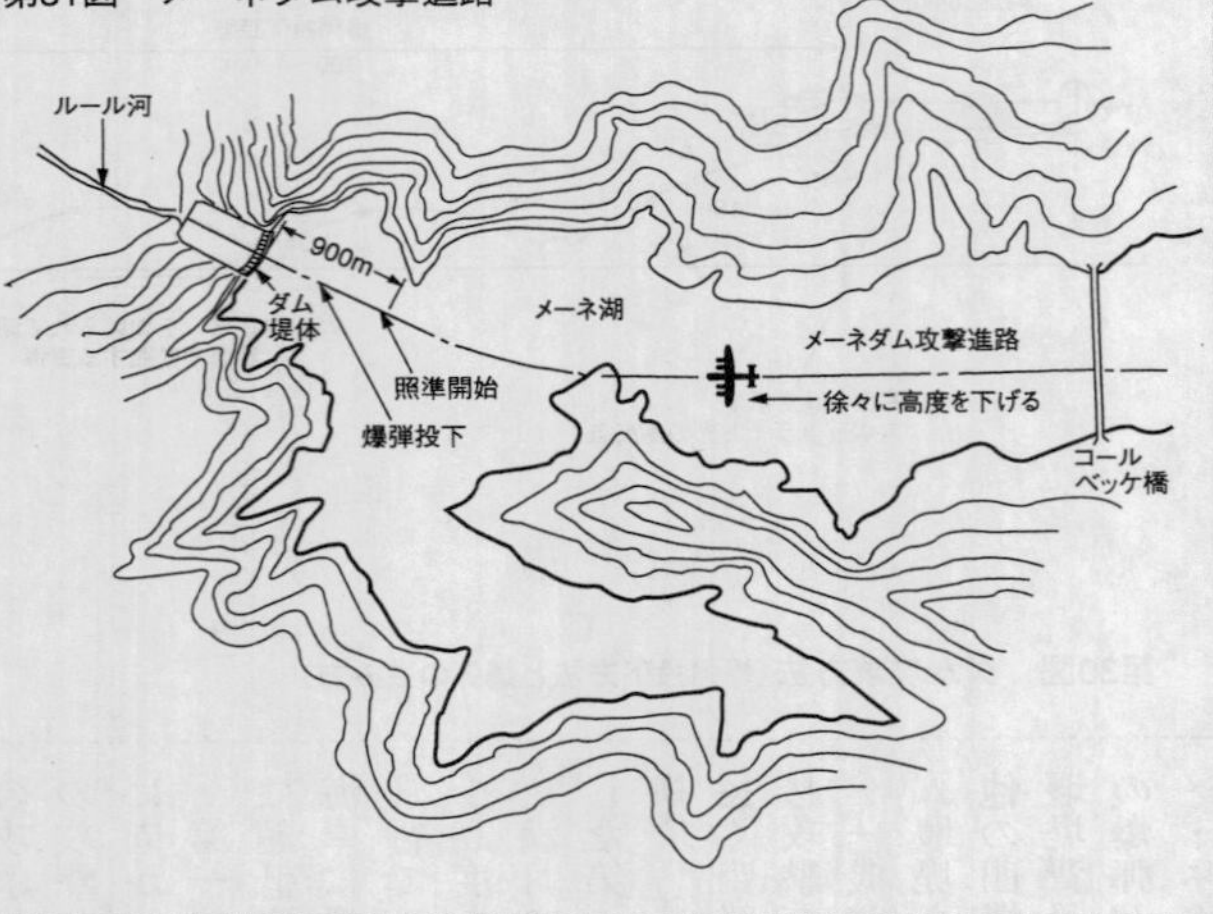

烈な勢いで一億トン近い満水のダムの水が破口から流れ出した。メーネダム爆破成功の一瞬である。後に確認されたメーネダム堰堤の破口の大きさは、長さ九〇メートル、高さ三〇メートルに達しており、ほとんど理論計算どおりの破壊の規模となった。

メーネダムの破口から流れ出す水の量は一分間に約一五〇万トンという猛烈な量で、満水のダムの水は一時間の間に空になってしまった。

第一編隊の後続の三機は直ちに攻撃を中止し、第二目標のエーデルダムに向かったが、この攻撃隊には第二編隊の一機が加わることになった（第二編隊は途中一機がエンジン故障で基地に引き返し、三機が対空砲火で撃墜され、残り一機となっていた）。

エーデルダムに向かった四機の中の一

ダム中央部を破壊されたメーネダム

機は爆弾投下のタイミングに失敗し、一機は堰堤の中央部に配置されていた機関砲の攻撃で撃墜されてしまった。しかし残りの二機が爆弾投下に成功した。そして二発目の爆弾が投下された直後、最大のダムであるエーデルダムの堰堤がメーネダムの場合と同じように大きく破壊され、二億トンの満水の水が猛烈な勢いで流れ出すのが確認された。エーデルダムも破壊された。

第三編隊の五機は第三目標のゾルペダムに向かったが、ダム周辺の山並みには団雲がまつわり視界が十分でない中での攻撃が決行された。結局五発の爆弾は効果的な爆発とはならず、ダム堰堤の上端の一部を破壊するだけで終わってしまった。

スキャンプトン基地に帰還したランカスター爆撃機は一九機中一一機であった。

損害率四二パーセントという厳しい戦いであり、出撃した搭乗員一三三名中五六名が失われた。

エーデルとメーネの二つの大ダムの破壊がドイツ側にもたらした影響は甚大であった。二つのダムから短時間で流れ出した約三億トンの水は、エーデル河やメーネ河の下流に点在する一二五ヵ所の軍需工場を長期間に渡り操業停止に追い込み、炭坑一ヵ所が完全に水没してしまった。また二つの河に架かっていた二五の橋梁が流され、広大な面積の畑地と牧場が水没してしまった。そして一二九四名の人名と無数の人家が失われる結果となった。

さらにエッセンやカッセルの製鉄所への水の供給が止まり、運河の水位調整も不可能になってしまったために、ルール地方の工業生産はその後二ヵ月間は何らかの影響を受けることになってしまった。しかしライン河水系からの応急の河川水の導入や、ダム堰堤の緊急大規模修理などによってルール地方の工業生産の混乱も次第に終息し、二つのダムも六ヵ月後には堰堤の修理が完了し通常状態に戻ってしまった。

このルールダムの攻撃は攻撃兵器と攻撃方法の奇抜さと、計画どおりの完璧な攻撃によって成功した特殊な爆撃行として、第二次大戦中の爆撃作戦の中でも特筆すべきものであろう。


プロエスチ製油所強襲爆撃（アメリカ陸軍第15航空軍）

一九四三年八月一日午前七時、地中海に面する北アフリカはリビアのベンガジ周辺の五ヵ所のアメリカ爆撃航空団の基地から、合計一七七機のコンソリデーテッドB24重爆撃機が北に向かって出撃していった。目標はルーマニアの首都ブカレストの北五〇キロメートルにあるプロエスチの石油精製施設群であった。

プロエスチはヨーロッパ最大の油田地帯の中心にあり、多数の石油精製施設が集まっている場所であった。油田の全くないドイツは戦争の勃発以前から、この大油田地帯の無傷獲得を画策していた。そして第二次大戦勃発以前からドイツはルーマニア内に極秘に親ナチスドイツ集団の組織化を進めていたが、一九四〇年にこの親ナチスドイツ集団はクーデターを起こし、この戦争に当初中立的な立場にあったルーマニアを枢軸国側に加担させ、プロエスチ油田の無血獲得に成功したのである。

このプロエスチ油田の年間産油量はドイツの全石油需要の三〇パーセント強をまかなえる量であった。

一九四二年六月五日にアメリカは枢軸国側に加担したルーマニアとブルガリアに対して宣戦を布告したが、ちょうどこのときアメリカ陸軍航空隊は、中国南部の昆明方面に展開しているアメリカ義勇空軍（いわゆるフライング・タイガー飛行隊）に送り込むために、B24重爆撃機一六機を大西洋、アフリカ北岸、インド経由の空中輸送で送り込むために、移動させている最中であった。

陸軍航空隊は移動途中で北アフリカ基地で補給中のB24重爆撃機を利用し、宣戦布告六日後のルーマニアに対して一撃を加える計画を練っていた。最終的に攻撃目標はプロエスチ製油施設、攻撃日は六月十一日と決定された。この日、一三機のB24が各機一トンの爆弾を搭載し高度七〇〇〇メートルでギリシャを横断してプロエスチに向かった。

各爆撃機は高度九〇〇〇メートルから爆弾を投下したが、この高度からの爆弾投下はアメリカ陸軍航空隊創設以来初めてのことであった。結果は全弾目標を外れ実質的な損害は皆無であったが、同時に損害も皆無であった。しかしこの爆撃が与えた影響は大きく、極度の警戒感を抱いたドイツ空軍は、ドイツ軍にとって最重要拠点の一つであるプロエスチの防空体制をにわかに強化することになり、ロシア戦線に派遣されていた一個飛行隊（約六〇機）のルーマニア空軍の戦闘機部隊が防空部隊として呼び戻され、さらにドイツ空軍の一個部隊の戦闘機隊がプロエスチ防空に派遣されることになった。

ドイツ側としては、当時プロエスチに最も近い連合軍の拠点は一八〇〇キロメートルも離れた北アフリカであり、爆撃機が飛来してくるとは予想もしていなかった。

このプロエスチ爆撃はドイツ本土の爆撃ではないが、枢軸国側の最重要戦略爆撃拠点の爆撃行としてあえてここで取り上げることにした。

一九四二年十一月の連合軍の北アフリカ上陸作戦以降、北アフリカのリビアを中心に強力な戦線を築いていたドイツ・イタリア両軍は、イギリスとアメリカの航空部隊と陸上部隊の猛攻の前に次第に戦線は縮小し、一九四三年七月の時点で北アフリカの枢軸国側拠点はほぼ完全に連合軍側に奪還されていた。

この一連の北アフリカ奪還作戦の中でアメリカ陸軍航空隊は第9航空軍を設立し、航空作戦を展開していた。そしてこの第9航空軍は、イギリスに拠点を置きヨーロッパ西部の航空作戦を担当する第8航空軍に対し、南フランス、イタリア、ギリシャ方面に展開するドイツ軍やイタリア軍に対する航空攻撃を担当する主力航空部隊となった。

第9航空軍の一九四三年七月現在の戦力は、ロッキードP38、カーチスP40、リパブリックP47などの戦闘機部隊と、ノースアメリカンB25、マーチンB26双発軽爆撃機を中心に約四〇〇機であったが、ここに新たにコンソリデーテッドB24四発重爆撃機三個連隊（定数一〇八機）が加わり、主にイタリア北部の工業施設の爆撃を行なうことになった。

そしてこの間に、イギリスを拠点とする第8航空軍の爆撃航空団では手の届かないプロエスチの石油精製施設の爆撃を第9航空軍の重爆撃機で実施する計画が浮上したのである。この爆撃計画を実施するために爆撃隊の戦力強化のために新たに二個連隊（定数七二機）のB24重爆撃機が第9航空軍に到着した。

この頃アメリカ陸軍航空隊は北アフリカを拠点とする四発重爆撃機だけで編成された新たな航空軍の設立を準備中で、一九四三年六月に新たに第15航空軍が編成され、第9航空軍に所属していたB24四発重爆撃機五個連隊は全てこの新しい第15航空軍に所属することになった。そしていよいよこの五個連隊約一八〇機の重爆撃機でプロエスチ爆撃が決行されることになった。

地中海方面に展開するアメリカ陸軍航空隊の重爆撃機は、この後も全てコンソリデーテッドB24に統一されることになったが、これは航続距離がボーイングB17よりも長く、南ヨーロッパから東ヨーロッパにかけての広範囲にわたる遠距離爆撃が可能であったためである。

この作戦の発進基地はリビアのベンガジで、ここからプロエスチまでは片道一八〇〇キロメートルという長距離であるために、出撃するB24も各機二・三トンの爆弾しか搭載できず、多大な戦果を期待することはできなかった。しかし爆撃航空団としてはその埋め合わせとして目標を超低空で爆撃し、爆弾の命中精度を高める作戦を採った。

勿論超低空爆撃を行なうのには別の理由もあった。つまりこの時期アメリカには、この作戦の全行程を援護できるだけの長距離飛行が可能な護衛戦闘機がなかったために、敵のレーダー網に探知されにくくし、さらに敵から迎撃される機会を極力少なくするために、ルーマニア国境手前からは極端な超低空飛行で目標に侵入する計画であった。

超低空飛行を行なえば敵戦闘機は爆撃機の攻撃が極端にしづらくなる反面、地上砲火の標的になりやすい危険がある。

いずれにしてもこの爆撃行は奇襲攻撃で行なうことが第一で、それ以外には被害を最小限に食い止めることは不可能と考えねばならなかった。

超低空爆撃といっても、目標を爆撃する際には高度一〇～二〇メートルで侵入せねばならない事態も想定され、搭載される爆弾は全て弾着後四〇～六〇秒で爆発する時限信管付きとされた。さもなければ爆風で爆撃機自体が飛散してしまう可能性もあったからである。

作戦に参加する三個連隊のＢ24爆撃機は七月二十日より連日にわたり、リビア砂漠の上を高度二〇～四〇メートルで超低空の編隊飛行の訓練に入った。そして八月一日、ベンガジの基地を一七七機のＢ24が出撃していった。しかしこの中の一二機は途中エンジン故障を起こし基地に引き返し、長駆プロエスチに向かったのは合計一六五機であった。

Ｂ24の群れは各連隊ごとに二六～四六機の五つの編隊を組んで北に向かって地中海を横断し、アルバニアの海岸線から陸地に侵入すると針路を北東にとり、ルーマニアの国土の広く東西にひろがる平野に向かって次第に高度を下げて侵入していった。高度は一〇〇メートル前後に下がっていた。

平野を東西に流れるドナウ河を横断し、そのさらに前方に東西に連なる平均高度一五〇〇

ベンガジ基地からプロエスチに向かうＢ24

メートルのトランシルバニア山脈を目標に編隊は進んでいった。そしてこの山脈の手前で針路を東南に急変針し、目標のプロエスチに向かうことになっていた。

しかしことは無事に運ばなかった。ルーマニアの平野に侵入する手前のバルカンの山岳地帯上空を飛行中に天候が急変し、五つの編隊は雷雲と雨の中の飛行を強いられることになり、各編隊の動きが確認できなくなってしまった。無論、各編隊間の連絡は無線が封鎖されているためにできず、各編隊の指揮官機は航空地図と低空飛行によって確認できる地上の様子から、それぞれコースを予想しながらプロエスチに向かうことになった。

この結果、各編隊はまったくバラバラのコースをたどってプロエスチの上空に到達することになり、当初計画の大編隊による超低空奇襲攻撃はすでに不可能な状態になっていた。

一部の編隊はほぼ予定どおりのコースに従ってトランシルバニア山脈の手前で東に変針し、プロエスチに向かったが、一部の編隊は予定の変針位置より七〇～八〇キロメートル手前で東に針路を変えてしまった。そして直接ルーマニアの首都ブカレストに向かい、たちまち密度の濃い対空砲火の網の中に飛び込んでしまったのである。

この日の攻撃は隠密に進められているはずであったが、この日の朝、ベンガジ基地を爆撃隊が離陸するに際して頻繁に交わされた交信の様子はドイツ側に傍受され、アメリカ側が何か大規模な爆撃作戦を開始するらしいことが予想されていた。そして当然のこととしてプロエスチを防備する防空戦闘機部隊ばかりでなく、周辺の対空陣地に対しても警戒警報が発せられ、防空戦闘部隊には即時警戒の体制が敷かれていた。

この日ブカレストやプロエスチ周辺に配備されていた防空戦闘機の戦力は、ドイツ空軍のメッサーシュミットＢｆ109単発戦闘機が五二機、メッサーシュミットＭｅ110双発戦闘機が一七機、ルーマニア空軍のＩＡＲ80単発戦闘機が四〇機の合計一〇九機で、さらに高射砲や高射機関砲など二三七門が配置されていた。

午前十一時三十分、プロエスチ上空に爆撃隊の第一陣が現われた。高度は三〇メートルから六〇メートルという、四発重爆撃機の爆撃にしては異例の低空の侵入であった。一方ほぼ同じ時刻にブカレスト上空にも爆撃機の一団が低空で侵入してきたが、この編隊は針路を間違って侵入したもので、編隊は間違いに気づきただちに針路を北に変えてプロエスチに向かおうとしたが、待ち構えていた対空砲火の嵐に捕まってしまった。

結局五つの編隊は時間差をおいてそれぞれバラバラにプロエスチに侵入することになり、当初の大編隊による同時侵入という計画はまったくの失敗に終わってしまった。

編隊はいずれも低空でプロエスチに侵入したが、中には高度十数メートルという超低空で

第32図　プロエスチ爆撃進路

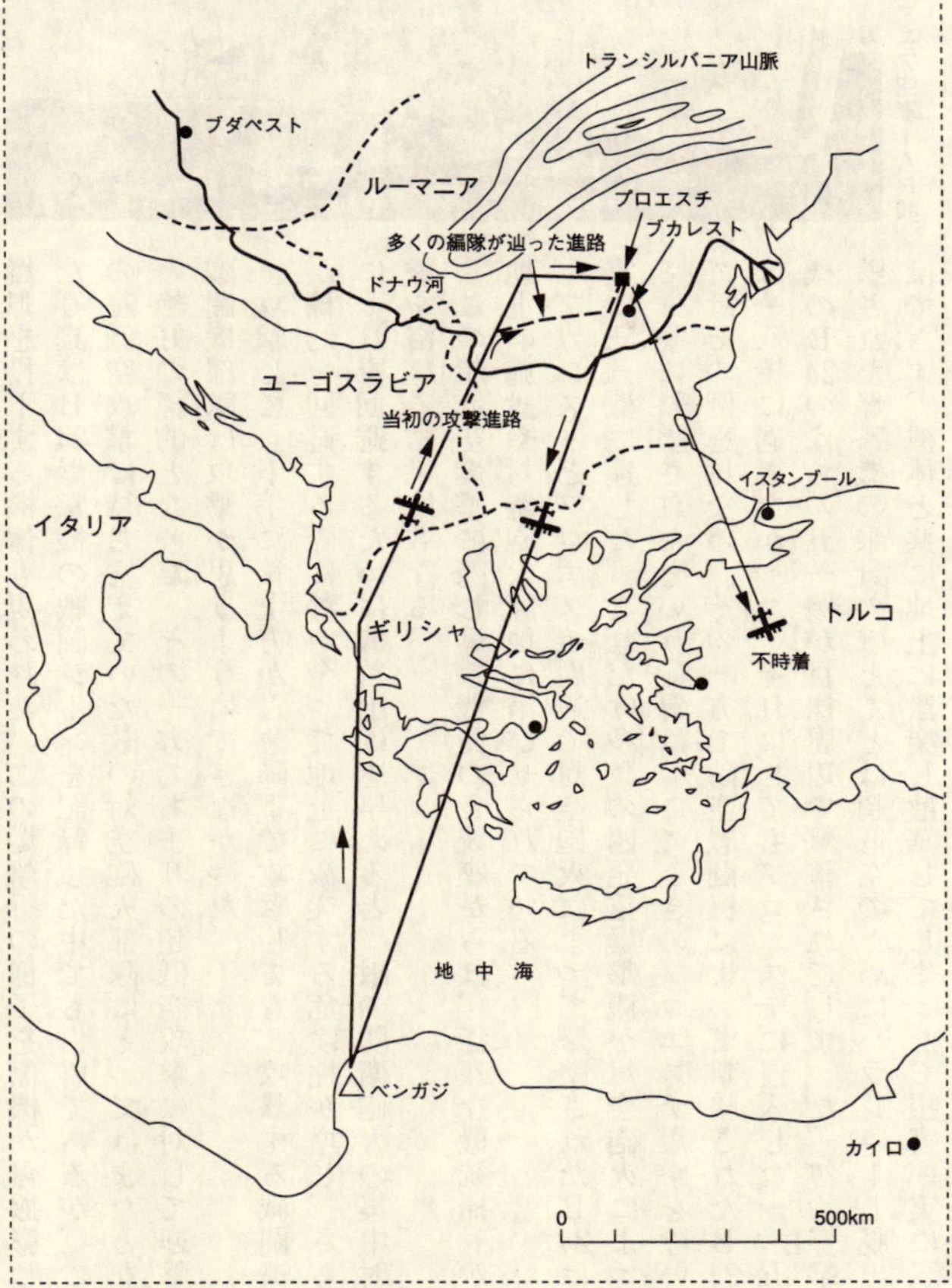

ルーマニア空軍IAR80

爆弾を投下する機体も現われた。この爆撃行の様子を僚機から撮影した写真はB24爆撃機の戦闘シーンを記録した中でも白眉であるが、この超低空攻撃は待ち構えていた敵の対空砲火部隊にとってはまたとない絶好の標的となった。その一方であまりの超低空攻撃に対して迎撃戦闘機部隊は攻撃が思うようにできなかった。

攻撃しても下手に後上方から急降下で攻撃しても、攻撃する戦闘機が標的を回避する際に勢い余って地上に激突する危険性が増し、さらにそれを回避するために機首上げを早めると、敵の防衛砲火の集中射撃を浴びる結果にもなる。

この超低空爆撃に際し爆撃機側の各銃座からは、猛烈な機銃掃射が地上の施設や対空砲火陣地に浴びせられている。

ブカレストとプロエスチ周辺で対空砲火によって撃墜されたB24は実に三三機に達した。これだけ多数の四発重爆撃機が対空砲火によって一挙に撃墜されたという記録は、このときのプロエスチ爆撃を除いてはその例を見ない。その一方で防空戦闘機によって撃墜されたB24は一八機に過ぎなかった。それにしてもプロエスチに侵入した一六五機のB24のうちの五一機が目標周辺で撃墜されてしまった。勿論、撃墜された爆撃機の乗員のほとんどは超低空のためにパラシュート脱出はできず、機体と共に地上に激突し散華してしまった。損害率実に三

プロエスチ石油精製所を攻撃するB24

一パーセントという悲惨な爆撃行になってしまったのである。

攻撃を終了し生き残った各爆撃機は編隊も組まずバラバラとなって針路を南にとり、ギリシャを横断し地中海に抜けて帰路についた。

ベンガジ基地に最初の一機が戻ってきたのは午後六時で、出撃から一一時間が経過していた。その後夜十時頃までに一機また一機と基地に帰還してきたが、その数は九九機だけであった。つまり敵戦闘機や対空砲火によって撃墜された以外に一五機が、エンジンや機体各所への被弾などによって飛行不能になり、帰還の途中でトルコやギリシャなどに胴体着陸したり、地中海に不時着水してしまったのである。

帰還した九九機も無事ではなかった。その中の多くの機体はエンジンに被弾し、三発または二発のエンジンだけで辛うじて帰還した機体もあったし、機体の各所が被弾によって大きく破損し、飛んで来たことすら奇跡と思える機体が多数を占め、この一回の作戦で爆撃航空団の戦力は一気に三分の一に激減してしまった。

この爆撃行は途中編隊が大きく乱れ、当初の計画であった大編隊による強襲にはならなかったところに被害を大きくするという齟齬が生じてしまった。その結果、攻撃の成果もプロエスチの精油施設の生産能力を激減させるという当初の計画からは大きく外れ、石油精製能力を数ヵ月にわたり本来の生産能力の四二パーセント程度に低減させただけで、一九四三年十二月頃にはプロエスチの石油精製能力は再び元どおりに回復してしまった。

その後プロエスチ石油精製施設に対する攻撃は一九四四年四月から再びアメリカ陸軍航空隊第15航空軍の爆撃航空団のB24によって再開された。この頃には爆撃航空団の基地はイタリア国内に移動しており、プロエスチまでの行程もベンガジ基地からの行程の半分になっており、それだけ多くの爆弾を搭載することが可能であった。

第15爆撃航空軍のB24によるプロエスチ爆撃は、一九四四年四月からソ連軍がこの地を占領する八月までの間に合計二三回実施された。攻撃は毎回二〇〇～三〇〇機の編隊で行なわれ、合計一万三七〇九トンの爆弾がプロエスチ周辺に投下された。しかしソ連軍がプロエスチを占領したときには石油精製能力はまだ当初の二〇パーセントの能力を保っていたのであった。

四発爆撃機による戦略爆撃はともするとイギリスを基地にする、イギリス爆撃航空団やアメリカ陸軍航空隊第8航空軍の爆撃航空団によるドイツ本土爆撃作戦しか連想しないが、一九四三年に新たにアメリカ陸軍航空隊の中に、地中海方面を基地にしてドイツ南部方面の戦略爆撃を行なうことを目的にした第15航空軍が設立されてからは、この航空軍の爆撃航空団は急速に戦力が増強され、最終的にはボーイングB17重爆撃機六個連隊（定数一五六機）、コンソリデーテッドB24重爆撃機一六個連隊（定数四一六機）の大きな戦力となって、ドイツの南部からの侵攻作戦に寄与することになった。

これらの重爆撃機隊の活躍の中でも激しい航空戦となったのは、オーストリアのヴィーナーノイシュタッドのメッサーシュミット航空機工場と、プルフェニング・シュティーアのボールベアリング工場群に対する一連の爆撃作戦と、イギリスを基地とする第8航空軍爆撃航空団と協同して行なった、南ドイツのレーゲンスブルクの航空機工場群に対する爆撃作戦のときであった。

このいずれの爆撃作戦もドイツ戦闘機の激しい迎撃を受けることになった。一九四四年二月二十二日のレーゲンスブルク爆撃では、B17重爆撃機六五機とB24重爆撃機一一八機の合計一八三機で攻撃したが、一〇パーセントを超える一九機の損害を出し、翌日の二月二十三日の繰り返しの爆撃でもB24一〇二機中一七機を失い、さらに二十五日の再度の攻撃ではB17とB24合計一五九機が出撃したが、実に三一機（損害率一九・五パーセント）の損害を出し、また二月二十五日のシュティーアのボールベアリング工場の爆撃では、出撃したB24一一一機中三三機（損害率三〇パーセント）という悲劇的な損害を出し、第15航空軍爆撃航空団は第8航空軍爆撃航空団と負けず劣らずの厳しい爆撃行を強いられることになったのである。

シャトル爆撃の成果（アメリカ第8航空軍）

シャトル（Shuttle）とは紡績機械で多数の縦糸に対して横糸を編み込むために激しく往復

する梭《ひ》のことである。この梭の往復する様子から、航空作戦で往復ともに爆撃作戦を取り込んだ方法を、アメリカ爆撃航空団では便宜的に「シャトル爆撃（Shuttle Bombing）」と呼んでいた。この呼び方は正式な用語ではなく、あくまでも爆撃航空団の中だけに通用する俗称であった。

このシャトル爆撃方法は、もし条件が揃い有効に実施されれば敵の裏をかいた極めて効果の大きな作戦と考えることができた。そしてシャトル爆撃の最大のメリットは攻撃範囲が広げられるということと、敵の防御の手薄な裏正面から攻撃を仕掛けることができるということであった。

シャトル爆撃とは、A基地を出撃した爆撃機の編隊は、目標地点を爆撃した後はA基地に帰還することなくそのまま爆撃目標地点を通り過ぎB基地に直行し、そこで燃料や爆弾を補給した後再び反対方向から同じ爆撃目標地点を爆撃してA基地に戻るという、いわゆる往復爆撃のことである。

しかしこの往復を利用して様々な爆撃も可能になるのである。例えばB基地を出撃後は別の爆撃目標を爆撃した後にA基地に戻る方法もあるし、A基地からは距離が長く爆撃できない地点を、B基地を拠点にして爆撃した後、再び往路で爆撃した目標を爆撃してA地点に帰還する方法など、様々に活用できる爆撃方法なのである。

シャトル爆撃のもう一つの利点は、敵の防空体勢を二分し敵の迎撃戦力を減殺し、味方の損害を少なくすることが可能である、ということである。

つまりイギリスを基地とするアメリカ爆撃航空団の攻撃に対し、ドイツ空軍は常に国の西側のみに戦力を集中させることになるが、往復爆撃を行なえば東側にも西側に配置した戦力の一部を移動させ配置しなければならず、また予想外の方向から敵の編隊が侵入してくるために防空体勢に乱れが生じてしまうという効果が生じることが予想されるのである。

アメリカ第８航空軍爆撃航空団では一九四三年の早い時期からこのシャトル爆撃の構想を練っていた。この時点で爆撃航空団が具体的に検討していたシャトル爆撃の方法は次のような方法であった。

一九四三年に入ると北アフリカのドイツ・イタリア連合軍の戦力は次々に英米連合軍の前に崩壊し、北アフリカの広い範囲が連合軍の勢力下に入っていた。

そこでイギリスの基地を出撃しドイツ奥地を爆撃したアメリカ爆撃航空団の重爆撃機の編隊は、爆撃終了後イギリスへ戻らず、機首を南に転じそのまま地中海を横断して北アフリカの基地に直行する。

北アフリカの基地に到着した爆撃機の群れはそこで燃料と爆弾を補給した後に、今度はドイツの勢力下にある南フランスに点在するドイツ軍拠点を、ドイツ軍の意表を衝いて南から襲い、爆撃終了後はイギリスの基地に戻る、という作戦であった。

この作戦は一九四三年八月十七日に実施された陽動作戦の編隊がレーゲンスブルグを爆撃した際に採用されているが、爆撃隊の爆撃時点での損害が予想外に甚大であったことや、アフリカ基地の補給や整備補修能力の低さから、結局は所期の成果を果たすことができなかった。しかしアメリカ爆撃航空団としては、この爆撃行の結果によってシャトル爆撃の可能性をつかむことはできた。

爆撃航空団としてはその後もシャトル爆撃の可能性について検討していたが、東部戦線においてソ連軍の攻勢によってウクライナや白ロシア方面の大半がソ連軍によって奪還されるに及び、イギリス基地とウクライナ方面の基地との間を東西に往復するシャトル爆撃の可能性を打ち出し、アメリカとソ連との間でシャトル爆撃の実施について協議がもたれることになった。

この東西シャトル爆撃は連合軍ばかりでなくソ連側にとってもメリットがあった。その一つはドイツの軍需産業の早期の壊滅であった。ドイツはイギリス空軍やアメリカ陸軍航空隊による戦略爆撃が活発化すると、両軍の重爆撃機の作戦行動範囲内の東部ドイツから、空襲の恐れのないポーランドやチェコスロバキア、ハンガリー方面に軍需産業の生産設備を疎開し、安泰な生産を開始し、ドイツ軍需産業の大きな支えともなっていた。

これに対し当時のソ連空軍にはこれらの地域の軍需工場を爆撃できる戦略爆撃機はなく、ソ連としても何らかの方法でこれらの軍需工場設備を破壊したかった。手っ取り早い手段は地上戦によって可及的速やかにそれらの地域を占領することであったが、それは容易なことではなかった。

一方連合軍航空部隊にとっては、もしウクライナなどにシャトル爆撃の拠点が設けられれば、ここを拠点にドイツ東部以東を中心にした軍需生産施設の爆撃が可能になり、それを強化すれば、西部戦線に展開する強力なドイツ空軍戦闘機部隊の多くを東部戦線の防空部隊に移動させることが可能になり、西部戦線における戦略爆撃作戦の甚大な犠牲を押さえることも可能になると予想された。

ソ連領のウクライナ方面にシャトル爆撃用の基地が構築できれば、ソ連軍地上部隊とともにアメリカ爆撃機部隊による航空勢力によって、ドイツを東西から一層強力に締め付けて行くことが可能になることに、シャトル爆撃の最大の効果が見出せるのである。

一九四三年十二月に開催されたアメリカ、イギリス、ソ連の首脳によるイランのテヘランにおける会談の席上、アメリカよりソ連に対してこのシャトル爆撃の構想が提案され、基本的にソ連の了承を得ることができた。しかしこの戦争に対するソ連側の考えと連合軍側の考え方の違いから、この作戦をスムーズに行なう上でソ連とアメリカとの間で幾多の整合が必要となった。

しかし最終的にソ連はアメリカに対し、ウクライナにシャトル爆撃のための三つの飛行場を提供することになり、アメリカ陸軍航空隊第8航空軍は早速準備に取りかかった。

まずアメリカ側は整備員を始めとする多数の基地要員を中東経由でウクライナに送り込み、それに続いて大量の燃料や爆弾、機銃用の弾薬、運搬車両や食料などを中東経由やバレンツ海経由の輸送船団で送り込んだ。

ソ連がアメリカ側に提供した航空基地は、モスクワの南約七五〇キロメートルに位置するウクライナ地方のポルタヴァ、ミルゴロド、ピリャーチンの三つの隣接した基地で、イギリス中部の爆撃機基地からは直線距離で約二五〇〇キロメートルあった。そしてこれらの基地から東部ドイツやチェコスロバキアやポーランドの爆撃予定地点までの距離は、ほぼ一〇〇〇キロメートル以内に含まれることになった。

アメリカ側はこの三ヵ所の基地のうちの二ヵ所を爆撃機用に、一ヵ所を護衛戦闘機用の基地として使う予定であった。

アメリカ陸軍航空隊はこのウクライナの基地を利用するシャトル爆撃のテストケースとして、イギリス基地よりはウクライナまでの距離が短い、イタリアに基地を置く第15航空軍の爆撃機航空団と戦闘機航空団に最初の作戦を展開させた。

一九四四年六月二日、一三〇機のB17重爆撃機が七〇機の長距離護衛戦闘機P51に援護されてイタリア基地を出撃した。目標は九〇〇キロメートル離れたハンガリーのデブレツェンにある鉄道施設で、爆撃後さらに一〇〇〇キロメートルほど東に飛んでウクライナの基地に降りることになっていた。

この爆撃行での損害はB17一機が撃墜されただけであった。ウクイライナの基地に降り立った爆撃機と戦闘機の群れは、四日後の六月六日に一〇四機のB17重爆撃機と四〇機のP51戦闘機の編隊でルーマニア北部のドイツ空軍基地の爆撃を行なった。さらに六月十日にもP51戦闘機に護衛され

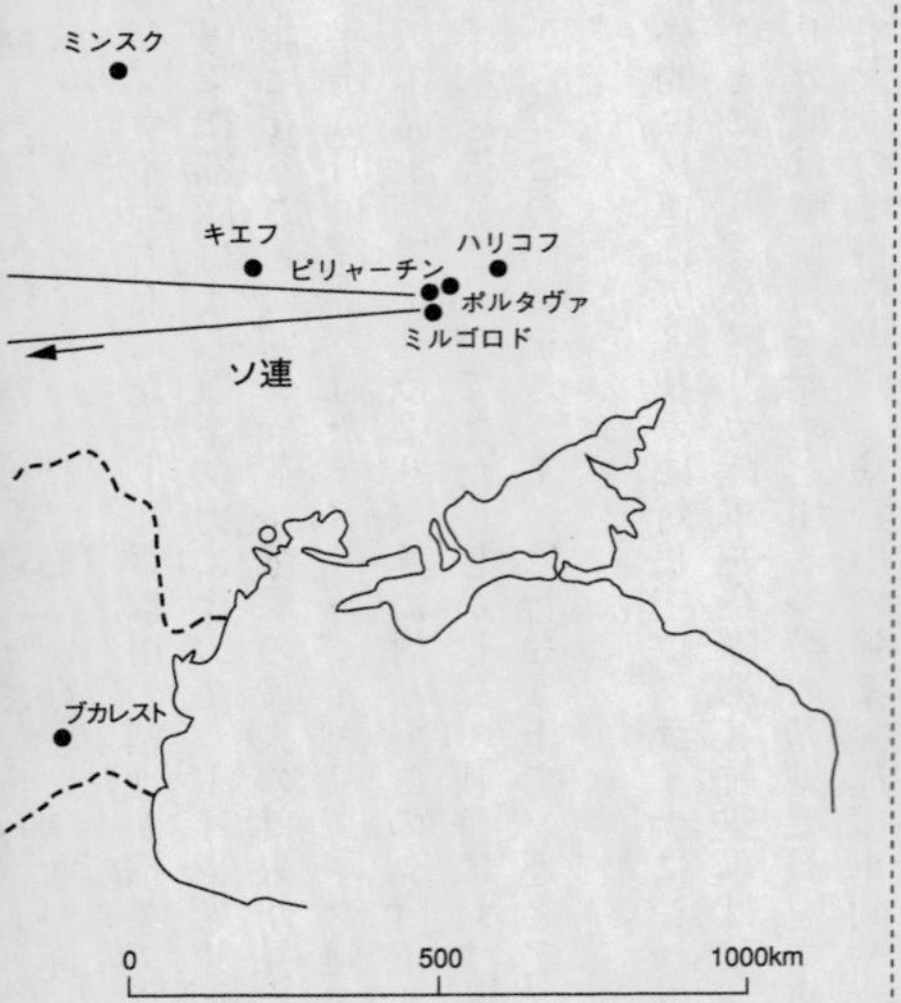

第33図　シャトル爆撃行程

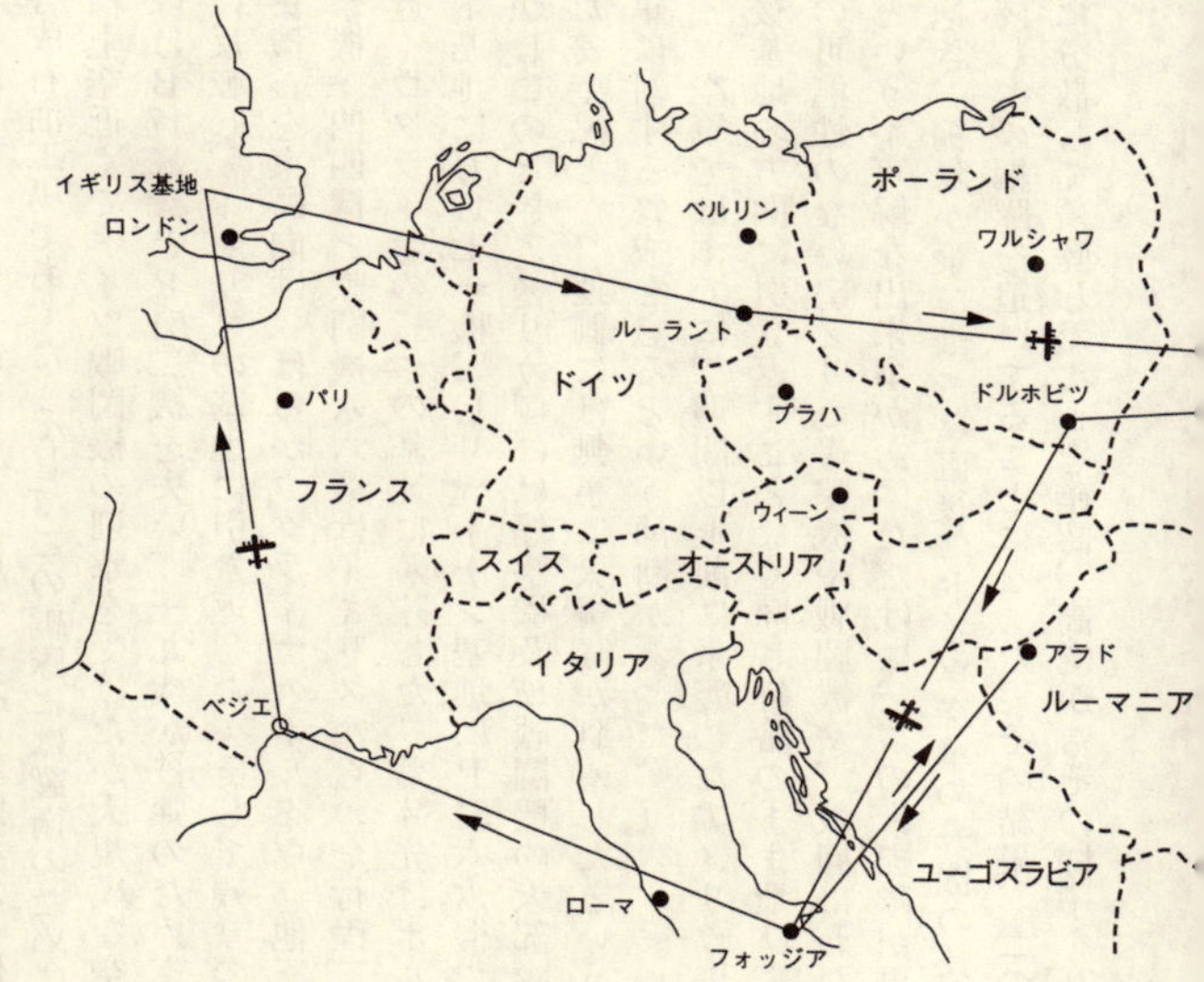

たＢ17爆撃機は再びルーマニア北部のドイツ空軍基地を爆撃してそのままイタリアの基地に帰還した。

この作戦によってアメリカ側は当初から危惧していたソ連側の協力体制に期待を持つことができ、本格的なシャトル爆撃を実行する上で及第点を出すことができた。

そして一九四四年六月二十一日に、いよいよイギリス基地からの第８航空軍爆撃航空団による本格的なシャトル爆撃が実施されることになった。

この日の午前、一六五機のＢ17が各機二・五トンの爆弾を搭載してイギリス中部の五ヵ所の基地を離陸した。爆撃目標はドイツ本土のルーラントの合成石油工場であった。そしてこの編隊には護衛のために六八機のP51戦闘機が随伴した。

目標上空近くでドイツ戦闘機の迎撃を受けたが大規模な空戦にはならなかったが、それでも編隊はB17二機とP51二機を失い、一九機が被弾のため東に向けての飛行が困難となったために反転し、イギリスの基地に引き返した。そして残りの爆撃機と戦闘機は爆撃終了後そのまま機首を東に向け、はるかウクライナのポルタヴァ他三つの基地に向かった。

爆撃機一四四機と戦闘機六六機はイギリスからの全行程二三〇〇キロメートルを飛び切り、夕方近くウクライナの三つの基地に着陸した。着陸先はポルタヴァ基地にB17七三機、ミルゴロド基地にB17七一機、ピリャーチン基地にP51六六機であった。

しかしこのときアメリカ側には爆撃機及び戦闘機の大部隊が長駆見知らぬ基地に無事に到着した安堵感と、ソ連側には無事に大編隊が到着したという安堵感が交錯し、両軍にはドイツ空軍に対する警戒を怠るという油断があった。

ドイツ空軍ではすでに二週間以上前に来襲したアメリカ爆撃機や戦闘機の大編隊が、爆撃終了後基地の方向に引き返すことなく同じ針路のまま飛び去ってしまったこと、また本来は来襲の可能性のないアメリカ爆撃機や戦闘機が、数回にわたりドイツ東部の軍事拠点を爆撃するという不可解な出来事があっただけに、この大編隊が再び東の方に飛び去ったことに疑念を抱き、編隊が飛び去った直後にドイツ空軍の一機の長距離偵察機（ハインケルHe177）が離陸しこの編隊を追跡することになった。その結果、この大編隊はウクライナの三ヵ所の基地に分散して着陸したことを確認、高空からその様子を写真撮影し基地に引き返した。

ドイツ空軍のその後の行動は実に迅速であった。東部戦線に展開していたドイツ空軍の爆撃隊に即時出撃の命令が下った。ハインケルHe111とユンカースJu88の合計八〇機の爆撃機は急ぎ爆弾を搭載した後、直ちにアメリカの爆撃機と戦闘機がそれぞれ一群となって着陸している三つのソ連軍基地に向かって出撃していった。

ドイツ空軍の爆撃機の編隊がウクライナの目標上空に到達したのは日付が変わった六月二十二日の午前零時三十分であった。ドイツ爆撃機の八〇機の編隊はB17爆撃機七三機が着陸しているポルタヴァに殺到した。そしてポルタヴァ基地上空に、突然、無数の照明弾が投下された直後、四四〇発の二五〇キログラム爆弾が投下された。

格納庫や待避壕もなく野天に係留されていたB17と、山積みに用意されていた燃料ドラム缶や爆弾の山はたちまち轟音と共に爆発し炎に包まれてしまった。

この奇襲爆撃によってポルタヴァ基地に着陸していた七三機の重爆撃機のうち四七機が全損に帰し、残る二六機も全て大破し現地での修理が不能の状態になった。

アメリカ爆撃航空団は本格的なシャトル爆撃開始早々から予期せぬ甚大な損害を被ることになってしまったのである。

しかし爆撃航空団としては残された爆撃機と戦闘機を使って、ウクライナの基地からポーランド方面の戦略施設の爆撃を行なう計画であった。そして六月二十六日に無事であったミルゴロド基地のB17七一機に援護のP51戦闘機五五機を随伴させ、ポーランドの合成石油工場群を爆撃し、そのまま機首を南に向けるとイタリアのフォッジア基地に向かった。

フォッジア基地に着陸したB17爆撃機とP51戦闘機は機体を整備し、爆弾や燃料などを補給した後、七月三日に、イタリア駐留の第15航空軍のB17と協同でルーマニアのプロエスチの石油精製施設を爆撃し再びフォッジアに帰還した。そして爆弾と燃料を補給した後の七月五日に、南フランスの石油貯蔵施設を爆撃した後そのままイギリスの基地に帰還した。イギリスを出撃して以来二週間ぶりに戻ったわけであるが、戻った機体は出撃したB17爆撃機が一六五機中半数以下の七〇機、P51戦闘機が六八機中四〇機であった。

第8航空軍は一九四四年八月六日に再度のシャトル爆撃を決行した。このとき出撃した戦力はB17爆撃機が七八機、P51戦闘機が六四機であった。

このときは長駆ポーランド東部のグディニアにあるフォッケウルフ航空機工場を爆撃した後に、ほとんど損害を受けることもなくポルタヴァ基地他に着陸している。

これら爆撃機と戦闘機は翌七日と八日と連続してウクライナの基地から出撃し、ポーランド国内の石油貯蔵施設やドイツ空軍基地を爆撃した後、前回と同じくイタリアのフォッジア基地に向かい、八月十二日にはフォッジア基地を出撃し、途中南フランスのツールーズの航空機工場を爆撃した後イギリスに戻っている。

三回目のシャトル爆撃は一九四四年十一月十日に決行された。このときはB17爆撃機七五機とP51戦闘機六四機が参加し、ドイツ東部のシュムミッツの兵器工場群を爆撃後、ポルタヴァ他の基地に向かった。そして十三日にハンガリーの製鉄所や兵器工場を爆撃した後、十四日には前回と同様、イタリア経由でイギリスに戻っている。

結局第8航空軍の爆撃航空団が当初計画したシャトル爆撃は、この三回をもって中止された。シャトル爆撃の考えは確かに妙案ではあるが、いざ実行してみると、大編隊の重爆撃機や戦闘機を受け入れる他国の基地の運用上の問題、機体の修理や整備、また大量の燃料や爆弾などの補給の問題など様々な問題が発生し、よほどの事前準備を行なわない限り、無駄が多く効果の少ない作戦を実施することになり、大編隊による大規模な戦略爆撃を行なう上では、このシャトル爆撃は結果的にはドイツ側に対して特別な脅威とはならず、ほとんど効果のないむしろ失敗の作戦ということができた。

アウグスブルグ特攻爆撃（イギリス空軍爆撃航空団）

イギリスのアヴロ・ランカスター四発重爆撃機は、第二次大戦で活躍した全ての四発爆撃機の中では、最も完成度の高い実用的な爆撃機であったといえた。

外観的には無骨でおよそスマートさとは縁遠い機体であるが、ランカスター重爆撃機の性能と安定性は、アメリカの戦略爆撃機の決定版となったボーイングB29重爆撃機よりも格段に優れていたといえよう。

ランカスター重爆撃機がこれほどまでに成功した要因は幾つかあるが、その一つは極めて信頼性の高いロールスロイス・マーリンエンジンを採用したことである。二つ目は機体の構造が被弾に強い堅牢な構造であったこと。三つ目は最大一〇トンに達する各種の爆弾の搭載が可能であったこと。四つ目はイギリスの重爆撃機としてはかなり長い航続力の持ち主であったこと、などが挙げられよう。

中でも爆弾搭載量の多さはアメリカとイギリスの重爆撃機の中でも抜きんでており、ボーイングB17重爆撃機やコンソリデーテッドB24重爆撃機の二・五倍に達し、僚友のハンドレページ・ハリファックス重爆撃機の一・六倍に達した。さらに戦争末期に登場した当時の戦略爆撃機の極致ともいえたボーイングB29の爆弾搭載量よりも一トンも多く、同機では機体の構造上搭載が不可能であった五トン以上の爆弾の搭載が可能であったのである。その際たる例は、イギリスが戦争末期に開発した全長七メートル、最大直径一・五メートル、重量一〇トンのグランドスラム爆弾を搭載して実際の作戦に投入されたことであった。

ランカスター重爆撃機が出現したいきさつについてはすでに前章で述べたが、ピンチヒッター的な立場で登場したこの機体は、瞬く間に主力爆撃機の座を確保してしまった。

イギリス空軍爆撃航空団はこの優れた重爆撃機を航空団の様々な作戦に投入したが、それだけにランカスター重爆撃機は数々のエピソードを残しているが、その筆頭ともいえるのが先に紹介したルールダム攻撃作戦である。

ランカスターの量産型第一号機が飛行したのは一九四一年十月三十一日で、早くも十二月二十四日には実戦部隊（第44飛行中隊）に最初の三機が配備され、以後、逐次この部隊の双発爆撃機ハンドレページ・ハンプデンはランカスターに機種が変更されていった。そして引き続き第97飛行中隊へもランカスターの配備が始まり、両飛行中隊の全機（各一六機）がランカスターに機種変更され搭乗員の訓練も進んだ中で、ランカスターによる訓練を兼ねた最初の作戦行動が行なわれた。

一九四二年三月三日、第44飛行中隊の四機のランカスターが北海に面したヘリゴランド島沖に機雷投下のために出撃した。さらに三月十日のエッセン市の大爆撃には第97飛行中隊の二機のランカスターがテスト的に参加している。

その後四月に入ると爆撃航空団は第44と第97両飛行中隊のランカスターに対して低空飛行の猛訓練を開始させた。両飛行中隊の搭乗員たちはこの特別訓練に対して何か特別な作戦が行なわれるらしいことを感じていたが、具体的には何であるかは分からなかった。
一九四二年四月十七日午前十一時、両飛行中隊のそれぞれ八機のランカスターの搭乗員が突然、搭乗員待機室に集合を命じられ命令が伝達された。そして全員の前に爆撃目標までを示す大きなドイツ国内の地図が掲げられた。出撃は午後三時が予定された。
この作戦の指揮は第44飛行中隊のJ・D・ネットルトン飛行少佐で、作戦の内容は次のようなものであった。

爆撃目標
ドイツ南部アウグスブルグ市に所在するMAN（Maschinenfabrik Augsburg Nurnberg）社のディーゼルエンジン工場。MAN社のアウグスブルグ工場は、ドイツ潜水艦用のディーゼルエンジンの主力生産工場である。

攻撃方法
昼間超低空強襲爆撃で援護戦闘機は随伴せず、全行程を超低空飛行で進む。

参加機数
十二機とする。両飛行中隊から各六機が参加。その他に各中隊から二機を予備機として参加させる。予備機を含めた各中隊の八機は同時に離陸し、英仏海峡を横断した時点でエンジントラブルなどで引き返す機体があれば予備機は直ちにその機体と交代して作戦を続ける。もし引き返す機体がなければ予備機は基地に引き返す。

この作戦は実質的なランカスター重爆撃機の最初の本格的な爆撃作戦への参加であったが、大きな危険の伴った作戦でもあった。しかしイギリス空軍としてはこの作戦を何としてでも決行し、かつ成功させたかった。

当時イギリスはドイツ潜水艦の猛攻の前に危急の淵にあった。ドイツ潜水艦はイギリス商船ばかりでなくイギリスに肩入れするいかなる国の商船も標的として撃沈に次ぐ撃沈を重ねていた。イギリスは国民生活に必要な様々な物資や、あらゆる戦争資材をアメリカやイギリス連邦諸国などから商船によって大量に運び込んでいたが、商船に甚大な被害が生まれることは即イギリスという国の存続を危うくすることになった。

そのためにイギリスは何としてもドイツ潜水艦の戦力を低下させる必要があり、海軍の総力を上げての潜水艦撃滅ばかりでなく、航空攻撃によってドイツ国内の潜水艦の建造に関わるあらゆる施設の破壊を早急に進める必要があった。

アウグスブルグのMAN社のディーゼルエンジン工場の爆撃は、ドイツ潜水艦撃滅戦略の上でも筆頭に上げられるべき課題であった。

出撃するランカスターの爆弾倉には各機四五四キログラム爆弾四発を搭載し、各機の燃料タンクには往復一七〇〇キロメートルの飛行に必要な八トン（約九八〇〇リットル）の燃料が積み込まれていた。

爆撃機の編隊はイギリスの基地を飛び立った後も、ドイツ軍のレーダーに探知されないために高度三〇メートルの超低空飛行で英仏海峡を横断しフランス国内に侵入した。そしてその後も目的地までは超低空飛行を続けることになっていた。

第34図　アウグスブルグ爆撃行程

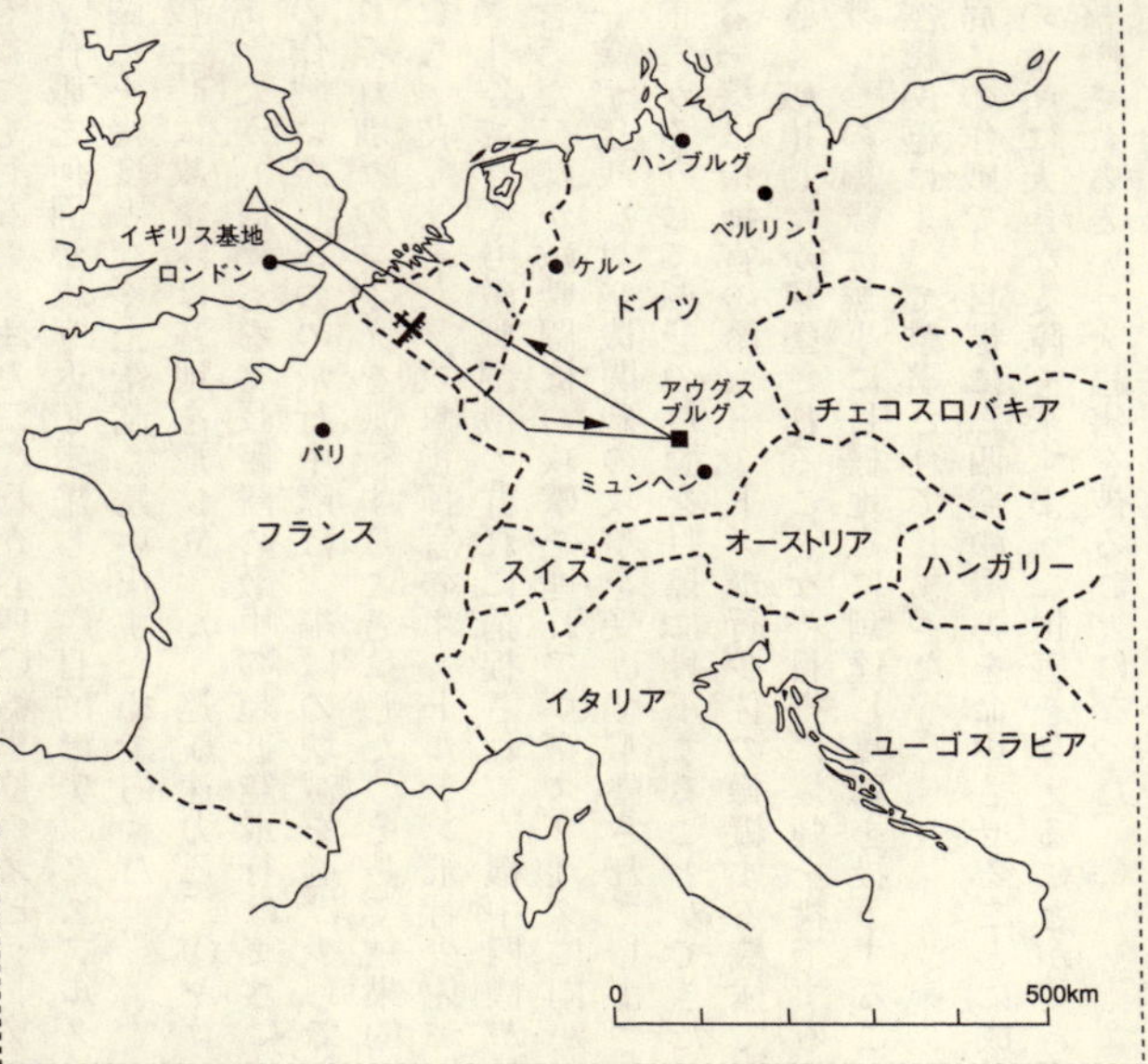

イギリスの基地からアウグスブルグ市までは片道直線距離でも八五〇キロメートルあり、英仏海峡を横断した後の約七〇〇キロメートルは全てドイツ軍の勢力圏内の超低空飛行であるが、この攻撃隊にとって最も危険なのが対空機関砲であった。また超低空とはいえ敵戦闘機の攻撃からも何としても逃れなければならなかった。

この日アウグスブルグ強襲隊を敵の目から逃すための陽動作戦として、午前中から午後にかけてイギリス空軍はベルギーやフランス国内に向けて小規模な爆撃作戦を幾つも行ない、また二〇機から四〇機単位のスピットファイア戦闘機だけによるスウイープ作戦を何回か繰り返し実施した。目的はアウグスブルグ強襲隊から敵の目を逸らし、敵戦闘機を幾度となく上空高く誘い出すためであった。

午後三時に攻撃隊は基地を飛び立った。巡航速力三二〇キロメートルで片道二時間半の飛行であったが、護衛もなく長距離の敵中の超低空飛行はまさに特攻作戦といえた。

この作戦に際し二つの飛行中隊は、編隊の壊滅を避け少しでも攻撃能力を残しておくためにそれぞれ別々のコースを飛行することにした。そして結果的に二つの編隊は明暗を分けることになってしまった。攻撃指揮官のネットルトン飛行少佐が指揮をとる第44飛行中隊はフランス上空で早くも敵戦闘機の群れに捕捉され、六機中四機が撃墜され指揮官の操縦する機体を含めた二機が敵戦闘機の攻撃を逃れアウグスブルグに向かった。しかし爆撃目標近くで残る一機が猛烈な対空機関砲の攻撃を受けて撃墜されてしまった。しかしこの機体は撃墜される前にかろうじて四発の爆弾を目標に投下することができた。

残る一機は指揮官のネットルトン飛行少佐の操縦する機体で、多数の機関砲弾を受け機体は大きく破損したが撃墜されることなく目標に爆弾を投下することに成功した。

もう一つの編隊は無事に目標地点に到達し爆弾を投下することができたが、その中の二機が対空機関砲によって撃墜されてしまった。

結局この作戦では目標に二四発の爆弾を命中させることに成功はしたが、ディーゼルエンジンの生産に大きな支障を来すような損害を与えることができず、逆に攻撃参加一二機中七機が撃墜されるという大損害を被ることになった。

その後イギリス空軍はMAN社のアウグスブルグ工場を爆撃することは一度もなく、一九四三年以降はアメリカ爆撃航空団の昼間爆撃の目標に指定され、幾多の爆撃を受けることになった。しかしこの頃になるとドイツの主要な軍需工場はドイツ国内ばかりでなく主にドイツ東部やポーランドやハンガリー、オーストリアやルーマニアなど、イギリスやアメリカの戦略爆撃機の行動半径外の地域に広く分散疎開され、まるでモグラ叩きゲームのように、いくら爆撃で叩いても別の生産拠点が活動を開始するという状況が繰り返され、ドイツの軍用機や兵器の生産に決定的なダメージを与え難くなり始めていた。

この悲劇的ともいえるアウグスブルグ強襲爆撃は、図らずもランカスター爆撃機が戦略爆撃機として不動の座を占めるための門出にもなったのであった。

レジスタンス救出作戦（イギリス空軍第2戦術航空団）

第二次大戦中のフランスやベルギー、オランダでは、ドイツ軍の必死の捜索の目を逃れ、祖国回復まで死を決して活躍した無数のレジスタンスたちが、それぞれの国内に張り巡らされた地下活動組織の先兵として連合軍側に有力な情報を送り続けていた。そしてこの情報はアメリカやイギリスの航空部隊が作戦を行なう上でかけがえのない役割を果たしたのであった。

ドイツに占領されたこれらの国々では、反ナチ活動家たちが自然発生的に組織を作り、占領しているドイツ軍の様々な行動に対して抵抗活動を展開し、また詳細なドイツ軍の情報の収集を続けていた。一方連合軍側はイギリス軍の情報部が中心となってこれら組織に対して様々な援助を続けることになった。それは小型機を使って夜陰に紛れて敵地に着陸し、諜報員を送り込んだり逆にレジスタンス組織のリーダーを情報交換のためにイギリスにつれ戻したり、また無線装置や補充機材、暗号書などを送り込んだり、時には暗夜に紛れてゲリラ活動に使う様々な小火器や爆薬などをパラシュートで落下させたりもしていた。

これらの国々に展開していたレジスタンスたちの活動は巧妙であった。彼らは占領地域に配置されているドイツ機甲師団の規模や配置、歩兵部隊の兵員の宿舎、部隊司令部、飛行場の位置と配備されている航空機の種類や機種、配置されている部隊やその指揮官の名前、高射砲陣地や高射機関砲の配置、鉄道のどの線路を走るどの列車がドイツ軍の何部隊を運ぶか、どこの工場ではドイツ軍に必要な何を生産しているか等々、実に微に入り細に渡った情報まで入手していた。それもそのはずで例えば機関車の運転手や車掌自身がレジスタンスのメンバーであったり、ドイツ軍が出入りする商店や小さなレストランの従業員までがレジスタンスメンバーであることなど、ごく当たり前になっていたのである。

これらの情報は常にイギリスの情報部に送り込まれ、アメリカやイギリス航空部隊はこれらの情報を参考にしながらフランスやオランダ国内のドイツ軍施設の爆撃を行なうことは多々であった。特にフランス国内の工場などフランス人が就業している施設では、事前に密かにその工場内のレジスタンスメンバーに爆撃の日程や時間が伝えられ、爆撃時には従業員はそれとなく避難したりして被害にあうことを避けていたが、その一方ではドイツ秘密警察はドイツ軍の存在を危うくするこれらレジスタンスの捜索に苛烈さを加え、捕らえられた彼らは秘密裏に抹殺されていった。

勿論、連合軍側としてはレジスタンスの逮捕と抹殺は貴重な情報源を失い、しかもドイツ攻撃の重要な糸口が封じられることにもなり、また彼らの抹殺を黙視することは、連合軍の裏切り行為と見なされ今後への大きな影響が懸念されるのであった。

したがってイギリス情報部としてはこれらレジスタンスの活動に多大な影響を与えるような情報が得られた場合には、万難を排してでも彼らに協力する姿勢を示さなければならなかった。そしてその具体的な行動はイギリス空軍に頼らざるを得なかったのである。

情報部がイギリス空軍に依頼する内容のほとんどは、所在が突き止められたドイツ秘密警察司令部を司令部要員ともどもに即刻爆撃し、抹殺することであった。

この場合の攻撃の出番の多くは、迅速かつ機敏な攻撃行動が可能なイギリス戦闘機航空団の戦闘爆撃機が配置された飛行中隊がその任務についたが、大規模な爆撃行動を伴う場合には、このような臨機応変な作戦に投入することを目的に、一九四三年に新たに編成された第2戦術空軍麾下の軽爆撃機中隊が投入されることもあった。

ここで紹介するレジスタンス救出のための爆撃作戦を展開した爆撃隊の話は、本来はこの書のテーマである戦略爆撃を任務とする爆撃隊の話ではないが、連合軍のドイツ攻撃の根幹にも関わる話題として紹介することにした。

レジスタンス救出作戦に最初に関わったイギリスの爆撃隊は、まだ第2戦術空軍が創設される以前の一九四二年九月のことで、爆撃航空団の第105飛行中隊のデ・ハビランド・モスキート軽爆撃機がその任務を任された。

デ・ハビランド・モスキート軽爆撃機についてはすでに前章で説明したが、モスキートは第二次大戦で活躍した軽爆撃機の中では、連合軍、枢軸軍を問わずその性能は群を抜いていた。軽快な操縦性、戦闘機も追跡が困難な高速力、必要十分な爆弾搭載能力など、まさに夢の軽爆撃機であった。

第105飛行中隊に最初に配属されたモスキートは、後の戦闘爆撃機型のモスキートのプロトタイプともいえる機体で、機首下面に二〇ミリ機関砲を四門装備し、それに加えて機首には四梃の七・七ミリ機銃を装備していた。また爆弾倉には最大九〇〇キログラムまでの爆弾の搭載が可能で、最高速力は時速六一二キロメートルを記録した。そしてこの速力は当時の全ての実用軽爆撃機や重爆撃機の最高速力よりも一〇〇キロメートルも高速という当時としては常識外れの速力であった。

その後モスキートはさらに改良が加えられ、一九四四年後半から実戦配備された戦闘爆撃機型は、最高速力も時速六七〇キロメートルにスピードアップされ、爆弾搭載量も二倍の一・八トンに達していた。

この戦闘機も追跡が困難なモスキート軽爆撃機は、ヨーロッパ戦線に投入された連合国の全ての爆撃機の中でも損害率（出撃機中、敵に撃墜される割合）は極端に小さく、全機種平均二・七パーセントに対して〇・五パーセントであった。

つまりモスキート軽爆撃機は敏捷な運動性を求められる超低空奇襲攻撃を行なうには打ってつけの機体であった。

一九四二年九月二十五日、ノルウェーのオスロ市内にレジスタンスによって所在が確認されたドイツ秘密警察（ゲシュタポ）の司令部の奇襲攻撃が実施された。

攻撃準備は全くの極秘で進められた。この日、第105飛行中隊の六機のモスキートは各機四五四キログラム爆弾二発を搭載し、長駆北海を超低空で横断し、まさに正午、ゲシュタポ幹部以下がビル内の食堂で昼食の席についている最中に建物に向かって一六発の大型爆弾が投下された。

投下された全ての爆弾は超低空攻撃のために建物の側面から命中し、建物は全損した。一同に会していたゲシュタポメンバーの大半は即死または瀕死の重傷を負った。そればかりでなくレジスタンスにとっては最も危険な存在であったメンバーや容疑者の名簿などの全てが焼失飛散し、その後のノルウェーでのゲシュタポの活動に多大な影響を与えることになった。勿論、危険を承知で行なわれた攻撃であっただけに、その建物に収監されていたレジスタンスメンバーや容疑者の多くが爆撃の犠牲になったが、一方相当数の地下メンバーが爆撃の混乱の中で逃亡に成功したのであった。

この奇襲攻撃を始めとして、その後ヨーロッパの主要都市に本部を持つゲシュタポ司令部の攻撃がたびたび行なわれるようになったが、その情報源は当然各地域で暗躍するレジスタンスメンバーからイギリス情報部に寄せられたものであった。

ゲシュタポ本部のモスキート軽爆撃機による爆破作戦は一九四四年だけでも五ヵ所を超えている。例えば四月十一日には第613飛行中隊の六機のモスキートが、オランダのハーグ市内の本部を奇襲攻撃し、ゲシュタポメンバーの大半を抹殺。八月十八日には同じく第613飛行中隊のモスキート一四機が、中部フランスのリモージュ近傍に所在するナチス親衛隊司令部の建物を超低空で爆撃した。このとき二〇発の大型爆弾が建物を直撃し建物は完全に破壊されてしまった。そしてこの爆撃によって南フランスのナチス親衛隊の組織はほとんど壊滅してしまった。

また十月には第21、第464、第487の各飛行中隊から各六機のモスキートが選ばれ、デンマークのアーハスにあるゲシュタポ本部の奇襲攻撃が決行された。このとき合計一八機のモスキートは四五四キログラム大型爆弾二五発を建物に命中させ、石とコンクリート造りの建物は完全に破壊され、戦争末期に向けて狂気じみてきたデンマークのゲシュタポ活動を、ほとんど壊滅状態に追い込み、多くのレジスタンスやその周辺メンバーの命を救うことになった。

戦争末期になるにしたがってゲシュタポの活動も激しさを増し多くの狂気の行動が横行し始めたが、ゲシュタポ本部の破壊作戦は、連合軍側にとっては多くの同胞を救出し、また連合軍側の情報の漏洩防止のために欠かすことのできない作戦となっていった。

一九四五年三月二十一日のデンマークのコペンハーゲン市のゲシュタポ本部の攻撃は最大級のものとなった。この本部は当時生き残っていた全ゲシュタポメンバーを統括する組織で、この組織の壊滅はドイツの秘密警察の壊滅を意味していた。

この日、三個飛行中隊のモスキート三六機がこのゲシュタポ本部の建物を急襲、建物は瓦解し、収容されていた多くのレジスタンスメンバーの命が失われたが、それと引き換えにナチスドイツの秘密警察組織は実質的に壊滅状態に陥った。

この一連のゲシュタポ本部の攻撃の中でも、一九四四年前半の攻撃には連合軍側として重要な意味が込められていた。

当時ドイツ軍側では連合軍側の大陸侵攻の時期が迫っていることを薄々感じ取っていた。

それだけに特に上陸地点候補として予想されるフランス西部一帯に組織化されているレジスタンスの存在は、ドイツ軍側にとっては上陸作戦を援助しドイツ軍の防戦を阻害する極めて危険な存在であった。その一方でドイツ軍側としては彼らから少しでも情報を得ようと必死の捜索を行なっていた。

この頃フランス国内で逮捕されたレジスタンスメンバーたちは、ドイツ秘密警察やナチス親衛隊などから猛烈な拷問を含めた極めて厳しい尋問を受けていた。勿論、レジスタンスたちはそれぞれ分担した作業を行なっていたために、上陸作戦に関して全貌を知るようなことはなかったが、ドイツ側としてはレジスタンスたちが白状するわずかな情報でも、組み上げれば極めて重要な情報になるのであった。そして、レジスタンスたちは事の重要性を十分に認識していたために容易なことでは情報をドイツ側に漏らすことはなかったが、厳しい拷問は必ずしも「知らない」という言葉を持続させることはできなかった。

ゲシュタポ側もレジスタンス狩りには必死の手立てを講じていた。そのような中ドイツ側に協力するフランス人が皆無であったわけではなく、利害関係からドイツ側に陰で協力するフランス人も現われていた。ゲシュタポはこれらのフランス人を巧妙に使い、一九四四年一月に北フランスを中心にしたレジスタンスメンバーの多数が一斉に逮捕されるという事態が発生した。そして彼らのほとんどが北フランスのアミアン市近傍のサン・カンタン監獄に収容され、拷問にかけられ処刑される寸前の状況に追い込まれた。

彼らの抹殺は北部フランスのレジスタンス組織が壊滅状態に陥り、計画されている大陸侵攻作戦にも直接影響することは確実であった一月中旬にこの危機的状況が北フランスのレジスタンス組織のリーダーから至急情報としてロンドンのイギリス情報部に送り込まれ、サン・カンタン監獄の爆破と捕らわれているレジスタンスメンバーの逃亡作戦の至急要請が飛び込んできた。

情報によるとサン・カンタン監獄に収容されているレジスタンスメンバーは三〇〇名を超え、他にも反ドイツ的な姿勢を示す容疑で収容されたフランス人や、一般の犯罪を犯して収監されているフランス人犯罪者が約七〇〇名ほどいるとのことであった。

そしてさらに送られてきた情報によると、収監されているレジスタンスメンバーは二月二十日を第一回として、次々に収容所内で処刑される予定であるとのことであった。事は緊急性を帯びてきたのである。

この情報は直ちに第2戦術空軍司令官のカニンガム空軍中将に送られた。彼はこの情報に即時対処できる攻撃部隊として第2戦術空軍のモスキート軽爆撃機部隊を選び、軽爆撃機連隊の指揮官バジル・エンブリー空軍少将に作戦の計画と実行を命じた。

エンブリー少将は大戦の初期から戦闘機や軽爆撃機の操縦士として幾多の作戦に身を投じ、常に危険と隣りあわせていた歴戦の猛者であった。命令を受けた彼の脳裏にはすでにサン・カンタン監獄の破壊、ゲシュタポメンバーの抹殺、そしてレジスタンスメンバーや収監者の逃亡方法をいかにすべきか、それまでの幾多の同じような作戦の経験から概略の構想ができあがっていた。ただ今回の攻撃がそれまでの攻撃と大きく違っていたことは、攻撃決行の日時が目前に迫っていたこと、ゲシュタポの完全な抹殺、そして一〇〇〇人を超える収監者、しかもその中のレジスタンスメンバーを確実に破壊された監獄から逃亡させる、という難題が込められていることであった。

エンブリー少将が命令を受けてから決行までの余裕はすでに一ヵ月を割っていた。彼はこの作戦には高度な緻密さが必要であると判断し、まず写真偵察機を飛ばしサン・カンタン監獄の構造的な様子や配置などが解読できる低空写真を撮影させた。そしてこの写真を基にサン・カンタン監獄の一二五分の一の精密な模型を急ぎ作らせた。

写真偵察機が低空から撮影してきた写真を分析すると、監獄はほぼ正方形の敷地で出来上がっており、その周囲は厚さ約四〇センチメートル、高さ六メートルのコンクリート製の塀で囲まれており、出入り口は南側に一ヵ所あるだけであった。

塀に囲まれた正方形の敷地の中央には、東西・南北方向に張り出した十字型のコンクリート製と思われる三階建ての監獄本棟があり、その周辺には幾つかの建物が付属しており、情報により東西方向に伸びた監獄棟の東西両端に付属する建物が、ゲシュタポメンバーや監獄の看守たちの食堂兼会議室になっており、十字型建物の交差する中央部一階に大きな収監者たちの食堂が配置されていることがわかっていた。

またドイツ軍の習慣として時間に対しては極めて厳格で、毎日正午キッカリに収監者たちは中央大食堂で昼食をとり、看守やゲシュタポメンバーたちも正確に正午には、収監者を監視する者を除き別棟の食堂で一同に会して食事をすることがわかっていた。また監獄の周囲のコンクリートの塀の四ヵ所の角と正門には機銃が装備された監視所が設けられていた。

このサン・カンタン監獄攻撃計画は極秘で進めねばならず、この攻撃計画を知っている者はエンブリー少将と彼の副官の二名だけで、幕僚たちもこの作戦については全く知らなかった。そのために攻撃計画はエンブリー少将自身で練らなければならなかった。

最終的に彼が考え出した攻撃計画は次のようなもので、極めて精密かつ正確な航空攻撃を行なうことが条件となった。その攻撃計画とは、

㈠、使用機種はモスキート軽爆撃機とする。

㈡、攻撃隊は三隊に分け、三〇秒程度の時間差をおいて二つの方角から爆撃を行なう。

㈢、二つの隊の一隊は監獄の東側から順次コンクリート塀よりも低い高度（六メートル以下）で侵入し、東西に伸びる本館の東側の延長線上のコンクリート塀に直接爆弾を命中させ、東側の塀を破壊し収監者たちの脱出口を開く。

㈣、東側からの攻撃の直後に今度は北側から超低空で攻撃を仕掛け、東側と同じく北側の塀に爆弾を命中させ収監者たちのもう一つの脱出口を開く。

㈤、東側と北側からの攻撃の直後に南側から残りの一隊が高度一五メートルで侵入し、東西に伸びる本館の東西端に付属する建物に直撃弾を命中させ、中で昼食中の看守やゲシュタポメンバーを抹殺する。

㈥、攻撃開始時間は正確に十二時三分とする。

㈦、参加機数は一八機とする。

㈧、搭載する爆弾は各機二二七キログラム通常爆弾とし、一一秒の遅延信管を装備する。

以上のとおり攻撃には正確な時間と正確なピンポイント爆撃が要求され、しかもその全てが高度六メートルから一五メートルという常識外れの超低空攻撃で行なわなければならなかった。

攻撃には歴戦の第21、第460、第487爆撃中隊が選ばれ、さらにその中のベテラン操縦士が選ばれることになった。

攻撃予定日は二月十六日に決定したが、当日は朝から吹雪で作戦は決行できず、翌十七日も吹雪で攻撃は延期された。しかし攻撃日の期限は真近に迫っておりこれ以上の延期はできなかった。十八日もサン・カンタン監獄のあるフランスのアミアン方面は雪もよいの天候であったが、エンブリー少将は作戦決行を命じた。

この日の朝、三個中隊から選抜された一八機の三六名の搭乗員がハンスデン基地の作戦伝達室に集合を命ぜられ、エンブリー少将から直接作戦の詳細とその重要性が説明された。そして作戦命令が伝達された後、搭乗員全員が精巧に作られたサン・カンタン監獄の大きな模型の前に集められ、監獄の建物の構造やその配置、また攻撃位置について頭にイメージさせられた。

ハンスデン基地から攻撃目標地点までは片道三〇〇キロメートルで、高速のモスキート軽爆撃機では飛行時間は離陸後三〇分の距離であった。

攻撃はまさに午後十二時三分に開始された。サン・カンタン監獄の周辺は広大な畑地となっており、超低空飛行を行なうには何の障害もなかった。

サン・カンタン監獄の爆撃が近いうちに決行されるという情報は、すでに特別なルートを通じて収監されているレジスタンスメンバーには伝えられており、攻撃開始と同時に直ちに脱出口を見つけて監獄の敷地の外に逃亡することも伝えられていた。そしてこの脱出を援護するために、周辺地域のレジスタンスたちには攻撃決行を予測して、いつでも脱出者たちを救出できるよう畑地を見回る農夫や様々な姿の住民に変装して三々五々監獄の周辺に集まってくるよう通達されていた。

攻撃の第一陣は予定どおり監獄の東側から超低空で来襲してきた六機のモスキートで始まった。続いて北側から六機のモスキートが同じく畑地に接触せんばかりの超低空で来襲し、それぞれ爆弾を投下した。

各機の爆弾はほとんど投下と同時にコンクリートの塀を直撃し爆発したが、東側の塀の破壊は不十分となったが、北側の塀は完全に破壊され収監者の脱出は可能になった。

続いて南側から来襲した六機のモスキートから投下された爆弾は見事に東西端の付属建屋に命中しこれを破壊し、中で食事中の看守やゲシュタポメンバーのほとんどが爆殺されてしまった。この時点で攻撃するモスキートの搭乗員からは、北側の塀の破口から多数の人々が一斉に逃げ出しているのが確認された。

攻撃直後の監獄内は騒然となった。事前に秘密ルートで事情を知らされていたレジスタンスたちは、仲間たちや一般の収監者たちをリードして一斉に建物から外へ飛びだし、北側の破壊された塀に向かって走り出した。攻撃が終わると同時に監獄周辺に農夫姿で集まっていたレジスタンスの仲間たちは、逃げ出してくる全ての人々を誘導し周辺の森や集落へと逃げ込んでしまった。フランス人看守たちの多くはレジスタンスたちと内通していたために逃げ出した収監者たちを積極的に追跡する者はなく、ショックから立ち直った生き残りのドイツの監視兵たちは、脱出を図ろうとしている者に向かって一斉に自動短機関銃の射撃を始めた。また塀の四隅に設けられた監視所のドイツ兵たちも、猛烈な爆撃のショックから立ち直ると、

第35図　サン・カンタンの平面概念図と攻撃計画

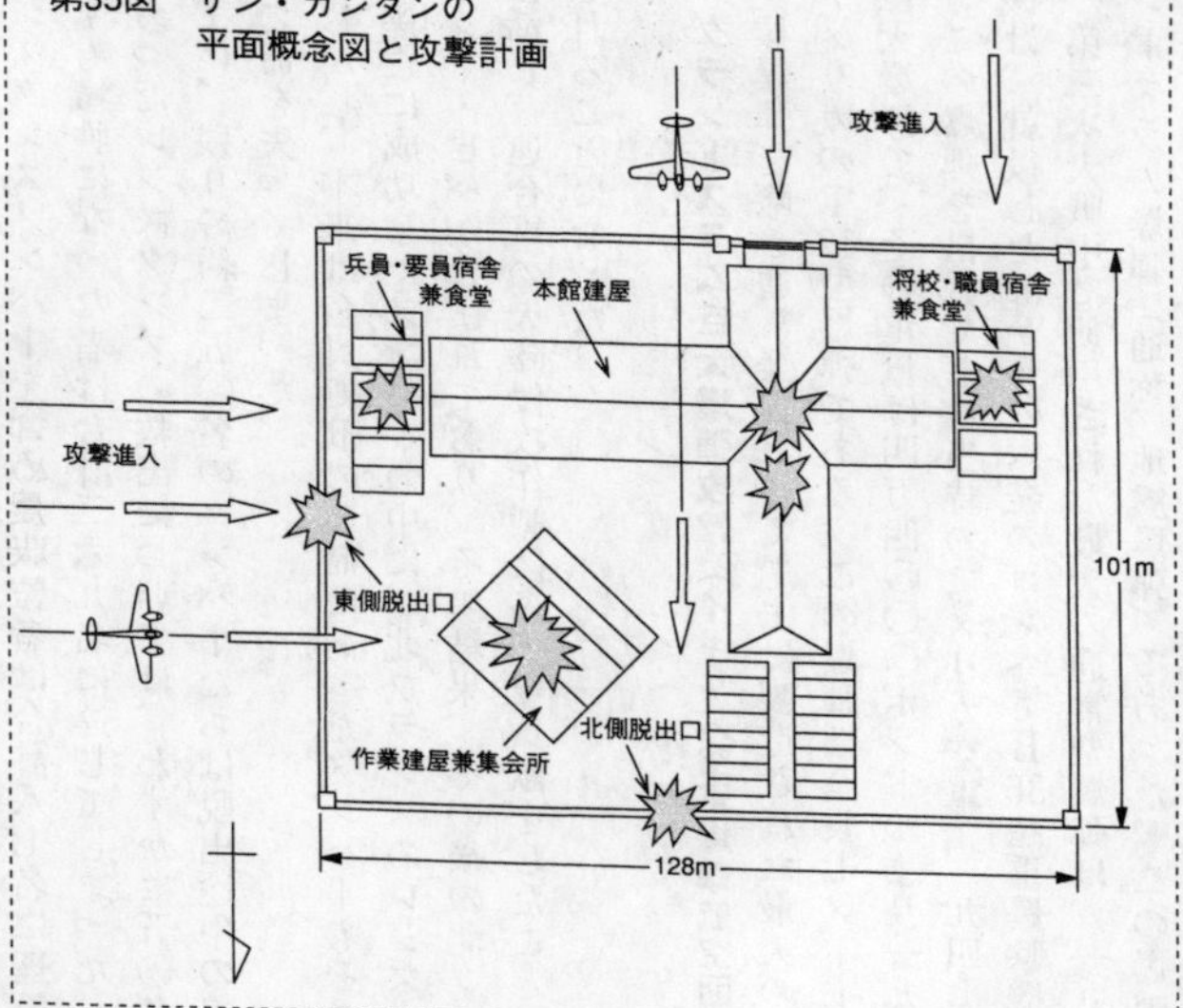

塀の外に続々と逃げ出して行く収監者たちに機関銃の乱射を浴びせ始め、周囲一帯はたちまち殺戮の修羅場と化してしまった。

この攻撃が行なわれたときにサン・カンタン監獄に収監されていた人々はおよそ一〇〇〇名ほどであったが、その中で逃亡に成功した人々の数は四〇〇～五〇〇名と推測された。しかしこの襲撃直後から開始されたドイツ秘密警察の脱走者に対する追跡は執拗を極め、一八二名が再び逮捕され、その中の多数を占めていたレジスタンスメンバーたちは即刻処刑されてしまうという、厳しい現実が待っていたのである。

その他逃亡に際してドイツ兵の銃撃や爆撃の衝撃などで死亡した

レジスタンスメンバーを含めた収監者は合計八七名に達し、サン・カンタン監獄襲撃で心ならずも犠牲になった者は合計二六九名に達してしまった。そしてこの監獄襲撃の最大の目的であったレジスタンスの救出については、わずかに五〇名が脱出に成功しただけに終わってしまい、残りの約二五〇名のメンバーたちは脱出途中のアクシデントやその後に続く処刑などで命を失ってしまった。

しかし、本来は全員処刑の運命にあったメンバーもその二割近くを救出できたこと、さらに逃亡に成功したメンバーの中に、北フランスのレジスタンスのリーダー的存在であるレイモンド・ビバが含まれており、その結果、その後の北フランスにおけるレジスタンス活動が復活し、連合軍の大陸侵攻作戦に多大な貢献をしたことで、この作戦は「効果アリ」と判定されることになった。

グランドスラム巨大爆弾攻撃（イギリス空軍爆撃航空団）

核爆弾を除き通常爆弾として過去に製造された最大の爆弾は、一九四八年三月に完成したアメリカのT12型爆弾である。この爆弾は全長七メートル、最大直径一・三メートルという巨大爆弾で、その重量は四万四〇〇〇ポンドつまり一九・九六トンであった。

この爆弾を搭載できる当時のアメリカ空軍（一九四七年に陸軍航空隊は空軍に独立）の爆撃機は、就役したばかりの六発のコンベアB36超重爆撃機しかなかった。

第二次大戦中に使用された最大の通常型爆弾は、一九四四年にイギリスで開発されたグランドスラム爆弾（通称、地震爆弾）であった。この爆弾は全長七・八メートル、最大直径一・一メートルで、その重量は二万二〇〇〇ポンドつまり九・九八トンであった。

この爆弾の開発が始まったのは一九四四年で、最初に実戦で使用したのは戦争末期の一九四五年三月のことで、この時から戦争の終結までの二ヵ月間に合計四一発のグランドスラム爆弾がドイツ国内に投下されたが、その前に開発されたトールボーイ五トン爆弾と合わせ、第二次大戦中のイギリスは大型爆弾の開発では世界のトップに君臨していた。

しかしこの爆弾王国であるイギリス空軍が、大型爆弾と呼ばれた一〇〇〇ポンド（四五四キログラム）爆弾を実戦で使用したのは第二次大戦勃発直後の一九四〇年二月のことで、実戦に使える大型爆弾の開発などはまだ歴史が浅かったのである。

この大型爆弾が使われるまでのイギリス空軍首脳陣の爆弾に関する考えは、大型爆弾は破壊力が格段に大きいが、命中精度がよほど高くない限り、あるいは大編隊の爆撃機の全てに大型爆弾を搭載して投下しない限り、特定の目標を完全破壊するには効率が悪く、決して実用的な兵器ではないという考え方に支配されていた。そしてそれよりは大型爆弾一発と同じ重量の多数の小型爆弾を投下するほうが、爆撃機を有効に使うことができ、しかも目標への命中率を高めることが期待できるとする考え方が支配的であった。

しかし表向きはこのような考え方であったが、実際には空軍としては大型爆弾を搭載できる爆撃機を新たに開発し、それらを多数戦列に加えるために大量生産することは予算的に極めて厳しい、というのが本音であったのである。

ただ実際に爆撃作戦を行なう実戦部隊の考えは、こと爆弾の規模に関しては空軍首脳陣とはいささか考え方が異なっていた。

爆弾を使う側からすれば、同じ規格の爆弾を一律な爆撃方法で使うのではなく、目標物によってその破壊効果を高めるために爆撃方法を工夫し、様々な爆弾を使い分けることも可能なのである。例えばルールダム攻撃に開発した特殊爆弾などは、爆撃目的とそれに使う爆弾とそれを扱う爆撃隊が見事に結合して攻撃目的を果たした爆弾であり、将来的にも爆撃目的にあわせた爆弾の開発に対しては、たとえそれが大型爆弾であろうとも実戦部隊としては特別に拒否するものではなかった。

爆撃で最も困難なことは巨大なコンクリート構造物の完全破壊である。例えばダム堰堤のような数万トンまたは数十万トンのコンクリートは、同じ規模の岩石の山と同じ強度を持つものであり、例え大型爆弾を何千発もコンクリートの塊に直撃させたとしても、それによって破壊される量は微々たるものなのである。

このような巨大なコンクリートの塊や頑丈な構造物を爆撃で破壊するためには、爆弾の性質と爆撃方法に対して全くの発想の転換が必要になってくるのである。

第二次大戦中のイギリスが巨大爆弾を開発しそれを有効に使った裏には、爆弾という兵器に対して全く新しい理論を導入し、その使い方にも斬新な手法を提案した技術者が存在したことを知らなければならない。

この技術者とは、ルールダム攻撃用の特殊な爆弾を開発したヴィッカース社の主任技師であるヴァーネス・ウオリスであるが、彼はイギリスの巨大爆弾の単なる開発者ではなく、巨大爆弾によって巨大構造物を理論的に根底から破壊することが可能である、という大胆な理論の提唱者でもあった。そしてこの理論を実証するためにイギリス空軍は実際に彼に巨大爆弾を開発させたのであった。

ウオリス技師の理論によると、巨大なコンクリート構造物を爆弾攻撃で破壊しようとする場合は、爆弾を直接目標に命中させるのではなく、構造物を外れた至近の位置に爆弾を命中させ、その爆弾をできるだけ地中深くで爆発させることで可能なのである。ただここで使われる爆弾は巨大爆弾でなければならないのである。

地中深くで爆発した巨大爆弾の爆発エネルギーは、深い地中周辺から受ける強力な爆発の反作用と併せて地表面に向けて強力なハネ上げの力を発生させる。また爆発地点を中心に広い範囲にわたって地震波のような衝撃波を伝播させるのである。

この巨大爆弾のより強大な爆発力を得るには、いかに地中深く爆弾を潜り込ませるか、ということも同時に考えなければならない。

この理論によれば、通常の爆撃では破壊できない強靭なコンクリート構造物でも、複数の巨大爆弾を構造物の至近の周辺に命中させ地中深くで爆発させれば、いかなるコンクリート構造物であろうとも爆発で生じる地震波とハネ上げ効果によって完全に破壊できるのである。

イギリス空軍内でルールダム破壊計画が検討されていたとき、ダム堰堤の破壊方法として当初、ウオリス技師からこの巨大爆弾による爆撃案が提唱された。しかし空軍当局としては巨大爆弾の開発に多くの時間を要することや、技師の提唱する破壊理論が空軍内で理解されなかったことなどにより、独特の爆弾が開発されたいきさつがあった。

しかし賛同は得られなかったものの空軍はこの巨大地震爆弾に興味を示し、また巨大爆弾を使う必要性も認められてきたために、巨大爆弾の開発が進められることになった。

ウオリス技師の試算によれば、重量一〇トン（炸薬量七トン）の爆弾を高度一万二〇〇〇メートルから投下すると、地表に着弾するときの爆弾の落下速度は毎秒四四〇メートル（音速の約一・三倍）に達し、爆弾は通常の強度の地面であれば地下四一メートルまで潜り込み、弾着地点を中心に半径二〇〇メートルの範囲に強力なハネ上げ現象を起こすことになっていた。

ただ現実的には当時のイギリス空軍の主力爆撃機のランカスターは、一〇トン爆弾の搭載は可能であっても、高度一万二〇〇〇メートルに上昇することはできなかった。またアメリカ爆撃航空団のボーイングB17やコンソリデーテッドB24爆撃機も、高度八〇〇〇メートルまでは上昇できても、一〇トンの爆弾は搭載できなかった。

つまり一〇トン巨大爆弾の開発は頓挫してしまったが、ウオリス技師の試算によれば半分の五トン爆弾でも一〇トン爆弾に近い効果を発揮することは可能とされ、五トン爆弾の開発が進められることになり、試作第一号の五トン爆弾が完成したのは一九四四年三月であった。

イギリス空軍はこの五トン爆弾を「トールボーイ（背高ノッポ）」と呼ぶことになったが、事実この爆弾は仇名のとおり全長は六・四メートル、最大直径〇・九メートルという、通常の爆弾に比べれば極端に細身の爆弾であった。そして爆弾の重量は五・四六トンで炸薬量は実に三・八トンに達していた。

トールボーイ爆弾の投下試験は繰り返されたが、落下中に音速に達すると衝撃波のために弾道が不安定になることが判明し、そのために爆弾の尾部に取り付けられた四枚の安定板にわずかな角度を付ける改良を行なった。その結果、爆弾が落下する際に回転運動が加わり弾

第36図　トールボーイ爆弾とグランドスラム爆弾比較図

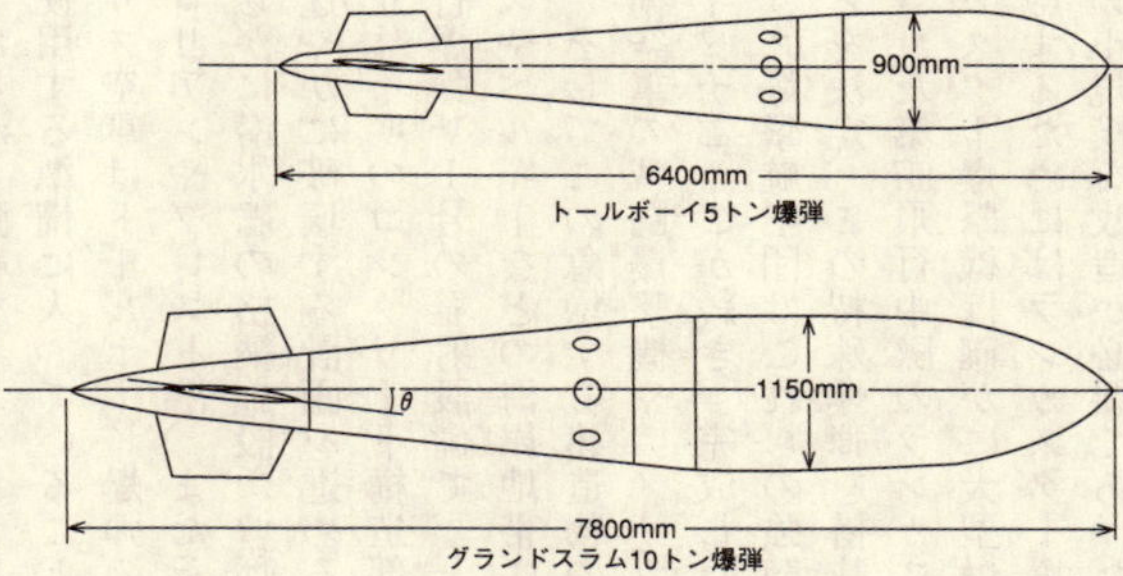

道が安定し、目標物に対する強力な貫通力が加わることになった。

実際にランカスターにトールボーイを搭載し、ランカスターの通常作戦高度である高度六一〇〇メートルから投下すると、爆弾は地表面から二七メートルまで潜り込み、弾着地点から半径一三〇メートル付近まで強力なハネ上げ効果を発揮することが確認された。

イギリス空軍は一九四三年後半から、にわかにトールボーイ爆弾の開発を急がせはじめた。この頃ドイツ航空技術開発拠点であるドイツ北部のバルト海に面したペーネミュンデ周辺には、正体不明の巨大なコンクリート構造物と思しき建造物が造られているのが、写真偵察機の持ち帰った航空写真から発見された。

しかもその後、同じようなコンクリート構造物がフランスやベルギーなどのドーバー海峡に面した海岸線にも次々と構築されていることが判明してきたのである。このコンクリート構造物の正体は不明であるが、強靭なコンクリート構造物であることは確かで、ドイツが何らかの新しい兵器を使用する準備に入っていることだけは明らかであった。

イギリス空軍はトールボーイ爆弾の完成を急がせ、この正体不明の構造物の破壊と、フランスのロリアンやブレスト港、またそれ以外の港湾にも時を同じくして次々と建設されている、明らかに潜水艦の格納施設（通称、ブンカー）と思われる強靭なコンクリート構造物を、可及的速やかに破壊する計画を進めることになった。

この正体不明のコンクリート構造部物の正体は、ドイツがイギリス向け報復攻撃用に開発した飛行爆弾V1号の発射設備で、一九四三年末頃から翌年にかけてドーバー海峡を挟んだフランスやベルギーなどの海岸地帯に雨後の筍のように時間を追うごとに無数に建設されていった。そしてこの急増する建造物の建設現場に対する攻撃は、その後主にイギリス空軍の第2戦術空軍の戦闘爆撃機やアメリカ爆撃航空団の軽爆撃機によって行なわれたが、建設と破壊のイタチごっこが続き、完成した構造物の破壊は巨大爆弾の攻撃を待つことになった。

イギリス爆撃航空団はこれらの強靭なコンクリート構造物の破壊をトールボーイ爆弾で行なうことを決定、この特殊爆弾を搭載し攻撃を行なう専門部隊として、ルールダム爆撃の際に新設された第617飛行中隊のランカスターがその最初の部隊として選ばれた。

ランカスター爆撃機は確かに大型爆弾を搭載することは可能であったが、トールボーイ爆弾を搭載するためにはランカスター爆撃機の爆弾倉の扉を撤去し、特設の爆弾架を取り付けるなどの小規模な改造が必要であった。

トールボーイ爆弾の最初の実戦使用は、ノルマンジー上陸作戦開始翌日の一九四四年六月七日であった。しかしこのときトールボーイ爆弾の標的になったものはコンクリート構造物ではなかった。トールボーイ爆弾を搭載した第617飛行中隊のランカスター爆撃機の爆撃目標は、南西フランスのボルドーからノルマンジー方面に向かう幹線鉄道線路のロアール河に程近いトンネルであった。

この地域を担当するレジスタンスメンバーからの至急の通報によると、この日、南西フランスに駐留していた有力なドイツ機甲師団の戦車や兵員、その他の戦闘車両を乗せた特別列車数列車がこの鉄道を使ってノルマンジー方面に向かうことになっており、爆撃目標のトンネルを通過するのが昼頃とされていた。

第617飛行中隊のランカスター爆撃機がトールボーイ爆弾をトンネル付近に投下する時刻は、列車がトンネルに突入する直前である必要があった。もし攻撃時間が早すぎれば列車が別の迂回路線を使って目的地に到達する可能性があり、遅すぎれば列車は何の障害も受けずに上陸中の連合軍攻撃のために機甲師団を送り届けることになった。

爆撃は列車がトンネルに突入直前または通過中に行なうことが理想的であった。たとえトンネル突入前であってもトンネルの手前で爆撃を行ないトンネルを破壊すれば、列車は容易に後退することができないし、列車が停止すればレジスタンスメンバーの機関士や機関助士たちはたちまち逃亡する手筈になっていた。

ランカスター爆撃隊は予定時間キッカリにトンネル出口付近にトールボーイ爆弾六発を投下した。そして爆撃直後の様子は爆撃機隊に後続していた写真偵察機によって低空から撮影され持ち帰られた。

現像された写真は弾着付近の現場の変わり果てた驚くべき姿を写し出していた。トンネル出口から二〇〇～三〇〇メートル付近の線路脇に弾着した数発のトールボーイ爆弾は深さ推定二一メートル、直径四〇〇メートルの広範囲の地面を完全に掘り返し、線路は数百メートルにわたって完全に姿を消していた。またトンネル出口から山側に約六〇メートル離れた山の斜面に弾着した二発のトールボーイ爆弾によって、山腹の大量の岩石や土砂が崩れ落ち、トンネル出口付近は完全に埋没しており、崩落した土砂や岩石の量はおよそ一万トンと推定された。

このトンネル崩落と線路の消滅によって特別列車の運行は中断され、運行が再開されて数個列車が迂回して戦場付近に到着したときには、機甲師団を使った反撃の時期は完全に失われ、逆に運び込まれた戦車や戦闘車両は連合軍の戦闘爆撃機の猛攻を受けることになり、戦力は大幅に低下してしまう結果となってしまった。

ノルマンジー上陸作戦が展開されている最中に、トールボーイ爆弾はその特性を活かしてもう一つの極めて特異な攻撃に使われた。

上陸地点の東約五〇キロメートルの地点にル・アーブル港があり、ここには上陸地点に集結している連合軍の無数の艦船を攻撃するために、多数のドイツ海軍の魚雷艇が集結していた。但しこれらの魚雷艇は昼間は強靭な潜水艦用の格納施設（ブンカー）内に隠れたり、港内に巧みに偽装されて隠され、夜になると一斉に上陸地点に攻撃をかけてくることが繰り返され、多くの連合軍輸送船や駆逐艦などが犠牲になっていた。

イギリス空軍はウオリス技師の意見を取り入れ、トールボーイ爆弾をル・アーブル港内に同時に多数投下し、海底深く潜り込んだ爆弾の爆発によって港内に波高六～八メートルの津波を発生させ、集結した魚雷艇を一網打尽に転覆、破壊させようとする作戦を決行した。六月十四日の夕方、第617飛行中隊の一五機のランカスター爆撃機が高度三六六〇メートルでル・アーブル港上空に現われた。そして一五発のトールボーイ爆弾が一斉に港の海面に向けて投下された。

このとき港内では隠れていた多数の魚雷艇が出撃のために集合を開始していたが、まさにこのとき投下されたトールボーイ爆弾は港内の海底深くに潜り込み一斉に爆発した。爆発直後の港内の海面は、爆発によるハネ上げ効果によって猛烈な勢いで盛り上がり、爆発地点を中心に津波が同心円状に広がって行くのが後続の偵察機から確認された。偵察機が持ち帰った爆発直後のル・アーブル港内の写真には、目を覆うばかりの惨状が鮮明に写し出されていた。

港内の海面にはバラバラに破壊された無数の魚雷艇がそれこそ散乱し、岸壁には幾隻もの魚雷艇が打ち上げられており、少なくとも完全な姿の魚雷艇は一隻も確認できなかった。それればかりか事前に撮影されていた港内の写真に写し出されていた幾隻もの小型艦船も、ほとんどが半没状態になっていた。

トールボーイ爆弾が最も多く使われた目標は巨大なコンクリート製の潜水艦用の格納庫であった。サン・ナゼール港やロリアン港などに代表されるように、この格納庫（ブンカー）は巨大なコンクリート構造物で、その規模は幅三〇メートル、全長二〇〇メートル以上、水面上高さ一五メートルという巨大さで、頑丈な鉄筋コンクリート構造のこの格納庫の天井の厚さは実に五メートルに達し、通常の一〇〇〇ポンド（四五四キログラム）爆弾の直撃を受けてもその天井はビクともしなかった。

爆撃航空団のトールボーイ爆弾を使った次の作戦は、これら強靭なコンクリート構造物の破壊で、爆撃目標となった潜水艦格納庫は次々にトールボーイ爆弾の標的にされた。

連合軍がこれらの施設がある地域を占領したときに確認したトールボーイ爆弾の威力は想像を絶するものであった。

ほとんどの場合、トールボーイ爆弾の直撃を受けた潜水艦格納庫（ブンカー）は、五メートルの厚さの鉄筋コンクリートは貫通され、貫通直後の爆発による強力なハネ上げの効果によって広大な面積の天井のコンクリートは崩落し、数万トンに及ぶコンクリート塊が格納庫内を埋めつくし、中に係留されていた数隻の潜水艦は完全に押しつぶされていた。

トールボーイ爆弾は地上施設の破壊にだけ使われたわけではなかった。この爆弾の戦果の一つに、大西洋戦域最大の戦艦であったドイツのティルピッツ（満載排水量五万二九〇〇トン）の撃沈がある。ティルピッツの存在は大戦勃発当初から常にイギリス海軍を悩まし続けた。同艦は竣工直後からノルウェーのフィヨルド内に潜み、北大西洋からバレンツ海を行動する連合軍艦船に睨みを利かせていた。

イギリス海軍は小型特殊潜航艇を使ったり航空母艦の艦載機などを使い、一〇回以上にわたりフィヨルド内に潜むこの巨大戦艦の撃沈に挑んだが成功することはなかった。

いくら巨大で強力であっても一九四四年に突入する頃には連合軍側の攻撃力も格段に強ま

り、すでにティルピッツの存在自体は連合軍側にとってはさしたる脅威にはなっていなかったが、イギリス海軍や空軍はその面子にかけてもこの巨大戦艦の撃滅の執念に燃えていた。

一九四四年十一月、イギリス中部の基地を離陸した九機のランカスター重爆撃機は各機トールボーイ爆弾を搭載し、長駆ノルウェー北部のトロムセ・フィヨルドに向かった。そしてフィヨルド内に潜むティルピッツに対してトールボーイ爆弾を投下した。

ティルピッツは三発の五トン爆弾の直撃と数発の至近弾を受け、ついに転覆、沈没してしまい、一〇回以上にわたったティルピッツ攻撃に決着をつけることになった。

トールボーイ巨大爆弾の威力を知ったイギリス空軍は、棚上げ状態になっていた一〇トン爆弾の開発を進めることを決めたが、すでに戦争は終結まぢかの状態にあり、ドイツ国内にはこの巨大爆弾を投下するに値する目標はなくなったものと思われていた。

しかし一〇トン爆弾の開発は急ピッチで進められた。イギリス空軍としてはこの巨大爆弾を使ってぜひとも破壊したかった爆撃目標がドイツ国内に存在したのである。

一九四五年二月末に一〇トン爆弾は完成し、「グランドスラム（地震）」爆弾と呼ばれることになった。グランドスラム爆弾の外形はトールボーイ爆弾と全く同じ姿であったが、全長と直径がわずかに大きく、全長は七・八メートル、最大直径は一・一五メートルあった。重量は九・九八八トンで、装填されている炸薬の量はトールボーイ爆弾の二倍の七トンに達した。

一九四五年一月、連合軍の陸上部隊の大集団はドイツ国内への侵入をめざし、ライン河の渡河に向けて進んでいたが、ドイツ軍の強力な抵抗に遭い進撃の速度は遅々としていた。

連合軍としてはドイツの東側から進撃を続けているソ連軍の攻勢に遅れることは、ドイツ占領後のドイツ国内の統治や処理問題、さらには西ヨーロッパ全体における対ソ連外交問題も考慮し、何としてもドイツ降伏時点であらゆる面でソ連に遅れをとるわけにはゆかなかった。

その中でルール地方の防戦に対するドイツ陸軍の抵抗は強靭で、この強靭なドイツ陸軍勢力の撃破方法が連合軍側に課せられた大きな課題になっていた。

その対策の一つとして浮かび上がってきたのが、ルール地方西部に展開するドイツ軍に対する補給ルートの完全な遮断であった。ルール地方を中心にドイツ西部の戦線の重要な補給路になっていた鉄道網は、規模の大きな操車場などはアメリカ爆撃航空団の昼間爆撃によってほとんどが壊滅状態にあり、鉄道車両もイギリスやアメリカの戦闘爆撃機の絶え間ない攻撃によってすでに多数が破壊され、鉄道輸送の機能自体はほとんど壊滅状態にあった。またルール地方に縦横に発達している内陸運河も、一九四三年以来のルール地方工業地帯攻撃の一貫として連続的な爆弾攻撃を受けてほとんどその機能は停止状態にあった。

残るは道路網の敢然遮断であった。しかし道路の爆撃はドイツ国内に四通八達しているために破壊は容易ではなく、また鉄道や運河などと違って破壊されても修復は比較的簡単に行なわれた。

ドイツ国内の道路網のシンボル的な存在として、ルール工業地帯の北西に位置するビーレフェルト市はドイツ西部に向かう幹線道路の要衝の一つになっていた。このビーレフェルト一帯には多くの湿地帯が存在し、その湿地帯を通過するためにビーレフェルト橋という巨大なアーチ型の陸橋があった。この橋は軍用道路として重要な存在であるだけに一九四四年末頃から連合軍爆撃隊による度重なる攻撃を受けていたが、破壊することはできなかった。橋梁の破壊は橋の基礎になっている橋台を破壊しない限り完全な破壊はできず、いくら道路面を破壊しても比較的簡単な工事によって通行は復旧してしまうのであった。イギリス爆撃航空団は、このビーレフェルト陸橋を巨大爆弾を使って橋台ごと根こそぎひっくり返してしまおうという大胆な攻撃を実行することにしたのである。

一九四五年三月十四日、グランドスラム一〇トン爆弾を搭載した第617爆撃中隊のランカスター重爆撃機一機がビーレフェルト陸橋上空に現われ、高度五五〇〇メートルからその巨大爆弾を投下した。

爆弾は狙い違わず陸橋の一つの橋脚から二七メートルの位置に弾着した。爆弾が弾着後一一秒すると弾着地点を中心に広範囲にわたって地割れが発生し、その直後、弾着地点を中心に巨大な土砂泥濘の塊が噴き上がってきた。大量の土砂が空中から拭い去られたとき、全長六三〇メートルの七連の巨大なアーチ橋の中央部分の大半が橋台ごと横倒しになっているのが上空から確認された。

爆弾は柔らかい地中およそ四〇メートル付近まで潜り込んだものと推定され、地震と同じ強力なハネ上げ作用によって陸橋の中央部分を数基の橋台ごと下から持ち上げ、ひっくり返してしまったわけである。

イギリス空軍は戦争の終結までに使用したこれらの巨大爆弾は、トールボーイ爆弾が八六〇発、グランドスラム爆弾が四一発であった。

第9章　ドイツ本土爆撃の果て

激化するドイツ都市爆撃

イギリス爆撃航空団の戦力は、ランカスターやハリファックス四発重爆撃機などの順調な量産、さらには搭乗員たちの急速な養成などによって一九四三年後半より新しい重爆撃機中隊が次々に編成され、また従来の双発爆撃機の四発重爆撃機への置き換えなども行なわれ、着々と強化されていった。

一九四三年十月現在のイギリス爆撃航空団の戦力は、スターリング、ハリファックス、ランカスターの四発重爆撃機トリオによって装備された飛行中隊が五二個に達していた。またこの頃から各四発爆撃機の飛行中隊の配備定数がそれまでの二〇機から三〇機前後に増加され始め、一個飛行中隊あたりの破壊力は拡大された。

第5表にイギリス空軍爆撃航空団の戦争勃発以来、戦争終結までの間の使用された機種別の爆撃中隊の推移を示すが、当初双発爆撃機でスタートした爆撃隊も一九四二年から一九四三年にかけて次第に四発重爆撃機に機種が変更され、戦力が格段にアップしたことを示している。そして第6表に各年度の一月現在の爆撃航空団の破壊力を、各飛行中隊に配置された爆撃機の絶対数と搭載爆弾量の積で示したが、一九四〇年一月と一九四五年一月現在とでは数値が格段にアップしているのが見て取れる。

一方アメリカ第8航空軍爆撃航空団の戦力も、最大の苦闘を強いられていた一九四三年十月現在で、B17及びB24重爆撃機装備の飛行大隊（グループ＝三個中隊編成）は合計二〇個であったものが、翌年の一九四四年一月頃から急速に増強され、三月現在で三一個に強化されている。

1943年			1944年			1945年4月
2月	6月	10月	2月	6月	10月	
16	8	4	1			
16	21	27	35	41	49	54
12	14	15	24	22	23	20
7	8	8	4	2	1	
3	3	3	2			
3	3	6	10	11	13	17
			1	1	1	1
6	6	9	13	12	14	18
16	8	4	1			
35	43	50	64	66	74	75

アメリカ本国では大型の四発爆撃機でありながら機体の生産は小型機に負けないほどの大量生産が続けられており、B17では一九四三年十月以降、月産四三〇機以上の量産が続き、B24でも一九四三年十月以降は月産六五〇機以上の大量生産が続けられていた。

その結果、新たな爆撃大隊の編成や損失を補充する機体に不足が生じることもなく、また新たな搭乗員の

第5表　イギリス爆撃航空団（本国）の機種別の飛行中隊数の変遷（単位・個中隊）

機　種	1939年10月	1940年			1941年			1942年		
		2月	6月	10月	2月	6月	10月	2月	6月	10月
AH・ホイットレー	8	8	6	6	6	6	6	6	2	
H・ハンプデン	9	9	7	6	7	7	7	4	2	
V・ウエリントン	8	8	8	8	16	17	18	20	14	12
A・マンチェスター					2	2	3	3		
A・ランカスター								1	8	12
H・ハリファックス					1	2	2	3	6	10
S・スターリング				1	1	4	4	4	6	7
B・ブレンハイム	9	10	11	13	6	6	7	2	1	
F・バトル	14	13	7	7	2	1				
ダグラス・ボストン								3	3	3
D・H・モスキート								1	2	3
B17				1	1					
単発軽爆撃機	14	13	7	7	2	1				
双発軽爆撃機	9	10	11	13	6	6	7	6	6	6
双発重爆撃機	25	25	21	20	31	32	34	33	18	12
四発重爆撃機				2	3	6	6	8	20	29

各中隊の爆撃機配備定数　1939年～1942年　12～16機、
1942年～1944年　16～20機、1944年～1945年　20～36機

第6表　イギリス爆撃航空団（本国）の年度別破壊力の推移

年　度	1939年	1940年	1941年	1942年	1943年	1944年	1945年
破壊力（t）	855	706	1641	3233	7248	16019	19294

破壊力＝各年度6月時点の在籍全爆撃機の総爆弾搭載量。ただし1939年度は9月現在の在籍爆撃機、
1945年度は4月現在の在籍爆撃機

養成も急ピッチで進められ、爆撃航空団の戦力増強はさらに続くことになった。第7表に第8航空軍爆撃航空団の一九四二年十月から戦争終結までの間の機種別爆撃大隊の推移を示すが、時間の経過とともに爆撃連隊の配備数は急増し一九四四年十月にピークを迎えている。

両国爆撃航空団のドイツ本土爆撃がピークを迎える一九四四年十月現在の戦力は次のようになっていた。

イギリス爆撃航空団

ランカスター四発重爆撃機装備の飛行中隊　四七個　配備定数一一二八機

ハリファックス四発重爆撃機装備の飛行中隊　二五個　配備定数四七五機

合計　一五九七機

パスファインダー任務部隊

ハリファックス四発重爆撃機装備の飛行中隊　九個　配備定数二一六機

モスキート双発軽爆撃機装備の飛行中隊　一〇個　配備定数二四〇機

合計　四五六機

アメリカ爆撃航空団

ボーイングB17四発重爆撃機装備の大隊　二六個　配備定数九三六機

コンソリデーテッドB24四発重爆撃機装備の大隊　一三個　配備定数四六八機

合計　一四〇四機

つまりイギリスとアメリカ両爆撃航空団の四発重爆撃機の戦力は三〇〇〇機を超える一大

第7表　アメリカ陸軍航空隊第8航空軍爆撃航空団の機種別飛行連隊数の推移（単位・個連隊）

機種	1942年10月	1943年			1944年			1945年4月
		2月	6月	10月	2月	6月	10月	
B17	5	5	13	16	20	21	26	26
B24	2	2	2	4	9	19	13	12
合計	7	7	15	20	29	40	39	38

注：各連隊の爆撃機配備定数　1942年～1943年・27機、1943年～1945年・36機～48機

勢力に増強されていたのであった。

その一方でアメリカ第8航空軍戦闘機航空団の戦力は、ノースアメリカンP51装備の長距離護衛戦闘機が一二個大隊（一個大隊は三個中隊編成、配備定数は七二機）、リパブリックP47装備の戦闘爆撃機が二個大隊で、長距離護衛戦闘機だけでも九〇〇機近い戦力を有し、一九四四年後半以降はアメリカ爆撃航空団の昼間爆撃機の大編隊には常に四〇〇機から五〇〇機の戦闘機の護衛が随伴する状況になり、ドイツ防空戦闘機は容易に編隊に近づけない有り様になっていた。

しかしドイツ空軍戦闘機部隊も護衛戦闘機の隙を突き、全力で強引なまでの攻撃を仕掛けて来たために、編隊は常に二〇～三〇機前後の爆撃機が撃墜され、その上三〇～四〇機前後の爆撃機が重度に被弾し、イギリスの基地に帰投してもその多くはスクラップ処分されるほどの激戦が続けられていた。

一方イギリス爆撃航空団も出撃のたびに大きな損害が続いていた。一九四四年に入ってからはイギリス爆撃機の編隊には夜間戦闘機が随伴するようになったが、昼間戦闘機のように夜間爆撃機の編隊に多数の護衛夜間戦闘機を随伴させることは行動上不可能であり、最大でも二〇機前後が限界であった。

またレーダーによって敵夜間戦闘機を識別すること自体困難であるために、夜間戦闘機でドイツ夜間戦闘機を確実に多数撃墜するということは事実上不可能であり、ドイツ空軍の夜間戦闘機の増強に対してイギリス夜間爆撃隊の損害を減少させるための有効な手段が打ち出せないでいた。

イギリス爆撃航空団の夜間爆撃隊の敵はドイツ夜間戦闘機ばかりでなかった。ドイツ側の高射砲防空隊の反撃も装備する高射砲の増強によって激烈の度を加えていた。一九四四年六月の連合軍の大陸反攻作戦の進展に伴い、フランス、ベルギー、オランダなどに展開していた高射砲部隊は次第にドイツ本土防空のために移動していったために、ドイツ本土内の高射砲配備数の密度は濃くなっていったのであった。

またこの密度の濃さとともに、イギリスの爆撃機の夜間爆撃時の作戦高度が六〇〇〇メートル前後であったために、多数の高射砲は射弾が収束しやすい有効射程圏内の射撃を繰り返すことが可能で、夜間爆撃機の多くが高射砲の犠牲になっていた。

第8表に一九四四年二月から十月までのアメリカ第8航空軍爆撃航空団の主なドイツ本土爆撃の状況を示すが、この表の少ない例からもわかるとおり一九四四年に入ってからも、アメリカ爆撃航空団のドイツ本土に対する爆撃作戦は熾烈を極めている。また同時に表に示されるとおり爆撃目標はあくまでも主目的が航空機工場や航空機エンジン工場、石油精製施設や車両工場あるいは化学工場など、カサブランカ会談で決められた戦略爆撃目標に優先順位に従った爆撃作戦を行なっている。そしてその破壊の規模は一年前に比較すると格段に強化され、一回の爆撃作戦で四〇〇機以上が投入されるのは当たり前になり、投下される爆弾の

第8表　アメリカ陸軍航空隊のドイツ本土爆撃例（1944年度抜粋）

攻撃年月日	目標地	爆撃目標	出撃機種	投弾機数（機）	未帰還機数（機）	備考
1944年2月24日	ロストック	鉄道車両工場	B17/B24	812	49	
25日	アウグスブルグ	航空機工場	B17/B24	830	41	
3月6日	ベルリン	鉄道施設他	B17/B24	730	69	
8日	ベルリン	鉄道施設他	B17/B24	629	37	
9月26日	オスナブリュック他（ハム、ブレーメン）	航空機工場	B17/B24	1159	32	大破廃棄34機
9月27日	カッセル、ケルン他（デュッセルドルフ、マインツ等）	航空機エンジン工場 戦車工場 石油施設等	B17/B24	1192	36	大破廃棄22機
9月28日	マグデブルグ、レウナ	石油精製施設	B17/B24	1044	54	
10月2日	カッセル、ケルン ハム等	航空機エンジン工場他	B17/B24	1195	41	
10月6日	ベルリン	航空機エンジン工場 弾薬貯蔵施設他	B17/B24	1271	20	大破・一部廃棄67機
10月7日	メルセンブルグ	石油精製施設	B17	456	25	
10月15日	ケルン、レベルクセン	車両工場、操車場 燃料貯蔵施設他	B17/B24	1338	40	大破・一部廃棄88機
10月18日	カッセル、マンハイム グスタフスブルグ他	車両工場、車両基地 弾薬貯蔵所、石油施設	B17/B24	1022	40	大破・一部廃棄68機
1945年2月3日	マグデブルグ ベルリン	鉄道施設 石油貯蔵所	B17/B24	1330	21	
3月18日	ベルリン	都市	B17/B24	1221	27	

量は一つの目標に対して一〇〇〇トンを超えるものとなった。つまりアメリカ爆撃航空団の標準爆弾である五〇〇ポンド（二二七キログラム）に換算し、一つの目標に対して四〇〇〇発以上の爆弾が投下されているのである。

第9表はイギリス爆撃航空団の一九四四年一月以降の主なドイツ本土爆撃の状況を示すものであるが、夜間爆撃とはいえ敵夜間戦闘機や高射砲によってアメリカ昼間爆撃隊を大きく超える損害を出していることがわかる。また同時に爆撃目標が広範囲な都市破壊に向けられ、特定の目標を破壊するのではなく、都市の一定区域を爆撃目標とし大量の爆弾や焼夷弾を投下して都市機能を抹殺してしまうという、完全な無差別都市爆撃の姿になっていることがわかる。

これはイギリス空軍爆撃航空団が一九四二年二月以降固守している夜間爆撃の行き着く先が暗示するもので、そこには敵が息の根を止めるまで徹底的に攻撃を仕掛けるという、イギリス人の冷酷なまでの攻撃精神が垣間見られるのである。

一九四四年十一月十六日には、すでに一年前に徹底的に破壊し尽くしたはずのハンブルグ市に対し、再び一一八九機の大編隊で夜間爆撃を決行している。このとき一度に投下された爆弾と焼夷弾の量は五六八九トンに達した。

この日の投下された爆弾の量は、第二次大戦を通じて一日に同じ目標に投下された爆弾や焼夷弾の量としては、最大の量であったことが記録されている。そしてこのときの爆撃によってハンブルグ市は完全に廃虚と化してしまったのであるが、同じような爆撃がケルン、エッセン、ライプチヒ、ドルトムント、カッセル、ハノーヴァー、ブレーメンをはじめドイツ

第9表　イギリス空軍のドイツ本土爆撃例（1944年度抜粋）

攻撃年月日	目標地	爆撃目標	出撃機種	投弾機数（機）	未帰還機数（機）	備考
1944年1月21日/22日	ベルリン	都市無差別爆撃	ランカスター ハリファックス	648	55	
2月19日/20日	ライプチヒ	都市無差別爆撃	ランカスター ハリファックス	823	78	
3月24日/25日	ベルリン	都市無差別爆撃	ランカスター ハリファックス	811	72	
3月30日/31日	ニュルンベルグ	都市無差別爆撃	ランカスター ハリファックス	795	94	大破廃棄51機 英国爆撃隊最大の損失
11月18日/19日	ベルリン	都市無差別爆撃	ランカスター ハリファックス	402	59	
11月21日/22日	ベルリン	都市無差別爆撃	ランカスター ハリファックス	648	55	
11月28日/29日	ベルリン	都市無差別爆撃	ランカスター ハリファックス	683	43	
1945年2月15日/16日	ベルリン	都市無差別爆撃	ランカスター ハリファックス	891	42	

を代表する都市のほとんどが繰り返しの爆撃を受け、そのほとんどが廃虚と化してしまった。

そして最終的に行なわれた大都市爆撃がベルリンに対してであった。ベルリン市は一九四三年十月末から翌年の三月末までにイギリス爆撃航空団の夜間爆撃を一六回受けた。そしてこのとき来襲した爆撃機の数は合計九〇〇〇機に達し、合計三万八三〇〇トンの爆弾が投下された。しかしこの大規模な爆撃が行なわれながら、イギリス爆撃航空団は一九四四年十一月から翌年の二月にかけて再びベルリン市の大規模爆撃を行なっているが、このときはアメリカ爆撃航空団もベルリンに対して大規模な昼間爆撃を行なった。来襲した爆撃機の数は九〇〇〇機を超え、合計四万五五一七トンの爆弾が投下された。この一連の昼夜を分かたぬ爆撃によって、ベルリン市の大部分が廃虚と化し、最後まで残っていた多くのベルリン市民がこのとき犠牲になったのであった。

ベルリン市は初めての爆撃以来、大規模小規模合わせて四年半の間に合計二四一回の爆撃を受けた。そして五〇〇機以上の大編隊の爆撃を二九回も受けたが、ベルリン市の爆撃に参加した米英の爆撃機の総数は実に一万八九〇〇機という膨大な数に達したのである。

一九四五年に入るとドイツに対する包囲網は東西から急速に狭められ、今やドイツ上空は完全に連合軍やソ連軍の戦闘機の制空権下に置かれてしまっていた。ドイツ国内に点在する無数の飛行基地からはドイツ戦闘機が最後の迎撃戦に離陸してゆくが、その多くは上空をパトロール中のイギリス第2戦術空軍のスピットファイア戦闘機やテンペスト戦闘機、あるいはアメリカ第8航空軍戦闘機航空団のP51戦闘機の襲撃を受けることになった。

ドイツ空軍のベテラン戦闘機操縦士たちは次々と戦死し、戦闘機隊の操縦士の大半は戦闘することもまだままならない、戦闘機操縦課程を卒業したばかりの未経験な操縦士たちで、一九四五年に入る頃のドイツ空軍の連合軍爆撃機編隊に対する迎撃能力は完全に弱体化してしまっていた。ただその中でベテラン操縦士たちで編成されたメッサーシュミットMe262ジェット戦闘機部隊だけが、敵重爆撃機に対して相当の戦果を上げていたが、それも最後のあだ花となってしまった。

ドレスデン爆撃の惨劇

ドレスデン市はドイツ東部に位置する大きな都市で、南に八〇キロメートル行けば隣国のチェコスロバキアで、東に八〇キロメートルの位置はポーランドとの国境になっている。ドレスデン市は旧ザクセン王国の首都で、街中がバロック建築の粋を集めた古い著名な石造りの建築物で満ちており、まさにドイツの京都ともいうべき古都であった。

ドレスデン市は一九四五年三月まで奇跡的に連合軍の爆撃を一度も受けていないという、ドイツ国内の都市の中でも希有な存在の大都市であった。ドイツ国民にしてみれば、連合国側はこの古く伝統に満ちた都市建築物を破壊することをためらい、爆撃目標から外していると思い込むほどであった。

確かにドレスデン市の市内や郊外には不思議とドイツ軍の兵站施設もなく、ましてや主だった軍需工場も存在しなかった。あえてドレスデン市の軍事的な重要性を探すとしたら、南部のチェコスロバキアや東部のポーランドとを結ぶ鉄道や道路の要衝であることくらいで、鉄道施設にしてもさほど大きな操車場があるわけでもなかった。

一九四五年に入ると東部戦線のソ連軍の進撃の速度は日に日に増し、それにともないソ連軍の報復を恐れたポーランドや白ロシア方面に進出し居住していたドイツ系住民たちは、先を争うように陸続としてドイツ国内に避難して来た。その数は一九四五年一月末現在で五〇万人とも六〇万人とも言われ、人口六五万人のドレスデン市にも安全な街であるとして大量の避難民が押し寄せていた。ドレスデン市に押し寄せてきた避難民の数は推定でも二〇万から三〇万人という途方もない数で、彼らはさらに西に進むこともできず市内の公園、駅舎、公会堂、博物館、市庁舎、病院、さらには公園や街路の木陰など、ありとあらゆる場所に集団でたむろし、飢えとドイツの二月の耐え難い寒さに耐えていた。

一九四五年二月十三日夜十時過ぎ、イギリス爆撃航空団のランカスター重爆撃機二四四機の大編隊が突如、ドレスデン市の上空に現われたが、この夜ドレスデン市にはなぜか空襲警報が発令されていなかった。

このとき爆撃機の大編隊に先行して一四機のパスファインダー隊がドレスデン上空に飛来していた。最初に飛来したパスファインダー隊は八機のモスキート軽爆撃機で、高度三〇〇メートルから爆撃目標の概略区域を示す着色標識弾をドレスデン市中心部の周辺に投下した。そしてその後を追ってパスファインダー任務の六機のハリファックス重爆撃機が飛来、高度二〇〇〇メートルからすでに投下され燃え上がっている概略区域を示す着色爆弾の中心部に向け、爆撃照準を示す多数の着色爆弾を投下した。

快晴の夜空の中に遠方からでもこれらの着色爆弾の鮮やかな火炎が望まれ、これに向かって後続の第一群の大編隊がドレスデン上空に現われた。

爆撃目標の中心点はエルベ河とドレスデン中央駅の地点でまさにドレスデン市の中心地で、そこを中心に東西約一・五キロメートル、南北約一キロメートルの範囲が爆弾や焼夷弾の集中的な投下区域になっていた。

この区域こそまさにドレスデン市の人口密集地帯であり、しかも二〇万人をはるかに超える難民が集中的に集合している地域であった。そして少しでも軍事的要素を持つ施設といえ

編隊で飛行中のアブロ・ランカスター

ば、爆撃目標区域の西の外れにあるフリードリッヒシュタット操車場くらいで、爆弾や焼夷弾が投下されればそれはドレスデン市民と難民の大量殺戮しか意味を持たなかった。

午後十時十五分、高度六〇〇〇メートルで第一波の二四四機のランカスター重爆撃機の編隊が、パスファインダー隊がすでに投下した爆撃目標標識に向かって一三四〇トンの爆弾と焼夷弾を投下した。そしてその三時間後の二月十四日の午前一時三十分、第二波の五二九機のランカスター重爆撃機が現われ、同じ地点に二九一〇トンの爆弾や焼夷弾を投下した。

この第一波と第二波の時間差には爆撃航空団としての冷酷な作戦が込められていたのである。つまり第一波の爆撃で発生した被害に対し、爆撃終了後にドレスデン市の消防隊や救急隊は直ちに全力で被災現場に赴き消火と救助活動を開始するはずである。まさにその活動の最中を再び第一波以上の規模の爆撃を加え、ドレスデン市の活動を完全に麻痺させようとするのがイギリス爆撃航空団の計画であった。殺戮以外の何ものでもない。

しかし攻撃はこれだけではすまなかった。この爆撃には今度はアメリカ爆撃航空団も加わることになり、第二波が爆撃終了し大混乱となっているであろうドレスデン市を、昼間爆撃で徹底的に叩こうとする計画が続いていた。

午後十二時十二分、大混乱の中にあるドレスデン市の上空に今度はアメリカ爆撃航空団のB17重爆撃機三一一機が現われた。そして被爆地域周辺に向かって七八〇トンの爆弾の雨が降り注いだ。

ドレスデン市の中心地の東西約二キロメートル、南北約一・二キロメートルの範囲には合計五〇〇〇トンの爆弾と焼夷弾が投下された。これは二二七キログラム標準爆弾や焼夷弾に換算すれば五平方メートルに一発が投下されたことになり、これらの区域に生活し避難していた人々のほとんどが生き延びられなかった計算になる。

全ての爆撃機が飛び去った後のドレスデン市は文字どおり廃虚と化した。地面には爆弾の爆発によるクレーターが無数に点在し、優美なゴシック建築の由緒ある建物の全てが瓦礫と化してしまっていた。

建物という建物は破壊され猛烈な火災に包まれ、消火と救助に向かったドレスデン市の消防隊と救急隊、そしてボランティア組織の救急隊などのほとんど全てが、イギリス空軍の思惑どおり被爆現場から生還することはなかった。

このドレスデン市爆撃による人的損害については、現在に至るまで正確な数字が出されていない。一九四三年七月のハンブルグ市大爆撃においては、ドレスデン市をはるかに凌ぐ六万六〇〇〇トンの爆弾と焼夷弾が投下され、四万三〇〇〇人以上の人々が死亡または行方不

第37図　ドレスデン爆撃行程

明になっているが、ドレスデン市の場合にはわずかな面積の中に数十万人の人々でごった返していたために、人的被害はハンブルグ市空襲をはるかに凌ぐものになっていたことは確実であった。

空襲後ドレスデン市は、この空襲による死者と行方不明者は四万人以上と公表しているが、避難民の実態が把握されていないために実際の人的被害は全く不明で、実態の把握はおそらく永遠に不可能であろう。

爆撃後のドレスデン市の惨状は目を覆うばかりであった。街区の一区画が壊滅しているところは無数で、住宅地では一家の消滅などは数限りなかった。そして市中のそこかしこにたたずみ仮のねぐらを求めていた無数の避難民たちはこの世から跡形もなく消え去っていた。

戦後の調査でこの時の爆撃による犠牲者や行方不明者の総数は一三万五〇〇〇人を下ることはないと結論づけられているが、大方の予想ではこの数字を大幅に上回る犠牲者が出たものと推定されている。

そしてもしそれが事実であるとすれば、ドレスデン市の惨状は広島や長崎の原子爆弾投下による人的被害、さらには一九四五年三月の東京下町の大空襲の時の犠牲者をはるかに凌ぐ、まさに近代史の中におけるいかなる戦争においても、一度に被った民間人の被害としては世界最悪の記録となるものであることは確かであった。

この日ドレスデン市の爆撃に参加したアメリカとイギリスの爆撃機で未帰還のものはわずかに八機、犠牲者は八〇人にも満たなかったのである。そしてこの日ドレスデン市上空には敵爆撃機を迎撃する戦闘機は一機も現われないばかりか、一発の高射砲弾も撃ち上げられなかった。つまりこの街を守るべき高射砲隊は、敵の攻撃がないとみなして全て他の地域に移動していたのであった。

このドレスデン市の爆撃をもってイギリス爆撃航空団の大規模な都市無差別爆撃はほぼ終わりを告げた。つまりドイツ国内には爆撃するに値する都市がなくなってしまったのである。

このドレスデン市爆撃の凄まじさに対して、爆撃直後からイギリス国内で批判の声が上がり出していた。つまりイギリス陸海空三軍の参謀長会議の議事録にはハッキリと「ドレスデン市の破壊は連合軍の劇的攻撃に対する重大な疑問を残すものである」という一文が残され、それにはチャーチル首相が署名をしていた。

イギリス空軍が当初から進めていた都市無差別爆撃には、いつかは当然このような惨劇が起きることが予想されていた。しかしそこにはイギリス人のドイツ人に対する憎悪が先行され、都市無差別爆撃を是とする理論が当初から大勢を占めていたために、そのような惨劇まで是とする気風があったために、惨劇の予想など消え失せてしまっていたのであった。

結局ドレスデン市の爆撃は戦略的には何のメリットもない「無用」の爆撃によって、無用な悲劇を生む結果となってしまったが、戦後の連合国諸国ではドレスデン市の無用な悲劇的爆撃に関し、イギリスに対してさまざまな非難の声が沸き起こった。

しかしイギリスは「ナチズム打倒はドレスデンの悲劇以上の道徳的意義を持っ

廃墟と化したドレスデン市街

ている」と反論し、日本に対するアメリカの原爆投下と同じく「犠牲者に対しては気の毒に思うが、連合国とて膨大な犠牲者を出している」の一言でそれらの反論は封じ込められてしまった。

一方ドイツ側も大戦中にナチスドイツが行なったユダヤ人等に対する残虐な仕打ちの後ろめたさなどから、戦後になってもドレスデン市の無用な殺戮爆撃に対して当事国のイギリスに大々的な非難活動は行なわれていない。

ドレスデン市の爆撃はなぜ行なわれなければならなかったのか。

明確な理由はイギリス空軍からの発表はないが、考えられることは「東側からドイツ国内に侵攻してくるソ連軍に対し、連合軍側の圧倒的な力を見せつけようとする一つの演技」という、およそ意味のない答えが考えられるだけなのである。

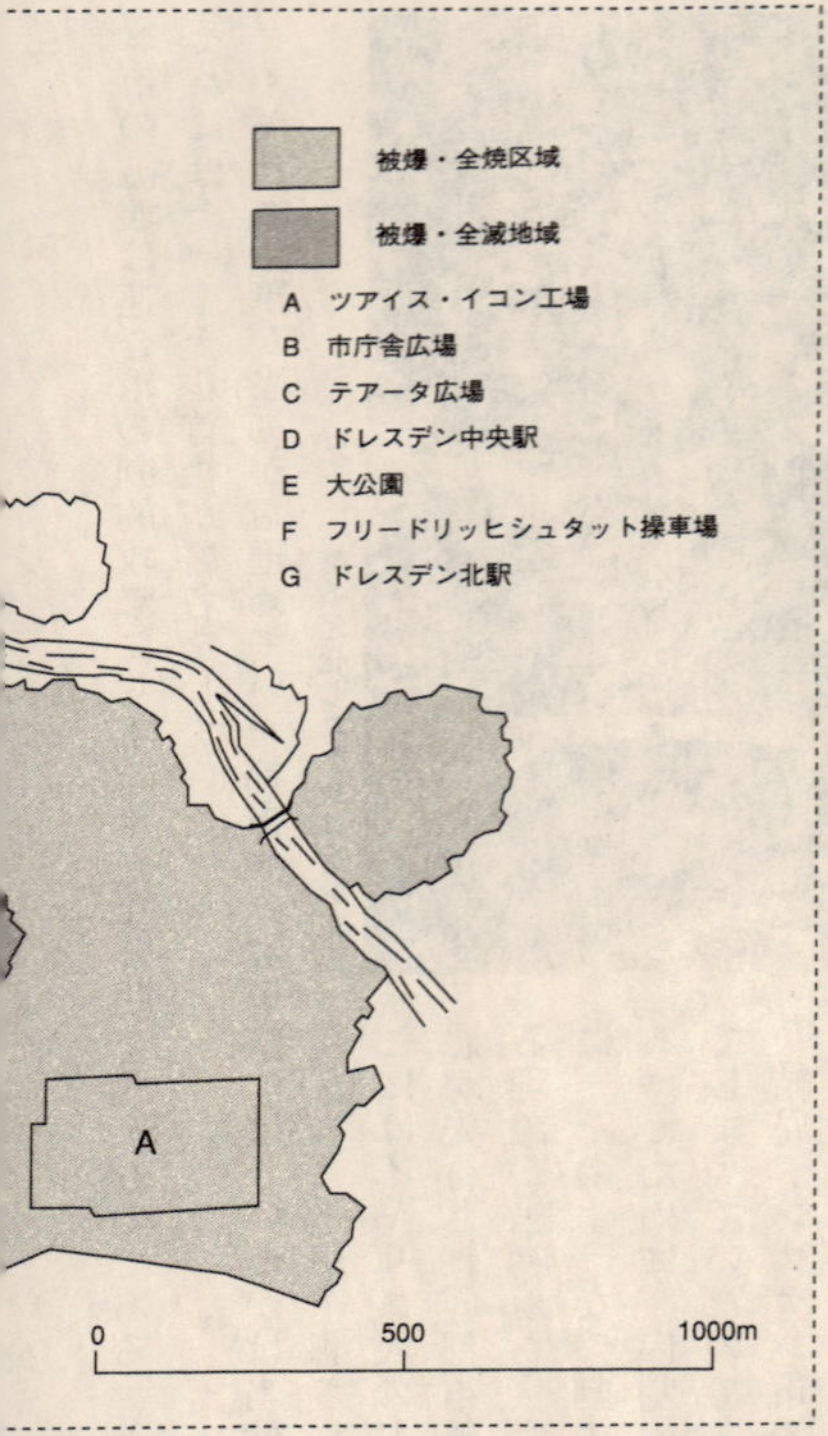

爆撃後六〇年以上を経過したドレ

第38図　ドレスデン市の爆撃被害範囲

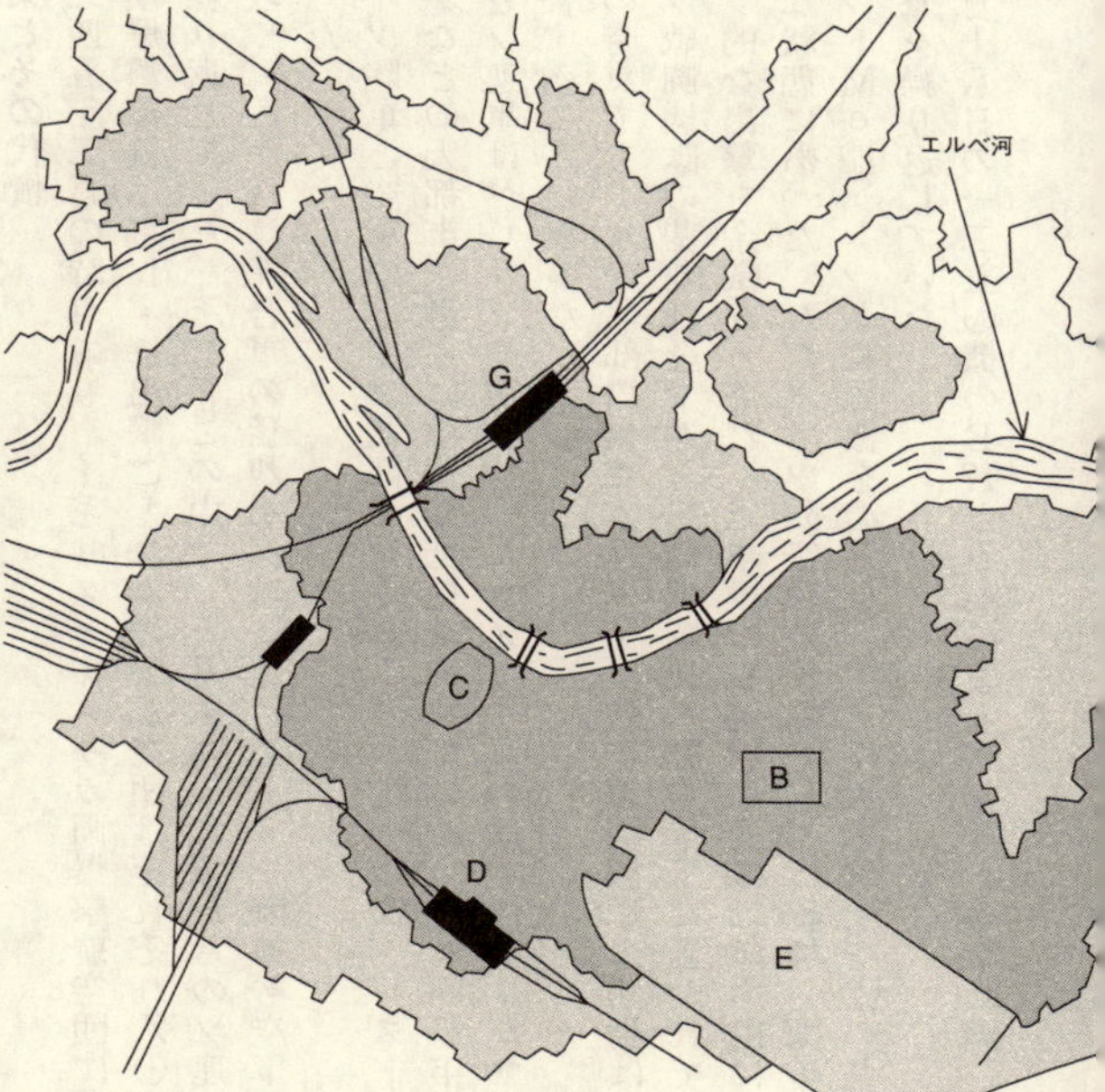

ステデン市の現在は、華麗な姿のゴシック建築の大半が見事に復元された、爆撃前のドレスデン市に戻っている。

爆撃で破壊された各建築物は、残された図面や写真、さらには散乱したレンガや石材の一つ一つに至るまで綿密に集められ検討され準備されて、そしてまるでパズルのような作業を数十年にわたって根気よく続けて旧の姿に復元してしまったのである。

戦果とその代償

一九四五年二月の時点でも、イギリスとアメリカ両爆撃航空団によるドイツ国内に対する大規模爆撃は続けられ、毎出撃ごとに両爆撃航空団はそれぞれ八〇〇機から一〇〇〇機の出撃を繰り返していた。そしてこの中で、三月末頃には東からのソ連軍のドイツ国内への急速な侵攻や、西からは連合軍の猛烈な侵攻によってドイツ陸軍も空軍も軍の指揮系統が分断され出した。

ドイツ陸軍と空軍はドイツ北部のキール、リューベック、ロストック、ベルリン、マグデブルグなどの大都市を拠点に頑強な抵抗を続けていた。一九四五年四月二十五日、ついに連合軍とソ連軍はベルリン南方一〇〇キロメートルの地点のトルガウ市付近のエルベ河を挟んで会合することになった。

この時点でもドイツ北部の拠点よりドイツ防空戦闘機隊の活動は続けられていた。しかしドイツ戦闘機隊の基地は全て連合軍側戦闘機の制空権下に置かれており、ドイツ戦闘機隊はゲリラ的な出撃を余儀なくされ、大規模な戦闘機の出撃は戦力的にも航空燃料の枯渇から不可能な状態にあった。ただドイツ防空戦闘機隊としては乾坤一擲の作戦として、メッサーシュミットMe262ジェット戦闘機を温存し、アメリカ爆撃航空団の昼間爆撃機の大編隊の迎撃に出撃を繰り返していた。

三月十八日の一二五〇機のB17とB24によるベルリン爆撃に際しては、秘匿基地から三六機のMe262ジェット戦闘機の群れが迎撃に現われた。

各機の武装は機首に装備された四門の三〇ミリ機関砲と、両主翼下に装備されたR４M空対空小型ロケット弾二〇発であった。この小型ロケット弾は弾頭に四〇〇グラムの炸薬が装塡され、射程八〇〇メートルという性能を持っており、爆撃機の防御砲火の射程外から爆撃機の編隊に向かって一斉に発射し、爆撃機の編隊を切り崩そうとするものであった。

Me262戦闘機は初期のジェット機の欠点として航続時間が短く、実際の戦闘時間は五分にも満たず、せいぜい敵機に二回の攻撃を加えるのが限界であった。それだけに一斉に発射される小型の空対空ロケット弾と強力な破壊力を持つ四門の三〇ミリ機関砲には、大きな期待がかけられていた。

この日、B17重爆撃機二四機が一群のジェット戦闘機の短い攻撃で撃墜されてしまった。そして護衛のP51戦闘機も高速のジェット戦闘機にはなす術もなく、三〇ミリ機関砲の一撃で五機が粉砕されてしまった。

一九四四年に入ってから以降もイギリス爆撃航空団とアメリカ爆撃航空団の出撃のたびの損害は甚大であった。第８表と第９表を見るとその実態をうかがい知ることができる。

ただアメリカ爆撃航空団の損害は、一九四三年十二月から戦列に加わったノースアメリカンP51長距離戦闘機の護衛が得られるようになったために、出撃機に対する損害は減少しているが、夜間爆撃を専門とするイギリス爆撃航空団の各爆撃機の損害は、夜間爆撃というハンディから出撃機に対する損害は最後まで大幅に減少することはなかった。

第10表にイギリス爆撃航空団とアメリカ爆撃航空団による対ドイツ本土爆撃の結果を示す

第10表　イギリス爆撃航空団（本国）とアメリカ第8航空軍
爆撃航空団のドイツ本土爆撃の総決算

項　目	ドイツ本土（英米軍）	日本本土（米軍）	北朝鮮本土（米軍）	備考
総爆撃参加機数（機）	530223	25915	21330	注:1
総爆弾投下量（t）	1643398	155000	167000	
総投下爆弾数（発）	7296700	689000	741000	注:2
未帰還機数（機）	10665	351	34	
未帰還率（%）	2.0	1.4	0.16	
搭乗員犠牲者総数（名）	（推定）43400	（推定）1750	（推定）170	注:3
国土面積比 投下爆弾量（t/km²）	4.6	0.4	1.4	
国土面積比 投下爆弾数（発/km²）	20.4	1.8	6.1	

注1：出撃機の内で途中引き返したものは含まず
注2：英米爆撃航空団の標準爆弾（500ポンド＝227キログラム）換算
注3：搭乗員の犠牲者数に関しては様々な数字が公表されているが、発表された数字にはそれぞれに隔たりがある。その理由は欧州戦線（西ヨーロッパ、地中海、中東）の戦闘機も含めた全て航空作戦を網羅した場合、あるいは軽爆撃機による戦術爆撃の実績を含む場合もあり、必ずしもドイツ本土爆撃の場合だけの数字ではない。ここで示した数字は筆者の推定計算方法に従って出した数字である

が、比較のためにB29重爆撃機による日本本土爆撃と、朝鮮戦争におけるB29による爆撃の結果も示した。

米英両国爆撃航空団の出撃爆撃機数（途中引き返し機は含まず）と、投下した爆弾や焼夷弾の量の多さにあらためて驚かされる。この投下された爆弾や焼夷弾の量について分かり易く説明すると次のようになる。つまり投下された爆弾はドイツ全土の一平方キロメートル当たり四・六トンが投下されたことになる。さらにこの量を投下された爆弾の数に換算してみると、連合軍の標準爆弾である五〇〇ポンド（二二七キログラム）換算で七二四万発に相当し、こ

れはドイツ全土の二三〇メートル四方に一発の爆弾や焼夷弾が投下されたことになり、これらの爆弾などはその大半が都市部や工業地帯に投下されたのであるから、爆撃目標になった地域での単位面積当たりの爆弾投下量はこの数十倍から数百倍に相当し、まさにドイツ国内は壊滅状態で戦争が終結したことがわかるのである。

第10表からもわかるとおり、この猛烈な爆撃と引き換えに、イギリス爆撃航空団もアメリカ爆撃航空団も想像を絶する甚大な損害を受けていた。

両国爆撃航空団の爆撃機で、敵地上空で撃墜されたり被弾の結果途中で墜落したり、あるいは敵地に不時着して未帰還になった機体の総数は一万機を超えている。そしてこれに倍する機体が、帰還はしたものの被弾のために基地の滑走路に胴体着陸を余儀なくされスクラップ処分されたり、あるいは被弾の程度が甚大で結局は修理不能のまま廃棄処分されているのであった。

搭乗員の損失も四万人を超えているが、彼らのほとんどは搭乗する爆撃機が敵機の機関砲弾の命中や高射砲弾の命中で爆発したり空中分解したりし、機体もろとも散華するという悲劇に遭遇するか、あるいは防戦中に敵弾を受けて命を落とすなど様々な悲劇の中で命を失っていったのである。

一方、膨大な量の爆弾や焼夷弾を投下されたドイツ本土の惨状も目を覆うものであった。B29超重爆撃機の空襲を受けた日本本土各都市の惨状については いまだに話題となるが、ドイツ本国に投下された爆弾や焼夷弾の量は日本の一〇倍を超えていることから、単純な比較ではドイツ国民は日本国民の一〇倍の苦難を味わったことになる。

第11表　イギリス爆撃航空団（本国）とアメリカ第8航空軍
爆撃航空団のドイツ本土爆撃の目標別特徴（単位・%）

目　　標	イギリス爆撃航空団	アメリカ爆撃航空団	合計
鉄道施設（注:1）	11.1	18.1	29.2
航空機生産関連施設（注:2）	2.9	7.1	10.0
軍事施設（注:3）	13.3	6.7	20.0
特殊産業（注:4）	5.9	5.4	11.4
都市	23.1	1.9	25.0
その他	1.8	2.7	4.5
合　　計	58.1	41.9	100

＊百分率は投下爆弾量の比率
注1：車両工場、操車場、機関庫、駅、線路、鉄道橋等
注2：航空機工場、飛行場、航空機用エンジン工場、航空研究施設等
注3：港湾施設、潜水艦造船所、一般造船所、兵器生産工場、軍用車両工場、軍用倉庫等
注4：ボールベアリング工場、合成ゴム工場、合成石油生産施設、非鉄金属生産施設等

ドイツ本土の爆撃によって失われたドイツ民間人の犠牲者の数はおよそ七〇万人（難民約三〇万人を含む）とされており、焼失した住宅の総数はおよそ二三四万戸と伝えられている。これに対する日本国民の空襲による犠牲者（原爆投下による「直接犠牲者」を含む）は二六万人、焼失した住宅は二三一万戸とされている。

英米爆撃隊によるドイツ本土爆撃の「成果」は第11表に示されるとおりになる。この数字はアメリカとイギリス両国爆撃機がドイツ本土に投下した爆弾や焼夷弾の全量に対し、爆撃目標別の投下量を百分率で示したものである。

この表からも明らかなとおり、イギリス空軍爆撃航空団とアメリカ陸軍航空隊爆撃航空団の間に、ドイツ本土戦略爆撃に対する明確な目的の違いが現われている。

アメリカ爆撃航空団の戦略爆撃の目標はあくまでもドイツ軍需工場や軍需施設などの壊滅で、カサブランカ会談で決定された戦略爆撃目標の

第12表　イギリス爆撃航空団（本国）の年度別ドイツ本土及び占領地域爆撃実績

項　目	1939年	1940年	1941年	1942年	1943年	1944年	1945年	合計
出撃機数（機）	?	11071	20897	22922	48312	78034	54034	235319
損　失（機）	?	215	662	1121	2086	1831	525	6440
投下爆弾量（t）	31	12948	31704	45561	157457	525517	181740	954958
平均爆弾搭載量（t）	?	1.2	1.5	2.0	3.3	6.7	3.4	4.1

優先順位に従って爆撃目標を選定し爆撃しているが、イギリス爆撃航空団はドイツ本土に対する当初からの狙いどおり、戦略施設を含めた広域都市の無差別爆撃に終始していたことがわかる。

次にイギリスとアメリカ両国爆撃航空団のドイツ戦略爆撃の詳細な戦歴を、数字によって少し眺めてみよう。

第12表はイギリス爆撃航空団の年度別の爆撃機出撃数と投下爆弾量、そして未帰還機の数を示したものである。この概略の数字を見ただけでも、イギリス爆撃航空団の爆撃の規模や戦術などが垣間見えてくるのである。

まず一九四二年から一九四四年にかけて爆撃機一機当たりの平均爆弾搭載量が次第に増加していることがわかるが、これは一九四二年から一九四三年にかけて爆撃機の形式が大幅に変更されていることを示すもので、それまでの主力であった双発爆撃機が次第に四発重爆撃機に移行していることを示しており、一九四四年には爆撃航空団の爆撃機は全て四発重爆撃機に機種が入れ代わり、爆弾搭載量が格段に多くなっている。ただ一九四五年になり平均爆弾搭載量が急減しているのは、四発重爆撃機に比べ爆弾搭載量が三分の一以下の、双発のモスキート軽爆撃機が爆撃航空団の中に多数投入され、主にパスファインダー機として活動したために

第13表　イギリス爆撃航空団（本国）の機種別ドイツ本土及び占領地域爆撃実績

機　種	爆弾投下機数（機）	爆弾投下量（t）	未帰還機数（%）	未帰還率（%）	平均爆弾搭載量
ブリストル・ブレンハイム	2422	3028	951	3.9	1.3
ダグラス・ボストン	1058	952	1	0.1	0.9
デ・ハビランド・モスキート	23909	26867	137	0.5	1.1
ヴィッカース・ウエリントン	28838	41823	1060	3.7	1.5
ハンドレページ・ハンプデン	10371	9115	265	2.6	0.9
AH・ホイットレー	6605	9845	231	3.5	1.5
アヴロ・マンチェスター	741	1826	45	6.5	2.5
ボーイングB17	35	47	0	0	1.3
ショート・スターリング	8221	27821	452	5.5	3.4
ハンドレページ・ハリファックス	47069	224207	1467	3.1	4.8
アヴロ・ランカスター	107085	609427	2687	2.5	5.7
合　計	236354	954958	6440	平均2.7	平均4.0

平均爆弾搭載量が減少しているのである。

未帰還機の数が一九四二年から急増しているのは、ドイツ側が夜間爆撃に対する対抗手段としてカムフーバーラインを構築し、これにともないドイツ側が夜間戦闘機と高射砲部隊を整備していったためである。ただ一九四四年になり未帰還機が減少傾向にあるのは、イギリス爆撃航空団が夜間戦闘機を爆撃機の編隊に適宜随伴させ、ドイツ側の夜間戦闘機作戦に妨害を加えたための効果であった。

第13表は開戦以来、イギリス爆撃航空団がドイツ本土爆撃のために投入した全爆撃機について、機種別に出撃数、投下爆弾量、未帰還機数を示したものであるが、四発重爆撃機の主力となったハリファックスとランカスターの爆弾投下量が、全爆撃機の爆弾投下量の八七パーセントを占め、イギリス爆撃航空団にとって両爆撃機がいかに重要な存在になっていたか、また両機がこの戦争に空からの決着をつけた立役者であったことがわかるのである。

その反面この両機の未帰還機の数は全爆撃機の未帰還機の六五パーセントを占めており、両四発重爆撃機の激闘ぶりが想像されるのである。特にランカスターの未帰還機数二六八七機という数字は、同機の全生産量七三六六機の三分の一に相当し、帰還しながら廃棄処分されたり、訓練や事故などで失われた未帰還機とほぼ同数の機体の数を含めば、ランカスター重爆撃機の全生産量の約七〇パーセントは失われたことになり、これほど膨大な損失を出した軍用機は世界にはアメリカのボーイングＢ17をおいて他にはない。

機種別の未帰還機の出撃数に対する割合を見ると、アブロ・マンチェスター双発重爆撃機とショート・スターリング四発重爆撃機が際立って高い数字を示している。マンチェスターについてはすでに述べたとおり、エンジントラブルの改善がなされないまま実戦に投入されたために、出撃しながらも敵地で戦闘によって失われる機体よりも、エンジントラブルによって出撃半ばにして敵地に不時着してしまう機体が続出したために、このような高い数字となって現われたのである。一方スターリングについてもすでに述べたとおり、イギリス空軍最初の四発重爆撃機として登場はしたものの、機体設計上の制約による低性能のために、十

第14表　アメリカ陸軍航空隊第8航空軍爆撃航空団の
機種別ドイツ本土爆撃実績

機　種	爆弾投下機数(機)	投下爆弾量(t)	未帰還機数(その他＝事故、不時着等)(機)	未帰還率(%)	平均爆弾搭載量(t)
ボーイングB17	208652	488366	3154 (その他損失 1534)	1.4	2.3
コンソリデーテッドB24	85225	200974	1071 (その他損失 2555)	1.3	2.3
合　計	293879	688440	4225 (その他損失 2555)	1.4	2.3

分な作戦高度がとれず敵機の攻撃を受けやすかったことや、被弾に対して飛行安定性の悪化を招き、力尽きて敵地に墜落する機体が多かったことが未帰還機を多くした原因になっている。

次にアメリカ爆撃航空団の重爆撃機について出撃機数や爆弾投下量などを示したのが第14表である。ここで注目したいのは、四発重爆撃機のＢ17とＢ24の総出撃数二九万三八七九機は、イギリス爆撃航空団のハリファックス四発重爆撃機とランカスター四発重爆撃機の総出撃数一五万四〇五四機のほぼ倍に相当するが、Ｂ17とＢ24両四発重爆撃機が投下した爆弾の総量六八万八四四〇トンは、イギリスの両四発重爆撃機の投下した爆弾の総量八八万三六三四トンに二〇万トンも及ばないのである。

これこそ米英両国が対ドイツ爆撃で使った重爆撃機の差を顕著に示すもので、アメリカの重爆撃機の平均爆弾搭載量二・三トンに対し、イギリスの重爆撃機の平均爆弾搭載量五・四トンという数字の差こそ、米英のそれぞれが戦略爆撃というものに対して開戦当初からどのような認識でいたか、またそのためにどのような重爆撃機を準備すれば良かったか

第15表　第二次大戦中の各国機種別爆撃機生産量（単位・機）

アメリカ

四発重爆撃機	
ボーイングB17	12677
コンソリデーテッドB24	18181
ボーイングB29	3970
コンヴェアB32	115
双発軽爆撃機	
ノースアメリカンB25	9793
マーチンB26	5157
ダグラスA20	7478
ダグラスA26	1909
マーチンA30	1575
合計	60855

ソ　連

四発重爆撃機	
ペトリヤコフPe8	93
双発爆撃機	
イリューシンIℓ4	6800
ツポレフTu2	2058
ペトリヤコフPe2	11427（注）
ツポレフSB2	6831
合計	27209

注：戦闘機型を含む

イギリス

四発重爆撃機	
ショート・スターリング	2371
ハンドレページ・ハリファックス	6176
アヴロ・ランカスター	7336
双発重爆撃機	
アヴロ・マンチェスター	204
AH・ホイットレー	1823
ハンドレページ・ハンプデン	1370
ヴィッカース・ウエリントン	11461
双発軽爆撃機	
ブリストル・ブレンハイム	4424
デ・ハビランド・モスキート（注）	1413
合計	36608

注：戦闘機、偵察機型、戦闘爆撃機型は含まず

イタリア

四発重爆撃機	
ピアッジオP108	163
三発爆撃機	
サヴォイア・マルケッティSM79	1330
カントZ1007	560
合計	2053

ドイツ

四発重爆撃機	
ハインケルHe177	200
双発重爆撃機	
ハインケルHe111	5656
ユンカースJu88	15106（注）
ユンカースJu188	1018
ドルニエDo17	506
ドルニエDo217	2416（注）
合計	24216

注：夜間戦闘機型を含む

日　本

双発軽爆撃機	
九九式双発軽爆撃機	1977
双発爆撃機	
九七式重爆撃機	713
百式重爆撃機「呑龍」	796
四式重爆撃機「飛龍」	606
九六式陸上攻撃機	1048（注）
一式陸上攻撃機	2416（注）
陸上爆撃機「銀河」	1002（注）
合計	9558

注：海軍機

第16表　第二次大戦中の各国の機種別戦闘機生産量（単位・機）

アメリカ

双発戦闘機	
ロッキードP38	9923
ノースロップP61	710
単発戦闘機	
ベルP39	9558
カーチスP40	13738
リパブリックP47	15660
ノースアメリカンP51	14819
艦上単発戦闘機	
グラマンF4F	7924
グラマンF6F	12272
ヴォート・シコルスキーF4U	11001
ブリュースターF2A	551
合計	99140

イギリス

双発戦闘機	
ウエストランド・ホワールウインド	112
ブリストル・ボーファイター	5562
単発戦闘機	
ホーカー・ハリケーン	12780
ホーカー・タイフーン	3330
ホーカー・テンペスト	1392
スーパーマリン・スピットファイア	20351
ボールトンポール・デファイアント	1060
艦上単発戦闘機	
スーパーマリン・シーファイア	2897
フェアリー・フルマー	530
合計	48014

ドイツ

双発戦闘機	
メッサーシュミットMe110	5762
メッサーシュミットMe410	1023
メッサーシュミットMe262	1294
ハインケルHe219	268
単発戦闘機	
メッサーシュミットBf109	30482
フォッケウルフFw	20001
合計	58828

イタリア

単発戦闘機	
マッキMC200	約1000
マッキMC202	約1500
マッキMC205	262
フィアットG42	1781
フィアットG50	約550
フィアットG55	6831
レジアーネRe2000	320
レジアーネRe2002	50
合計	5568

ソ連

ラヴォーチキンLaGG3	6528
ラヴォーチキンLa5	9920
ラヴォーチキンLa7	5753
ミコヤン・グレビッチMiG3	3321
ポリカルポフI16	8644
ヤコーヴレフYaK1	8721
ヤコーブレフYaK3	4848
ヤコーブレフYaK7	6399
ヤコーヴレフTaK9	16769
合計	70903

日本

双発戦闘機	
二式複座戦闘機「屠龍」	1701
「月光」	477
単発戦闘機	
一式戦闘機「隼」	5751
二式戦闘機「鍾馗」	1225
三式戦闘機「飛燕」	2884
四式戦闘機「疾風」	3482
五式戦闘機	396
「雷電」	470
「紫電」及び「紫電改」	1477
艦上戦闘機	
零式艦上戦闘機	10425
合計	28218

第17表　第二次大戦中のドイツ戦闘機の機種別・年度別生産量（単位・機）

機　種	1939年	1940年	1941年	1942年	1943年	1944年	1945年	合　計
B f109	449	1703	2764	2665	6154	13786	2969	30490
Fw190	—	—	228	1918	3354	11767	2734	20001
Me110	156	1083	781	580	1580	1525	54	5762
Me410	—	—	—	—	291	722	—	1013
Me262	—	—	—	—	—	564	730	1294
He219	—	—	—	—	11	195	62	268
Do217	—	—	—	157	207	—	—	364（注）
Ju88	—	88	66	257	706	2513	355	3959（注）
Me163	—	—	—	—	—	327	37	364
合計	605	2848	3842	5577	12303	31399	6941	63515

注：夜間戦闘機として生産されたもの

第18表　日本本土爆撃に際してのB29重爆撃機の未帰還機数（上位7位）

攻撃年月日	攻撃目標	来襲機数（機）	未帰還数（機）	未帰還率（%）
1945年5月25／26日	東京山手方面	464	26	5.6
5月23／24日	東京山手方面	520	17	3.3
3月9／10日	東京下町方面	279	14	5.0
1944年8月20日	北九州八幡方面	72	14	19.4
1945年4月15／16日	川崎・横浜市方面	194	12	6.2
2月10日	群馬県太田方面	84	12	14.2
6月5日	神戸市方面	473	11	2.3
5月14日	名古屋市方面	472	11	2.3
6月1日	大阪市方面	458	10	2.2

備考：未帰還機は日本上空で撃墜された機体と帰還途中で海上に不時着したものを含む

の認識の違いを示す見事な証明なのである。

もちろんアメリカ陸軍航空隊はB17やB24の開発にあたっては、両爆撃機に対して明確に戦略爆撃機として使うという考えに希薄さがあったことは否めない。そして本格的な戦略爆撃機として送り出したB29について眺めてみると、平均爆弾搭載量は五・九トンという数字で示され、アメリカとしても戦争末期になってやっと本格的な戦略重爆撃機を持つことになったことがわかるのである。

結論的にはアメリカ爆撃航空団はイギリス爆撃航空団に比較し、極めて効率の悪い爆撃作戦を展開していたということもできるのである。

その裏づけとして、ランカスターとハリファックス両重爆撃機の総生産数は一万三五四二機であるのに対し、B17とB24の総生産数は三万八五五八機とイギリスの両重爆撃機の生産量の二倍以上を生産していることになる。勿論、B24については極東戦線や地中海戦線でも使われたために当然生産量は多くなっているが、それでも対ドイツ爆撃のために生産されたアメリカの両重爆撃機の生産量は、イギリスの両重爆撃機の総生産量の一・六倍と試算することができ、それだけ多くの戦費をアメリカは消費することになったのである。

第17表に第二次大戦中に生産された世界の爆撃機の生産量を示すが、イギリスとアメリカの生産量が格段に多いことは一目瞭然で、その破壊力の凄まじさが証明されるのである。

イギリスとアメリカ両爆撃航空団のドイツに対する戦略爆撃活動は、一九四五年三月末までにはほとんど終了した。しかしイギリス爆撃航空団は四月に入ると五月八日のドイツ降伏の日まで、ランカスターやハリファックス重爆撃機の爆弾搭載能力を活かし、平和のための出撃を繰り返していた。当時のオランダとベルギーの二つの小国はドイツ軍の侵攻と連合軍の反攻と二度にわたり国土が戦場と化し、国土のあらゆる産業は疲弊し国民生活は貧窮と食料難にあえいでいた。そこでイギリス空軍は陸上の輸送路が完全に確保されるまでの間、ランカスターとハリファックス重爆撃機の爆弾倉に大量の食料品や生活必需品を詰め込み、パラシュートを装着したコンテナーや袋を両国の上空から人々に向かって低空から投下を続けた。

この緊急援助物資の投下作戦に「出撃」した両重爆撃機は延べ三二九八機にのぼり、投下された物資の総量は合計六六七二トンに達した。そして疲労し飢えた両国民の多くの命が救われ、一九四五年五月八日、ヨーロッパの戦いは終焉を向かえることになった。

第10章　英米爆撃航空団のその後

一九四五年五月九日の朝、イギリス本土の一〇〇ヵ所を超える爆撃機の基地からは、それまで連日にわたって鳴り響いていたエンジンの轟音が消えていた。そしてその翌日も。

ヨーロッパの地から戦火の音が消えてから数ヵ月、イギリス空軍爆撃航空団とアメリカ陸軍航空隊第8航空軍爆撃航空団には大きな変化が起こり始めた。

アメリカ爆撃航空団のほとんど全ての爆撃機大隊は、残されたB17やB24重爆撃機のアメリカ本土までの帰還飛行に全力を注いでいた。ただ整備不良の機体や被弾の影響で機体のそれ以上の使用が困難な機体は基地に残され、そのままスクラップ処分されていった。

一方、大西洋を飛び越えアメリカに帰還した大量の重爆撃機は、新たな戦争の危険もなく、当面の間は予備機として保存されることになり、アメリカ西部の金属保存に適した乾燥した砂漠地帯に向けて再び飛び立って行った。

しかしこれら大量に保存されたB17やB24爆撃機も、ボーイングB29などの最新型の重爆撃機が大量生産されていたために、機体の陳腐化も手伝い不要となり、次々とスクラップ処分されたり民間に大量に払い下げられたりし、一九四七年頃にはさすがの大量のこれら重爆撃機もほとんどは姿を消してしまっていた。

戦争終結翌年の一九四六年一月現在のアメリカ陸軍航空隊の戦略爆撃機部隊は、わずか九個大隊、実動爆撃機一四八機という、一九四五年五月現在の二〇分の一以下の戦力にまで急減していた。この実動機は全て新型の重爆撃機B29で、その他に約一〇〇〇機のB29が予備機としてアリゾナの砂漠地帯に保存されていた（これらの爆撃機はこのときから四年後の朝鮮戦争勃発によって再び現役機として復帰することになった）。

一方イギリス空軍爆撃航空団の場合は事情が少し異なっていた。一九四五年四月現在のイギリス本国爆撃航空団の戦力は合計六〇個中隊（定数一八〇〇機）であったものが、一九四六年一月現在では合計三〇個中隊と飛行中隊数は半減しているだけであったが、稼動機数が大幅に減少し合計定数はわずかに三六〇機に激減していた。

激減の理由は飛行中隊の配備機の定数を平時編成の一二機にしたためであるが、飛行中隊の数を半減させただけに留めたのは、当時のヨーロッパ情勢が東ヨーロッパにおいてソ連を中核とした社会主義国家の建設が急ピッチで進められている中、東西関係の不安定さは助長されるばかりで、この状況への対応としてイギリス空軍はアメリカのような大規模な削減は行なわず、非常時には直ちに対処できるよう半減させるだけに留めたためであった。

つまり戦争終結直後の西ヨーロッパ全域で、アメリカの援助を受けずにとりあえずの期間、直ちに軍事的にソ連陣営に対応可能な国はイギリスだけであり、平和にはなったとはいえ不測の事態に備え、その先鋒となる航空戦力はイギリスとしてもある程度確保しておく必要があった。

ただイギリス爆撃航空団としてはハリファックスやランカスターという重爆撃機はすでに性能的にも装備面でも旧式化しており、この時期早急な新鋭戦略爆撃機への機種変更に迫られていた。しかしイギリス空軍では大戦末頃にはすでに新しい戦略爆撃機の開発に成功していた。アヴロ・ランカスター重爆撃機を母体にしたアヴロ・リンカーン重爆撃機の登場である。

アヴロ・リンカーン

そして三〇個飛行中隊のランカスターやハリファックスも逐次この新鋭の四発重爆撃機リンカーンに機種が変更されていった。

アヴロ・リンカーン重爆撃機は、ランカスター重爆撃機を拡大し性能向上を狙った爆撃機であるだけに基本設計に旧式化が目立ち、高出力エンジンさらに高々度用エンジンを装備していないこと、高々度飛行が可能な余圧装備を持っていないことなど、同時代のアメリカのボーイングB29重爆撃機に比べれば時代後れの機体であった。た

ボーイングB50

だランカスターゆずりの優れた操縦性や一〇トンというずば抜けた爆弾搭載量などで、むしろB29重爆撃機よりは実戦向きの優れた爆撃機であったといえた。

一九四九年頃にはヨーロッパを巡る東西対立の緊張状態は続いてはいるものの、一触即発的な対立関係は次第に薄れ、恒久的な対立関係へと変化をし始めていた。これに伴いイギリス空軍爆撃航空団も戦力の削減を始め、一九五〇年一月現在では爆撃機飛行中隊数も二二個に削減されていた。そしてその中の二〇個中隊（定数二四〇機）がリンカーン重爆撃機を装備していた。

一方アメリカでは、アメリカ陸軍航空隊の抜本的な組織改革として陸軍からの航空部隊の独立を断行した。一九四七年に陸軍航空隊（USAA）はアメリカ空軍（USAF）として独立した。

そしてこのアメリカ空軍の主柱の一つが、第二次大戦におけるドイツや日本に対する戦略爆撃の経験から誕生した戦略航空軍団（SAC＝Strategic　Air

Command）であった。そして当時在籍していたＢ29で編成された重爆撃機部隊は全て戦略航空団の組織の中に組み入れられた。

一九五〇年一月現在の戦略航空軍団の戦力は、Ｂ29装備の爆撃機大隊（グループ）が八個（稼動機数三九〇機）、Ｂ29を改良した四発重爆撃機であるＢ50装備の爆撃機大隊が三個（稼動機数九九機）、戦後に完成した六発の世界最大の超重爆撃機コンヴェアＢ36装備の爆撃機大隊が三個（稼動機数三六機）の合計五二五機であった。

特に超重爆撃機Ｂ36は当時の東西の緊張の中で明確にソ連圏の長距離往復戦略爆撃を意図して開発、配備されたものであった。

第二次世界大戦終了五年後には、イギリスもアメリカも一〇〇〇機もの大編隊で繰り返し敵の戦略拠点を爆撃するという構想は過去のものとなり、原子爆弾や水素爆弾というトールボーイ爆弾やグランドスラム爆弾の一万発あるいは一〇万発分を一発でまかなうという、とてつもない強力な爆弾を搭載したわずか数機の編隊で戦略爆撃を行なおうとする、大胆な爆撃思想に変化してしまっていたのである。

あとがき

本書を一読いただければ、連合軍側のドイツ本土爆撃には様々な思惑と試行錯誤がくり返されていたことが理解いただけよう。

ドイツは最終的にはイギリス及びアメリカを主力とする陸軍部隊とソ連陸軍部隊の本土侵入によって屈伏することになったが、そこに至るまでにドイツの戦闘力の基盤を確実に弱体化していったのは、明らかにイギリスとアメリカ両国爆撃部隊による猛烈を極めた戦略爆撃にあった。

この戦略爆撃を成功させた要因の一つは、イギリスとアメリカがタイミング良く開発した重爆撃機の存在にあったといえよう。またもう一つはイギリスとアメリカの両国航空部隊の協調関係にあったといえる。そしてさらに、もう一つ重要なことは、アメリカの巨大な大工業生産力をバックにした潤沢な戦争資材の補充と補給があったからであろう。

イギリスは第二次大戦の勃発以前より仮想敵国としてドイツを想定し、ドイツ攻撃に向けての戦略爆撃の重要性を認識し、その目的に叶った重爆撃機の開発を進めていた。そして開発された重爆撃機を逐次戦闘に投入し期待される戦果を上げていた。

アメリカは第二次大戦勃発以前より開発していた大型爆撃機が、実にタイミング良く大戦中に実戦に投入できる状態にあり、得意とする大量生産によってそれらの大型爆撃機に不足する戦略爆撃機としての資質をカバーする結果になった。

一方のドイツ側は戦略爆撃というものに対する明確な理念を持たず大戦に突入し、戦術爆撃機中心の戦闘を展開した結果、最後まで襲い来る英米の重爆撃機の発進拠点であるイギリスの基地をはじめ、航空工業や様々な重要生産施設などの連合軍側の戦争遂行力を大々的な破壊もできないまま、戦争の終焉を迎えてしまった。

第二次大戦後、戦略爆撃の重要性をいち早く認識し、航空部隊の中核に戦略爆撃部隊を位置づけ、以後世界戦略構想も踏まえた強力な爆撃部隊を構築したのがアメリカであり、大戦終結後数年にして早くも世界最強の戦略爆撃部隊をハード面ソフト面で確立してしまった。

ドイツ本土爆撃にはイギリスとアメリカは様々な爆撃機を投入しているが、この書では投入されたそれぞれの爆撃機の特性と共にそれらの爆撃機の戦闘の様子もできるだけ紹介したつもりである。

イギリス空軍のホイットレー、ウエリントン、ハンプデン等の、その後に出現する四発重爆撃機の露払いとして活躍した双発・プレ戦略爆撃機の存在なくしては、イギリス爆撃航空団の活躍を語ることはできない。一方、一万メートルに近い高々度飛行による作戦が可能な能力を持ちながら、予圧装置を持たなかったばかりに搭乗員への負担から中高度で作戦をせざるを得ず、余裕のある戦闘力の中で作戦するドイツ戦闘機の激烈な攻撃の前に苦戦を強いられたアメリカ爆撃隊の姿もヨーロッパ航空作戦上の大きな特徴であった。

ドイツ本土上空で展開された連合軍重爆撃機とドイツ防空戦闘機や高射砲部隊の戦いは、結局は巨大な四発重爆撃機といえども小型機並みに大量生産される、「数」による戦力によって決着がつけられたといえるのである。

同じ戦略爆撃の攻撃に直面し潰えた日本とドイツの姿を、同一の基準で論じることはできない。つまり日本の場合は戦略爆撃が展開される以前に、すでに日本の工業力や戦闘力の根源でもある石油の入手の路が断たれ、早晩に力尽きる姿が描き出されており、日本に向けられた戦略爆撃の目的は、力尽きるまでの延命力をいかに早く断ち切るかにおかれていたといえよう。しかし一方のドイツは、航空機燃料においては潤沢に産出する石炭を乾溜精製して造る人造石油を持ち、豊富に産出する鉱物資源を活用し、航空機や戦闘車両の大量生産を最後まで維持していた。しかも生産工場は徹底的な分散・疎開によって爆撃による被害を最小限に食い止めようとする、組織だった対策が積極的に進められそして量産を続けていたのである。

ドイツ本土に向けられた戦略爆撃の最も大きく無視できない効果は、イギリス空軍が最後まで固執した都市無差別爆撃にあったようだ。多くのドイツ国民の生命財産を無慈悲なまでに冷酷に遮断する無差別爆撃の恐怖は、ドイツ国民に対して厭戦気分を拡大させ、ドイツ軍の戦闘力の維持に見切りをつけさせる大きな原因になったものと考えられるのである。そしてそこに行き着くためには手段を選ばないドレスデンの悲劇まで許してしまった。まさに勝者の奢りが見え隠れしてくるのである。

その一方で、ドイツ本土爆撃で失われたイギリスとアメリカ両爆撃隊の搭乗員の命は四万人を超えた。心ならずも命を失った搭乗員の思いは筆舌に尽くしがたいものがあろう。

この大量の搭乗員の犠牲も、結局は搭乗した機体が大型であるために多くの人員を必要としたことに直接原因している。

アメリカのボーイングB17やコンソリデーテッドB24重爆撃機には一〇名の搭乗員が必要であった。そして戦闘中にドイツ戦闘機の強力な二〇ミリ機関砲弾一発が巨大なガソリンタンクに命中したとき、多くの場合、その爆撃機は瞬時にして木端微塵に爆発するという不運に見舞われる。また至近距離で爆発した高射砲弾の弾片が主翼の主桁に命中すれば、その重爆撃機の主翼はたちまち折れ曲がり、機体はキリモミ状態で落下してしまう。この状態では搭乗員全員の脱出はまったく不可能になるのである。

重爆撃機の搭乗員たちは常にいつ自分たちの身に降りかかって来るか分からない、このような恐怖心を抱えながら出撃していったのであった。

日本本土の空襲に関して記述された書は数多いが、第二次大戦中のドイツ本土上空で起きた出来事について攻守双方の有り様を著わした書はこれまでほとんど見かけていない。

本書を読んでいただき、日本に数倍する苦悩と辛酸をなめ尽くしたドイツ国民の姿と、その爆撃に向かった英米爆撃隊の苦闘の様子を少しでもご理解いただければ幸甚であります。

参考文献＊O. Thetford "Aircraft of the Fighting Powers" ARGUS BOOKS LTD＊L. S. JONES "U. S. BOMBERS B1-B70" AELO PUBLISHERS INC＊B. Gunston "BOMBERS Guide to Bombers of World War II" SALAMANDER＊P. J. MOYES "BOMBER SQUADRONS OF THE R. A. F. "MACDONALD＊J. RAWLINGS "IGHTER SQUADRONS OF THE R. A. F." MACDONALD＊B. ROBERTSON "LANCASTER THE STORY OF A FAMOUS BOMBER" HARLEYFORD PUBLICATIONS＊D. Mondey "British Aircraft of World War II" Hamlyn/Aerospace＊D. Mondey "American Aircraft of World War II" Hamlyn/Aerospace＊D. Mondey "Axis Aircraft of World War II" Hamlyn/Airospace＊A. Thone "LANCASTER AT WAR・Pathfinder Squadron" IAN ALLAN＊"JANE'S IGHTING AIRCRAFT OF WORLD WAR II" Military Press＊"British Fighters of World War II" Hamlyn/Aerospace＊D. Brown/C. Shores "THE GUINESS HISTORY OF AIR WARFARE" Guiness Superlatives LTD＊W. GREEN "FAMOUSU BOMBERS OF THE SECOND WORLD WAR II" MACDONALD＊J. FALCONER "THE DAM BUSTERS" SUTTON PUBLISHING＊"The Mighty Eighth a History of the U. S. 8th Army Air Force" MACDONALD＊"Eighth Air Force Story" Aero Publishers INC＊k. c. Carter "The Army Air Forces in World War II" U. S. Goverment Printing＊V. Anthony "The Bomber Offensive" Pan Books＊W. GREEN "FAMOUS BOMBERS OF THE SECOND WORLD WAR VOL. 1" MACDONALD＊W. GREEN "FAMOUS BOMBERS OF THE SECOND WORLD WAR VOL. 2" MACDONALD＊W. GREEN "FAMOUS FIGHTERS OF THE SECOND WORLD WAR VOL. 1" MACDONALD＊W. GREEN "FAMOUS FIGHTERS OF THE SECOND WORLD WAR VOL. 2" MACDONALD＊邦正美『ベルリン戦争』朝日選書＊秦郁彦『第二次大戦航空史話(上)』中公文庫＊秦郁彦『第二次大戦航空史話(下)』中公文庫＊秦郁彦『実録・第二次大戦秘話』桃源選書＊A・ガーランド／フジ出版編集部訳『始まりと終わり』フジ出版＊M・ケーディン／南郷洋一郎訳『B17空の要塞』フジ出版＊C・ベッカー／松谷健二訳『攻撃高度4000』フジ出版＊T・M・コフィ／手島尚訳『戦略空軍』朝日ソノラマ＊P・ブリックヒル／矢嶋由哉『暁の出撃』朝日ソノラマ＊『第二次大戦　アメリカ陸軍機の全貌』酣燈社＊『第二次大戦　イギリス軍用機の全貌』酣燈社＊『第二次大戦　ドイツ軍用機の全貌』酣燈社＊『第二次大戦　アメリカ陸軍戦闘機』㈱文林堂＊

『第二次大戦のイギリス軍用機』㈱デルタ出版＊『第二次大戦　ドイツ戦闘機』航空ジャーナル＊『第二次大戦　ドイツ軍用機』㈱文林堂＊『第二次大戦　ドイツ昼間戦闘機』㈱文林堂＊『巨人機の時代（アメリカ空軍爆撃機運用史）』㈱文林堂＊鴨下示佳『爆撃機メカニズム』グランプリ出版＊『第二次大戦　アメリカ陸軍爆撃機隊』㈱文林堂＊『第二次大戦　アメリカ陸軍戦闘機隊』㈱文林堂＊『航空ジャーナル（臨時増刊）新・大空への挑戦』航空ジャーナル＊『航空ジャーナル（臨時増刊）W・W・ドイツ戦闘機隊』航空ジャーナル＊『航空情報（臨時増刊）爆撃機 WORLD WAR』酣燈社＊『航空ジャーナル（臨時増刊）第二次大戦の軍用機』航空ジャーナル＊『ボーイングB17フライングフォートレス』モデルアート臨時増刊

NF文庫書き下ろし作品

NF文庫

ドイツ本土戦略爆撃 新装版

二〇一九年五月二十四日 第一刷発行
著 者 大内建二
発行者 皆川豪志
発行所 株式会社 潮書房光人新社
〒100-8077 東京都千代田区大手町一-七-二
電話／〇三-六二八一-九八九一(代)
印刷・製本 凸版印刷株式会社
定価はカバーに表示してあります
乱丁・落丁のものはお取りかえ致します。本文は中性紙を使用
ISBN978-4-7698-3120-4 C0195
http://www.kojinsha.co.jp

NF文庫

刊行のことば

第二次世界大戦の戦火が熄《や》んで五〇年——その間、小社は夥しい数の戦争の記録を渉猟し、発掘し、常に公正なる立場を貫いて書誌とし、大方の絶讃を博して今日に及ぶが、その源は、散華された世代への熱き思い入れであり、同時に、その記録を誌して平和の礎とし、後世に伝えんとするにある。

小社の出版物は、戦記、伝記、文学、エッセイ、写真集、その他、すでに一、〇〇〇点を越え、加えて戦後五〇年になんなんとするを契機として、「光人社NF（ノンフィクション）文庫」を創刊して、読者諸賢の熱烈要望におこたえする次第である。人生のバイブルとして、心弱きときの活性の糧《かて》として、散華の世代からの感動の肉声に、あなたもぜひ、耳を傾けて下さい。